本书得到江西省社会科学院宣传思想与文化建设重点学科的出版资助

文化资本对居民文化消费的影响研究

WENHUA ZIBEN DUI
JUMIN WENHUA XIAOFEI DE
YINGXIANG YANJIU

刘 宇/著

中国财经出版传媒集团

经济科学出版社

Economic Science Press

图书在版编目（CIP）数据

文化资本对居民文化消费的影响研究/刘宇著 . —
北京：经济科学出版社，2021. 11
ISBN 978 - 7 - 5218 - 3044 - 6

Ⅰ. ①文… Ⅱ. ①刘… Ⅲ. ①文化生活 – 消费 – 研究
– 中国 Ⅳ. ①G124

中国版本图书馆 CIP 数据核字（2021）第 231711 号

策划编辑：李　雪
责任编辑：高　波
责任校对：齐　杰
责任印制：王世伟

文化资本对居民文化消费的影响研究

刘　宇　著

经济科学出版社出版、发行　新华书店经销

社址：北京市海淀区阜成路甲 28 号　邮编：100142

总编部电话：010 - 88191217　发行部电话：010 - 88191522

网址：www. esp. com. cn

电子邮箱：esp@ esp. com. cn

天猫网店：经济科学出版社旗舰店

网址：http：//jjkxcbs. tmall. com

北京季蜂印刷有限公司印装

710 × 1000　16 开　16. 75 印张　235000 字

2021 年 12 月第 1 版　2021 年 12 月第 1 次印刷

ISBN 978 - 7 - 5218 - 3044 - 6　定价：80. 00 元

（图书出现印装问题，本社负责调换。电话：010 - 88191510）

（版权所有　侵权必究　打击盗版　举报热线：010 - 88191661

QQ：2242791300　营销中心电话：010 - 88191537

电子邮箱：dbts@ esp. com. cn）

当前，文化消费作为一种新的消费业态活跃在人们的日常生活之中，成为引领市场结构调整、推动产业转型和国民经济升级换代的重要动力。但是，在中国经济快速增长的背后，文化消费发展始终未得到相应的提高，除了经济因素外，还有哪些文化因素能够有效促进文化消费的可持续发展？刘宇博士的这本《文化资本对居民文化消费的影响研究》正是立足于此问题，从文化资本这一"非经济因素"入手，从不同层次剖析文化资本对文化消费的影响效应及作用机制，以求寻找出拉动文化消费的"文化"动力，从而提出促进文化消费发展的思路与对策。

从宏观上看，文化消费是一个非常复杂的问题，是涉及范围较广的跨学科研究领域。目前，从文化资本的视角开展跨学科文化消费研究的著作在国内还不多见。刘宇博士运用文化学、经济学等跨学科融合的方法，将文化资本对文化消费的影响置于更为宏观的社会经济生活场景中加以理解，并对此做了积极探索。该书将文化资本分为社会结构意义上的文化资本和个体行为意义上的文化资本两个维度，对不同层面的文化资本对文化消费的影响进行了深入探讨。从宏观上看，文化消费是提高社会文明水平的重要手段。从微观上看，文化消费体现的是个体或群体某种带有自我构建和他者构建特征的生活方式。所以，我们不仅需要关注精神方面的文化存在，更要密切关注涉及个体或群体的文化消费行为。刘宇博士在前人对群体消费需求分析的基础之上，探究家庭文化资本对家庭文化消费需求的影响因素及其作用机制，认为收入水平和父母受教育程度是对家庭文化消费水平发挥作用的主要因素，这些因素又通过不同渠道对文化消费产生影响，由此，对我国文化消费政策导向问题进行了深入的思考。

　　刘宇博士勤奋好学，孜孜不倦地追求学术。她在硕士研究生阶段就钟情于文化研究。硕士毕业工作数年后，她考入深圳大学文化产业研究院攻读经济学博士学位，从事文化产业方面的研究。博士毕业后，她来到江西省社会科学院工作，成为江西省重点高端智库"江西文化强省建设研究中心"的骨干研究人员。本书是在她博士论文基础上撰写的，书稿即将付梓，我感到由衷的高兴。希望该书能为丰富文化资本理论和文化消费的研究做出一定的贡献，也希望它能给从事相关研究的学者和读者以启示。

　　是为序。

江西省社会科学院党组副书记、院长

2021 年 12 月

在经济发展进入新常态的背景下，文化消费已经成为我国经济发展新的增长点，牵引着国民经济转型发展，也是推进社会主义文化强国建设的重要动力。随着中国社会由"基本小康"迈向"全面小康"建设进程的持续推进，居民收入明显增加，但"收入提高将带动文化消费高涨"的常识性推断并没有成为现实，"人均国内生产总值（GDP）超过3000美元将导致文化消费倍增"的国际经验更没有应验。除了居民收入外，还有哪些文化因素能够有效促进文化消费的发展？以往对文化消费的研究大多数基于微观的视角，尽管这一研究特色对于真实准确的勾勒出文化消费的发展态势具有重要意义，但是文化消费不单是一种个人消费，它还是文化产业的重要组成部分，也离不开社会的宏观环境和政府的引导与调控。

本书基于文化经济学理论、新制度经济学理论，以及马克思主义文化理论，循着前人对文化资本与经济发展关系研究的路径，在理论和实证两方面探讨文化资本对居民文化消费的影响机制，将文化资本对文化消费的影响置于更为宏大的社会经济生活场景中加以理解，希望更加全面地分析居民文化消费的问题，以求得到最有解释力的影响变量，寻求促进我国文化消费发展新的思路与策略。研究内容主要有以下六个部分：

一是文化资本与文化消费的理论分析。首先，明确文章的核心概念，文化资本和文化消费的内涵，然后具体阐述了文化资本的表现形式和积累方式、文化消费的特征及发展趋势；其次，梳理相关的文化资本理论和文化消费理论；最后，探讨文化资本对文化消费的作用机制，对其进行学理把握，为实证分析提供理论依据。

二是文化资本与我国居民文化消费的现实考察。构建文化资本估算指标体系，运用统计数据估算省域文化资本，并进行空间差异分析；结合数据和图表，从居民文化消费的支出总量、消费结构、地区差异三个方面来分析我国文化消费的发展现状，为后文的实证分析奠定基础。

三是省域文化资本对居民文化消费水平的影响作用。首先，采用 2013 ~ 2019 年 31 个省份（不含港澳台）的面板数据，运用固定效应模型分析省域文化资本对居民文化消费总的影响程度。其次，分析固体的文化资本、产品的文化资本、能力化文化资本和制度化文化资本四种不同形式的文化资本分别对居民文化消费的影响程度。

四是分析省域文化资本对居民文化消费影响的空间差异。在借鉴空间异质性理论的基础上，提出研究假设，采用地理加权回归（GWR）模型进行实证分析，通过分析结果对假设进行验证，并对分析结果进行阐释。

五是分析个体行为意义上的文化资本，研究以能力化为表现形式的家庭文化资本对居民文化消费支出的影响。采用"中国家庭动态跟踪调查"（CFPS）数据，运用最小二乘线性（OLS）模型分析家庭文化资本对文化消费的影响。

六是在实证分析的基础上，依据主要研究结论，从供给与需求两端探究促进我国居民文化消费水平提升的思路，分别从政府、企业和个人三个方面提出促进居民文化消费发展的对策建议。

本书研究内容属于跨学科综合研究，涉及经济学、管理学、文化学等多学科的理论与方法，试图丰富关于文化资本对居民文化消费影响的理解，通过系统地理论探讨与实证分析，得到了一些有益的研究发现。鉴于笔者的学识与能力有限，本书所含内容难免存在疏漏之处，敬请广大读者批评指正。

刘　宇

2021 年 12 月

目录
CONTENTS

绪 论

第一节 研究背景

一、现实背景

（一）时代的呼唤和文化消费的重要性

文化是人民群众美好生活必不可少的精神食粮，文化消费可以反映一个国家的物质文明和社会精神文明的程度。党的十九大报告指出进一步扩大和指导文化消费发展的方向，对文化消费发展提出了更高的要求。文化消费与人们的幸福指数密切相关，它是反映人民生活质量的重要指标、是满足人民群众美好生活愿望的重要途径、是转变经济发展方式、产业结构升级的新动力[①]。2019 年 8 月，国务院办公厅印发《关于进一步激发文化和旅游消费潜力的意见》中提出，提升文化消费质量水平，不断激发文化消费潜力，以高质量文化供给增强人民群众的获得感、幸福感。

---

① 傅才武. 文化消费理论与模式要创新［EB/OL］. (2019 - 01 - 30)［2021 - 01 - 10］. http：//epaper. gmw. cn/gmrb/html/2018 - 08/08/nw. gmrb_20180808_2 - 15. htm.

文化消费是文化产业经济链的一个关键环节，发展文化消费被西方发达国家视为促进本国经济增长的重要渠道。近年来，我国文化消费总量不断增大，在许多领域发展势头良好，涵盖了各个层次的消费群体，并已经成为人们文化生活的重要组成部分和经济发展的新增长点。然而，尽管国内居民文化消费发展迅速，但在我国居民消费支出中的比重仍然很小，文化消费的总量偏低，地区间文化消费水平差距较大。究其原因，主要在于文化消费两端的发展不匹配，即文化供给远落后于文化需求。与此同时，在文化市场方面，与发达国家相比，我国文化消费支出目前还处在较低水平，居民文化消费需求潜力尚未得到完全释放，尤其是高质量的文化消费需求无法得到充分满足。因此，我国居民文化消费还拥有巨大的发展潜力和发展空间，如何提高我国文化消费支出比重和扩大文化消费规模，形成长效的促进机制，是当下亟待思考的课题。

（二）文化资本是文化消费持续发展最重要的推动力

影响文化消费的因素众多，从需求视角分析，收入水平是最主要的原因。然而"收入增加将导致文化消费的热潮"这一常识性推断并没有成为现实，"人均 GDP 超过 3000 美元将导致文化消费翻番"的"国际经验"在中国也没有得到应验。除了经济因素外，还有哪些文化因素能够有效促进文化消费的发展？这一问题值得深入研究。

目前，众多研究已经证实，文化资本对经济增长具有促进作用，但文化资本与文化消费的关系研究还少之甚少。因此，分析文化资本对居民文化消费的作用可以为促进我国文化消费增长提供一个新的视角。从宏观上看，作为文化产业整个价值链的主导力量和文化产业管理核心的文化资本，是文化商品和文化服务产生的重要来源，在价值实现过程中，文化资源的开发利用是其具体的表现形式。一般来说，文化资源供给越多，可选择的文化商品或文化服务形式也越丰富，对市场上文化产品的价格影响也就越大，越能促进消费者的文化需求。

从微观上看，文化资本体现在个人的文化能力上。随着人均收入的增加，居民文化能力的提升和文化消费习惯的培养，明显出现了多元化的文化消费需求，开始从大众化、普及型向个性化、精细型方向发展，这种变化不仅体现在对文化供给数量的需求上，也体现出消费者对文化供给质量的要求。可以看出，文化资本对文化消费在供需两方面都有着重要的影响作用。因此，亟须从供给和需求两侧全面审视我国居民文化消费的发展问题，这有利于深入把握文化资本与文化消费的关系及作用规律，对提升居民文化消费水平、实现我国文化事业繁荣和社会经济可持续发展具有很强的现实意义。

二、理论背景

文化资本的理论研究兴起于西方的社会学领域。法国著名社会学家皮埃尔·布迪厄（Pierre Bourdier，1989）把经济学的资本概念应用到社会学领域，首次系统阐述了文化资本理论。他认为，个人对文化资本的占有为文化消费提供了先决条件，而且通过文化资本对文化消费支出分层的影响分析，反映出文化资本和文化消费两者之间具有决策关系，即文化资本具有消费的属性。虽然布迪厄的文化资本理论揭示了文化资本对文化消费的意义，为解释文化资本对文化消费的影响机制起到了助推的作用，但他并没有明确提出两者之间的逻辑关系。实际上，他所说的文化消费只是描述的一种社会现象或社会活动，或者说是一种阶层标志，而从经济学意义上讲，这并不是真正的文化消费。

在新古典经济学思想的基础上，国外经济学家通过研究文化消费行为来解释文化消费现象，先后提出了习惯形成、理性致瘾、消费中学习等与文化资本有关的理论。其中，"文化经济理论创始人"——澳大利亚经济学家戴维·思罗斯比（David Throsby，1999）在文化资本理论的贡献最为突出。他认为，人们利用积累的文化资本可以促成文化的可持续性发展。也就是说，这种文化资源的不断被创造是建立在文化可持续性利用的基础上，这些文化资源经历了从无到有的过程，是从祖先继承下来，并经过创造增加价值传递给下一代，以此使下一代的文化资本存量可以持续增加。同时，他把文化资本分为有形和无形两类，并指出如果文化资本的现象具有许多传统形式资本的特征，那么就有可能将它运用到投资分析技术中来，这些技术还可以应用在其他环境中。

从上述可以看出，文化资本的概念起源于社会学，后来进一步从社会学引入经济学，对经济学产生了一定的影响。在学科交叉地带，皮埃尔·布迪厄（1989）和戴维·思罗斯比（1999）分别阐释了文化资本，它是重新审视和探索社会和谐进步的重要范畴，也是经济可持续性分析的重要工具，为本书分析文化资本对居民文化消费的影响研究提供了重要的理论基础。在此理论框架下，探究文化资本的内涵、属性及其促进文化消费增长的作用，加深对文化资本形态的认识，进一步扩展与丰富文化资本理论研究的内容。此外，本书也是在前人研究文化资本与经济发展关系的基础上推进深入研究的尝试，对文化经济学研究的拓展和补充做出有益的探索。

第二节　国内外相关研究现状

一、文化资本的研究现状

文化资本是近年来国内经济学者们关注的重要论题之一。文化资本由法国社会学家皮埃尔·布迪厄率先提出，而后进入多学科研究领域，并被国内外学者们广泛重视和应用，本书主要梳理文化资本在社会学和经济学当中的研究。

（一）社会学领域文化资本的研究

20 世纪中后期，"文化资本"学术用语初现。1989 年皮埃尔·布迪厄在《资本的形式》一书中，第一次完整地提出文化资本理论。他认为，资本有三种基本类型，分别是社会资本、经济资本和文化资本，三者之间存在相互转化的关系。在这三种资本形态中，布迪厄特别关注文化资本的内涵与功能，他运用"场域—惯习—资本"三位一体的分析模型，分析了文化资本的三种存在形式，即文化能力的具体形态、客体化形态和制度化形态①。

随后，基于布迪厄文化资本的理论框架，学者们进行了补充阐释和拓展研究，把文化资本看作是一种"价值"。例如，金融管理学家理查德·巴雷特（Richard Barrett，1998）认为，资本是一种价值，这种价值与组织的公共智力设计与规划相关联，文化资本价值有利于员工、消费者和社会关系的协调②。著名社会学家乔纳森·特纳（Jonathan H. Turner，2001）认为文化资本是一种非正式的人际交往技巧、习惯和态度等，它影响着社会层级结构的演化③。

对于文化资本带来的社会分层这一现象，国内部分学者较为关注，他们普遍认为社会阶层越高，说明文化资本获得量越多。有的学者把在乡土社会中所形成的"伦理文化"，看作是一种文化资本，它在农民工的日常生活、城市创业中起着非常重要的作用④。有的学者发现，在客观化、具体化和制度化三类文化资本中，具体化文化资本是促进学生学业有成的最显著的原因，它的影响效果甚至超过了学生

---

① 资树荣. 消费者的文化资本研究［J］. 湘潭大学学报（哲学社会科学版），2014（4）：38－41.

② Richard Barrett. Cultural Capital：The new frontier of competitive advantage，Liberating the Corporate Soul，Building a Visionary Organization［M］. Boston：Butter worth－Heinemann Ltd，1998.

③ （美）乔纳森·特纳. 社会学理论的结构［M］. 周艳娟，译. 北京：华夏出版社，2001.

④ 毕新伟. 文化资本的作用有多大——就《农民工》的资本问题与作者商榷［J］. 学术界，2010（9）：87－94.

自身努力的效果。所以，在不同的家庭中，学生的社会经济地位也有所不同，随之而来的文化资本持有量上也呈现出巨大的差异①。余秀兰和韩燕（2018）提出，要想让贫苦家庭的孩子改变命运，取得突出的成就，就必须努力激发他们的文化资本，而且也要积极弥补家庭文化资本的不足②。

此外，国内学者在布迪厄文化资本理论的启发下，利用这一理论工具，探索文化资本对教育教学的影响。在学校这一特定场域中，有学者研究了文化资本与教育制度的相互关系③。王金娜（2016）研究文化资本与高考制度之间的关系，认为文化资本会转化成分数，将降低高考制度的公平性④。一些学者发现，个人职业生涯的可持续性发展和获得较高的社会地位，也可以采用文化资本这一理论来解释。如在个体整个职业生涯发展过程中，文化资本贯穿其中，起着非常重要的作用，对于个体获得满意的工作并将它持久地保持下去是一个重要的途径⑤。还有学者发现，在入学前或者在学校里，文化资本成为了一种筛选机制，对于男性来说，会带来更多的发展空间，进而在后续的教育、生活和工作中起到重要的作用，特别是对男性的职业来说，会整体高于女性，最终带来女性职业流动不平等的结果⑥。王鹏程和龚欣（2020）也发现，家庭文化资本与其他资本相比，对学前教育机会的影响更大，特别是对农村儿童中女童的影响更大，因此，应提升社区中家庭的文化资本，以积极帮扶弱势家庭子女获得均等的学前教育机会⑦。

---

① 郑雅君. 谁是90后名校优等生——文化资本与学业关系的个案研究［J］. 甘肃行政学院学报，2015（5）：69–81.
② 余秀兰，韩燕. 寒门如何出"贵子"——基于文化资本视角的阶层突破［J］. 高等教育研究，2018（2）：8–16.
③ 陈卓. 教育场域中的文化资本与社会分层［J］. 上海教育科研，2013（9）：19–22.
④ 王金娜. 高考统考科目的"文科偏向"与隐性教育不公平——基于场域—文化资本的视角［J］. 教育发展研究，2016（20）：8–14.
⑤ 龚丹. 文化资本与个体职业生涯的可持续发展［J］. 宁波大学学报（教育科学版），2013（6）：121–124.
⑥ 王瑞祥. 基于文化资本理论视角分析职业流动与性别分层［J］. 文化学刊，2018（4）：14–17.
⑦ 王鹏程，龚欣. 家庭文化资本对学前教育机会的影响——基于CFPS数据的实证研究［J］. 学前教育研究，2020（12）：43–54.

在对文化资本的社会功能进一步分析中。张鸿雁（2002）率先提出了"城市文化资本"这一概念，从社会学的角度，探讨了城市形象与"城市文化资本"的关系[①]。还有一些学者关注地域文化资本，如吴凯晴和林卓祺（2018）认为，在城镇化步伐的推进下，地域文化资本在旧城更新过程中起到重要作用[②]。

（二）经济学领域关于文化资本的研究

在文化资本这一概念提出之前，经济学家就曾将文化因素看作是与社会资本相似的一种要素，有的学者甚至把它作为人力资本的一部分。但由于一些"意识形态""价值观念"是很难被度量的，所以很难把它引入经济学研究的数理模型中去。因此，文化资本一直未被纳入经济学研究中去。直到1998年，"文化资本"才被"文化经济理论创始人"——澳大利亚经济学家戴维·思罗斯比（1998）正式引入经济学中。从那时起，越来越多的经济学家开始思考文化在经济发展当中所起到的重要作用，也逐渐开始认同、接受"文化资本"这种新的资本理论研究范式。

在文化经济学研究中，最早提出文化资本积累模型的学者仍然是戴维·思罗斯比（1999）。他为了完善文化资本概念，将文化资本分为有形的文化资本和无形的文化资本两种存在形式。有形的文化资本是指具有文化意义的文物和其他以私人物品形式而存在的人工物品等，多数情况下表现为建筑物、遗址遗迹、场所、艺术品和诸如油画、雕塑等；无形的文化资本是由一系列与特定人群相对应的精神思想组成，主要表现为人们的信仰、风俗、传统和价值观[③]。文化资本

---

① 张鸿雁. 城市形象与"城市文化资本"论——从经营城市、行销城市到"城市文化资本"运作［J］. 南京社会科学，2002（12）：24-31.
② 吴凯晴，林卓祺. 城市地域文化资本的经营——广州旧城更新路径思索［J］. 上海城市管理，2018（1）：61-67.
③ David Throsby. The production and consumption of the arts: A view of cultural economics［J］. Journal of Economic Literature，1994（1）：1-29.

有两方面的特点：一方面，具有一定的经济价值；另一方面，还蕴含着丰富的文化价值，它可以看作是一种社会或个人的财产。除此之外，他还关注文化资本对经济增长的作用，并通过研究发现，文化的确对经济增长具有重要的促进作用。

在思罗斯比提出文化资本概念后，开始有一些学者从不同的角度对文化资本的内涵进行研究。程绍文（Cheng S W，2006）对文化资本进行细分，将其分为文化产品、文化服务和文化氛围三种类型，并以有形文化资本为着眼点，指出文化产品的存量是文化资本重要的组成部分，如名胜古迹、文学、绘画、文物、雕塑等有形的和表演艺术、音乐等无形的文化形式都是文化资本[1]。而保罗·格雷森（Paul Grayson，2011）则侧重于研究文化资本无形的方面，他认为在一个社会群体中，文化资本表现出的是一种价值观念、文化技能和共同准则，它们世代相传并不断创新[2]。

对于文化资本的实证分析，绝大多数是运用经济增长模型验证文化资本对经济增长的影响。2003 年 3 月，美国芝加哥大学经济学教授罗纳德·弗莱尔（Ronald Fryer，2003）在一篇题为《文化资本的经济方式》学术报告中，把文化资本作为一个无限重复的博弈建立模型，展示在种族冲突的文化背景下，对非生产性的文化资本进行投资的社会情况会恶化，这些投资被视为文化冲突的标志[3]。吉多·塔贝利尼（Guido Tabellini，2010）从信任、道德、努力、服从 4 个因素着手，实证分析了文化资本对经济发展的影响，结果显示文化资本对经济绩效具有显著的正向影响[4]；穆罕默德·汗等（Muhammand

① Cheng S W. Cultural goods creation, cultural capital formation, provision of cultural services and cultural atmosphere accumulation [J]. Journal of Cultural Economics, 2006 (4): 263 – 286.
② Paul Grayson. Cultural capital and academic achievement of first generation domestic and international students in Canadian universities [J]. British Educational Research Journal, 2011 (4): 605 – 630.
③ 曹晓源，曹荣湘. 全球化与文化资本 [M]. 北京：社会科学文献出版社，2005.
④ Guido Tabellini. Culture and Institutions. Economic development in the regions of Europe [J]. Journal of the European Economic Association, 2010 (4): 677 – 716.

Khan et al., 2015)以亚洲 11 个国家为研究对象,将文化资本分为尊重、服从和信任形式,通过文化价值观调查数据,实证分析了以文化价值观为代理变量的文化资本对亚洲经济增长的影响;结果表明,各因素并不完全起促进作用,尽管尊重、服从和信任对经济增长起到了促进作用,但是服从的文化态度却具有负向的影响①。此外,利用宏观经济理论模型来分析此问题的还有其他学者(Alberto Bucci,2014②;Annie Tubaji,2014③)。泰曼诺夫等(Taymanov et al.,2016)用 25 个指标来评价文化资本,这些指标主要是从无形的文化资本方面概括,包含占主导地位的、在特定社会中的价值观、信仰和态度,并证明了以文化价值为代表的文化资本增长可以促进经济和社会的发展④。考德威尔等(Caldwell et al.,2018)通过对现场及录播表演艺术的观看情况进行调查,提出具有高文化资本的消费者更容易受到其他消费价值的驱动,文化资本对于表演艺术如何消费及其原因,能够做出有效预估⑤。布林霍尔特等(Breinholt et al.,2020)研究了文化资本对于教育绩效的影响,结果发现文化资本可以培养孩子的技能,从而提高教育绩效⑥。亚历山德罗·克罗西亚塔(Alessandro Crociata,2020)对意大利啤酒消费的决定因素进行了实证分析,通过概率模型发现除了传统的社会经济因素之外,个人文化资本即个人参与各种

---

① Khan Muhammad Mahroof, Arshad Mahmood, Iftikhar But, et al. Cultural values and economic development: A review and assessment of recent studies [J]. Journal of Culture, Society and Development, 2015 (9): 60 – 70.

② Alberto Bucci, Pier Luigi Sacco, Giovanna Segre. Smart endogenous growth: Cultural capital and the creative use of skills [J]. International Journal of Manpower, 2014 (1): 33 – 55.

③ Annie Tubadji. Was Weber right? The cultural capital root of socio-economic growth examined in five European countries [J]. International Journal of Manpower, 2014 (1): 56 – 88.

④ Taymanov R, Sapozhnikova K. Cultural capital as a measurand [J]. Journal of Physics: Conference Series, 2016 (1): 1 – 6.

⑤ Marylouise Caldwell, Paul Conrad Henry. Deepening how cultural capital structures consumption of the performing arts [J]. Journal of Global Scholars of Marketing Science, 2018 (1): 52 – 67.

⑥ Breinholt Asta, Jaeger Mads Meier. How does cultural capital affect educational performance: Signals or skills? [J]. The British Journal of Sociology, 2020 (1): 28 – 46.

文化活动对个人消费啤酒的影响最为显著①。

在经济学研究领域引入文化资本后，国内学者也产生了强烈的兴趣和研究热情，并不断涌现出大量的研究成果。通过对现有文献的梳理，国内学者研究的方向主要从以下 4 个方面展开：

（1）文化资本思考的视角与运营。

有关文化资本思考的视角，一种视角是从个人成长的实际出发去理解，提出文化资本是一种特定价值观体系，可以看作个人出生后积累的第一笔财富，它能够为未来奠定基础和带来源源不断的收益②。另一种是基于企业的视角，认为品牌资本、创意资本和版权资本共同组成了文化资本。具体来说，文化资本是一种由技术、品牌、版权和信誉等无形资产组成的文化价值的积累③。此外，还有学者从文化产业的视角阐释文化资本，认为文化资本是文化资源实现市场化的结果和产业化的价值体现④。对于文化资本的运营，也形成了两种不同的思路，一是从文化资本运营的要素条件入手，系统地研究文化资本生产与积累、循环与周转、流通与重组及其国际化运作等问题⑤。二是从文化资本的性质入手，提出中国现阶段文化资本优化运营的基本思路，并设计建构文化市场结构与组织框架，以适应中国特色的文化企业结构与行为⑥。

（2）文化资本对经济增长的影响。

分析文化资本与经济增长关系的问题主要集中在产业经济学和区域经济学领域。学者们将文化资本看作决定经济增长的重要因素和最终解释变量，纳入经济发展模型中，并用实证加以证明。如金相郁和

① Alessandro Crociata. The Role of Cultural Capital in Beer Consumption in Italy：An Exploratory Study ［J］. Papers in Applied Geography，2020（3）：180 – 189.
② 高波，张志鹏. 文化资本：经济增长源泉的一种解释 ［J］. 南京大学学报（哲学·人文科学·社会科学版），2004（5）：102 – 112.
③ 王云，龙志和，陈青青. 中国省级文化资本与经济增长关系的空间计量分析 ［J］. 南方经济，2012（7）：69 – 77.
④ 王广振，王伟林. 论文化资本与文化资源 ［J］. 人文天下，2017（2）：5 – 10.
⑤ 李沛新. 文化资本运营理论与实务 ［M］. 北京：中国经济出版社，2007.
⑥ 刘丽娟. 文化资本运营与文化产业发展研究 ［D］. 长春：吉林大学，2013.

武鹏（2009）在数据分析的基础上，验证了文化资本与区域经济发展的密切关系，提出要重视文化资本的作用，以促进区域经济的协调发展，改进我国文化资本区域不平衡分布的现状①。王云等（2013）将文化资本作为重要的投入要素引入经济增长模型，并运用扩展的MRW 模型进行分析，结果表明，未来文化资本会成为我国经济增长的主要推动力②。另外，付金存（2014）也分别从理论分析和实证检验中进一步证实了文化资本是决定经济增长的关键性因素③。邹小芃等（2018）就文化资本与制度环境两类因素对区域金融中心建设的影响进行了实证分析，提出文化资本有利于提升区域金融中心综合竞争力，这种促进作用主要体现在我国东部区域④。李晓标和解程姬（2018）在对文化资本进行分类的基础上，分析了其对于中国旅游经济增长影响的结构性差异，发现在文化资本指标中，文化遗产对于旅游经济的促进作用最为明显⑤。但也有学者提出了不同的观点，如靳涛和林海燕（2018）通过研究发现，文化资本对经济增长并不总是具有正向的促进作用，当溢出效应大于替代效应时，文化资本起到正向促进作用；当溢出效应小于替代效应时，文化资本不具有正向促进作用⑥。封福育和李娟（2020）也发现，文化资本的积累与经济增长之间存在多重均衡关系，在文化产业发展的不同阶段，文化资本积累对经济增长影响有所差异⑦。

---

① 金相郁，武鹏．文化资本与区域经济发展的关系研究［J］．统计研究，2009（2）：28－34.
② 王云，龙志和，陈青青．文化资本对我国经济增长的影响——基于扩展MRW 模型［J］．软科学，2013（4）：12－16.
③ 付金存．文化资本对于经济增长的作用机理——基于VIP框架的中国考察［J］．社会科学研究，2014（5）：74－78.
④ 邹小芃，叶子涵，杨亚静．文化资本、制度环境对区域金融中心的影响［J］．经济地理，2018（4）：73－80.
⑤ 李晓标，解程姬．文化资本对旅游经济增长的结构性影响［J］．管理世界，2018（11）：184－185.
⑥ 靳涛，林海燕．文化资本与经济增长：中国经验［J］．经济学动态，2018（1）：69－85.
⑦ 封福育，李娟．文化资本积累与经济增长的多重均衡：理论与中国经验［J］．统计与信息论坛，2020（2）：32－37.

（3）文化资本与其他资本形态的关系。

研究文化资本与其他形态的资本之间的关系主要集中在三个方面：一是文化资本与人力资本的相互联系。一些学者从传统文化资本入手，研究以传统文化为表现形式的文化资本对家庭养老保障的影响，并认为这种文化资本与后代人力资本积累有密切联系，希望以此推动后代人力资本的积累，从而促进经济的增长①。也有部分学者在指出人力资本与文化资本差异的基础上，认为文化资本的积累影响着资源配置和贫富差距②。二是文化资本与社会资本的相互联系。个人的文化资本主要表现在个人的内在修养，正是这种个体性构成了社会资本群体性的基础，因而社会资本积累须以文化资本为基础；社会资本与文化资本之间互相影响，两者之间可以互相转换③。三是文化资本与经济资本的相互联系。蒋淑媛和李传琦（2019）提出，文化资本向经济资本转化时，需要市场对其文化价值与经济价值兑换率进行识别④。

（4）关于文化资本的测度研究。

由于文化资本过于抽象，如何对其进行计量一直是一个难题，国外学者对于文化资本的研究早于中国，并形成了一套完整的指标体系。思罗斯比提出，对于市场收益和文化遗产的维护可以利用"成本—收益"的方法进行评估。他先针对具有可认知价值的文化资源，有目的地做出投资决策计划，然后测评每项计划中文化资源的价值，并选择出最优的投资决策计划。另外，联合国教科文组织（UNESCO）也提出了文化资本评估的指标，新西兰政府也提出了三种文化评估方案。

---

① 郭庆旺，贾俊雪，赵志耘. 中国传统文化信念、人力资本积累与家庭养老保障机制 [J]. 经济研究，2007（8）：58 – 72.

② 朱伟珏. 文化资本与人力资本——布迪厄文化资本理论的经济学意义 [J]. 天津社会科学，2007（3）：84 – 89.

③ 赵岚峰. 中国语境下的社会资本与文化资本 [J]. 兰州学刊，2005（6）：174 – 176.

④ 蒋淑媛，李传琦. 新媒体语境下文化资本的转化逻辑 [J]. 北京联合大学学报（人文社会科学版），2019（4）：38 – 44.

在国内，一些学者在借鉴国外评估方法的基础上，结合我国国情及考虑到实际的可操作性，提出了一些文化资本的评估指标。例如，周云波等（2009）提出了一个由 4 个一级指标和 12 个二级指标构成的文化资本评估指标体系[①]；徐明生（2011）选取了 2 个一级指标和 9 个二级指标，并尽可能地选取文化资本存量指标，在没有存量指标的情况下，选取与存量指标存在正相关的流量指标替代[②]。还有学者从影响城市经济的角度出发研究城市文化资本，如马素伟和范洪（2012）设计了一个包含 5 个一级指标和 30 个二级指标的综合评价指标体系[③]。周建新等（2019）设计了一个包含 4 个一级指标和 37 个二级指标的综合评价指标体系，采用空间统计方法分析省域文化资本的空间差异[④]。同时，也有部分学者利用永续盘存法进行研究，如张梁梁和袁凯华（2018）把文化资本的形式具体量化，统计估算出各省的省际文化资本存量，发现文化资本存在较强的空间集聚情况[⑤]。

此外，文化资本对文化产业和居民生活水平的影响也逐渐进入了学者们的视野。梁君（2012）分析了文化资本对文化产业发展的促进作用[⑥]；俞万源（2012）研究了文化资本对城市发展的影响[⑦]；廖青虎等（2015）研究得出城市文化资本是影响居民生活水平的显著因素[⑧]。

---

① 周云波，武鹏，高连水. 文化资本的内涵及其估计方案 [J]. 中央财经大学学报，2009（8）：91-96.
② 徐明生. 我国文化资本与经济发展的协调性研究 [J]. 厦门大学学报（哲学社会科学版），2011（1）：30-36.
③ 马素伟，范洪. "城市文化资本" 指标体系构建及其测度研究——以江苏省为例 [J]. 江西农业大学学报（社会科学版），2012（1）：106-112.
④ 周建新，刘宇. 我国省域文化资本估算及其空间差异——基于 2007～2017 年省域面板数据的研究 [J]. 山东大学学报（哲学社会科学版），2019（5）：72-83.
⑤ 张梁梁，袁凯华. 省际文化资本存量估算与经济增长效应研究 [J]. 统计与信息论坛，2018（5）：39-49.
⑥ 梁君. 文化资本与区域文化产业发展关系研究 [J]. 广西社会科学，2012（3）：170-174.
⑦ 俞万源. 城市化动力机制：一个基于文化动力的研究 [J]. 地理科学，2012（11）：1335-1339.
⑧ 廖青虎，陈通，孙钰. 城市文化资本对城市居民水平的影响——基于北京市的实证研究 [J]. 北京理工大学（社会科学版），2015（4）：67-72.

综上所述，随着主流经济学的演进，对文化资本的研究一直在继续，经济学家们的研究大多遵循两种方式：一方面，文化资本是用来对经济现象进行定性分析的，试图挖掘经济行为背后的文化诱因，判断影响经济绩效的文化因素的正负值。另一方面，筛选出具有显著意义的、可以进行定量评估的文化指标，将它作为内生变量，在经济模型中验证其对经济增长的影响作用。

二、文化消费的研究现状

（一）国外文化消费研究

国外关于文化消费的研究起步较早，起初对文化消费的研究大多数是从社会学和文化学的角度进行的；随着研究内容的不断扩大和深化，逐步跳出了社会学和文化学的界限。

1899 年，美国经济学家凡勃伦（Veblen，1899）发表了《有闲阶级论》，这是最早对文化消费进行经济学研究的著作。但是真正的文化消费研究是开始于鲍莫尔和伯恩（Baumol & Bowen，1966）发表的《表演艺术：经济学的困境》。

在早期对文化消费的研究中，国外学者主要从文化消费的内涵、特征和消费主体入手，仅做出概括性描述。霍尔布鲁克（Holbrook，1982）解释了文化消费的含义，指出文化消费具有许多象征意义，是消费者的一种精神体验，也是消费者的一种娱乐、审美的过程①。米勒（Miller，1987）指出，文化必须是生产和消费的统一，并且主体和客体都是不可或缺的；文化产生在主体和客体二者相互作用的过程中，文化消费是一种创造新的文化的活动，人们在初次体验后还会

---

① Holbrook Morris B，Hirschman Elizabeth C. The experiential aspects of consumption：Consumer fantasies，feelings，and fun ［J］. Journal of Consumer Research，1982（2）：132 – 140.

出现再次消费的欲望①。

伴随着研究内容的不断深入，国外研究文化消费的焦点主要集中在两个方面：一是建立、分析文化消费行为理论；二是采用实证分析的方法，研究影响文化消费的各个因素。

1. 文化消费行为理论研究

在 20 世纪 80 年代，依据分析方法的差异可以把消费行为理论分为三派：

一派是以新古典消费行为理论分析作为手段，研究价格、收入和消费者偏好发生变化的情况下，消费者的文化消费行为发生变化的过程，对这一问题讨论的学者有威瑟斯（Withers G A，1980）② 等。随后，这方面的研究开始逐渐增多。塞缪尔·卡梅隆（Samuel Cameron，1990）讨论了个人收入对英国电影消费的影响③。此外，玛丽安·维多利亚·费尔顿（Marianne Victorius Felon，1994）依据美国消费者欣赏音乐会、歌剧和芭蕾舞剧这一现象对消费者行为建立消费模型，实验证明了票价和收入弹性对消费者起着重要的影响④。霍斯－安德森（Hjorth－Andersen，2000）研究丹麦的图书消费市场，指出影响丹麦图书消费的主要因素是价格和收入弹性⑤。

另一派是兰开斯特（Lancaster，1971）提出的新消费者理论。他们为文化消费研究提供了新的问题意识。兰开斯特（1971）从消费者选择的角度对文化消费进行分析，指出个人的消费欲望决定个人的消费行为和后果，个人行为的最高原则是追求最大限度的效

---

① Miller D. Material Culture and Mass Cousumption ［M］. Oxford：Wiley－Blackwell，1987.

② Withers G A. Unbalanced growth and the demand for performing arts：An econometric analysis ［J］. Southern Economic Journal，1980（3）：735－742.

③ Samuel Cameron. The Demand for Cinema in the United Kingdom ［J］. Journal of Cultural Economics，1990（1）：35－47.

④ Marianne Victorius Felton. Evidence of the existence of the cost disease in the performing arts ［J］. Journal of Cultural Economics，1994（18）：301－312.

⑤ Hjorth－Andersen. A model of the Danish Book Market ［J］. Journal of Cultural Economics，2000（1）：27－43.

用，消费者的选择是在收入、产品价格和个人偏好等因素共同作用下产生的结果①。戴维·思罗斯比（2003）也是分析文化产品和文化服务消费行为的早期学者之一，他在新消费者理论研究中也有共识性认识。他认为文化产品的质量高低是文化消费的效用函数，并指出文化产品的质量问题与价格一样，对决定消费者的消费行为具有同等重要的作用②。

此外，一些学者（Sintas & Alvarez，2002）以西班牙人的文化产品消费为例，将新消费者理论与布迪厄的理论进行比较，证明了"文化消费具有表现性、独特性和象征性"的假设③；真崎藤浦（Masaki Katsuura，2012）首次将经济周期理论引入文化消费，利用日本文化消费的月度数据并采用市场转型模型进行研究，发现经济周期引起的收入变化对文化消费的影响在超前或滞后方向上存在一定的随机性④。

继前两个学派之后，经济学家在前人研究的基础之上又提出了习惯形成理论、消费中学习理论和理性致瘾理论，进一步解释消费者的文化消费行为。因为无论是新古典消费理论还是新消费者理论，都没有能够很好地解释为什么消费者会有不同的消费偏好。习惯形成理论认为消费者过去的消费对当前和未来的消费具有影响，但该理论只是初步指出了文化资本存量对文化消费的意义，以及文化消费品位对文化消费需求的内生决定作用。

文化消费理性致瘾概念源自兰开斯特（1971）等学者的新消费者理论，以及加里·贝克尔（Gary Stanleyr Becker，1964）的人力资

① Lancaster KJ. Consumer Demand：A New Approach ［M］. New York：Columbia University Press，1971.

② David Throsby. Determining the Value of Cultural Goods：How Much（or How Little）Does Contingent Valuation Tell Us? ［J］. Journal of Cultural Economics，2003（27）：275 – 285.

③ Jordi López Sintas，Ercilia García álvarez. The consumption of cultural products：An analysis of the Spanish Social Space ［J］. Journal of Cultural Economics，2002（2）：115 – 138.

④ Masaki Katsuur. Lead-lag Relationship between Household Cultural Expenditures and Business Cycles ［J］. Journal of Cultural Economics，2012（1）：49 – 65.

本思想。理性成瘾的观点揭示了文化消费的另一个重要的特点——"黏性"。消费者在过去的文化消费体验，将会影响他的文化偏好和文化品位，从而影响他们未来的文化消费；为了提高对文化产品消费的"效率"，就必须花费许多的时间在文化消费上，这样才能够积累更多的文化资本存量，提高自身的文化消费能力，唤起对未来消费相应文化产品的欲望①。这一观点的提出，使许多学者都达成了共识，在理性成瘾理论的基础上研究不同的文化现象，如胡安·D. 蒙托罗·庞斯（Juan D. Montoro‒Montoro，2011）利用 2006~2007 年的西班牙习惯和文化习俗调查数据，研究居民的音乐消费，发现音乐消费存在理性致瘾情况②。

消费中学习理论反映了消费者学习和发现自身偏好、文化消费品位或文化资本的过程。路易斯·利维·加布和克劳德·蒙马奎特（Louis Levy‒Garboua & Montmarquette，1996）第一次明确建立了"消费中学习"模型③。还有一些学者（Escardibul & Villarroy，2009）构建了西班牙家庭订购报纸的消费中学习模型④。

2. 各因素对文化消费影响的实证研究

关于影响文化消费需求的研究，较为一致的观点是收入是影响文化需求的最重要的影响因子。消费需求随收入增加而递增，实证研究发现人均国内生产总值（GDP）与文化消费之间的关系；当人均 GDP 达到 3000 美元时，文化消费支出占总消费支出的 23%；当人均 GDP 达到 5000 美元时，文化消费将会快速增长⑤。艾特肯·罗伯特

---

① Victoria Ateca‒Amestoy. Determining heterogeneous behavior for theater attendance［J］. Journal of Cultural Economics，2008（2）：127‒151.

② Juan D. Montoro‒Pons，Manuel Cuadrado‒García. Live and prerecorded popular music consumption［J］. Journal of Cultural Economics，2011（1）：19‒48.

③ Louis Lévy‒Garboua，Claude Montmarquette. A Microeconometric Study of theatre Demand［J］. Journal of Cultural Economics，1996（1）：25‒50.

④ Josep‒Oriol Escardíbul，Anna Villarroya. Who buys newspapers in Spain? An analysis of the determinants of the probability to buy newspapers and of the amount spent［J］. Journal of Consumer Studies，2009（1）：64‒71.

⑤ Chenery H B. Patterns of Development at：1950‒1970［M］. London：Oxford University Press，1975.

等（Aitken Robert et al.，2008）利用2003～2004年澳大利亚具有代表性的私人住宅消费截面数据，研究分析家庭特征与文化消费之间的关系。结果表明，不同家庭特征的娱乐消费结构也有所不同：社会地位和收入较高的家庭，以及多于一个孩子的家庭更偏向体验型的娱乐文化消费①。有学者（Sibelle Cornélio Diniz & Ana Flávia Machado，2011）利用需求模型，以表演活动为研究对象，采用演员的表演语言、演员的数量、剧作家的年龄、是否为新产品还是改造的产品为变量，实证分析了表演产品的客观特征对文化消费的影响②；还有学者（Greg Richards & Andries van der Ark，2013）通过多元回归方法分析文化消费，发现年轻者的文化消费形式更具活力，文化资本水平较高的人在晚年消费的文化形式更具文化性和静态性③。

有些学者（Jörg Rössel，Julia H. & Schroedterr，2015）在研究语言与文化消费之间的关系时，以国际都市文化消费为因变量，将国际都市认同和其他跨国行为作为文化的决定因素；基于瑞士苏黎世进行的一项在线调查的数据，实证分析得出世界文化消费的决定因素是由不同形式的文化和语言资本形成的④。查尔斯·扬·博罗维茨基和特里斯·纳瓦雷特（Borowiecki & Navarrete，2018）分析了增值税税率的变化对图书价格的影响，从而提出文化商品和服务的财政利率的调节对文化消费有着重要的影响⑤。亚伦·里维斯和罗伯特·德弗里斯（Aaron Reeves & Robert，2018）从英国进行的个人层面的小组调查得到的数据中，用固定效应模型探索文化消费与个人收入之间的关系，

① Aitken Robert，King Lesley，Bauman Adrian. A comparison of Australian families' expenditure on active and screen-based recreation using the ABS Household Expenditure Survey 2003/04. [J]. Australian and New Zealand Journal of Public Health，2008（2）：238 – 245.

② Sibelle Cornélio Diniz；Ana Flávia Machado. Analysis of the consumption of artistic-cultural goods and services in Brazil [J]. Journal of Cultural Economics，2011（1）：1 – 18.

③ Greg Richards，Andries van der Ark. Dimensions of cultural consumption among tourists：Multiple correspondence analysis [J]. Tourism Management，2013（37）：71 – 76.

④ Jörg Rössel，Julia H. Schroedterr. Cosmopolitan cultural consumption：Preferences and practices in a heterogenous，urban population in Switzerland [J]. Poetics，2015（50）：80 – 95.

⑤ Karol Jan Borowiecki，Trilce Navarrete. Fiscal and economic aspects of book consumption in the European Union [J]. Journal of Cultural Economic，2018（2）：309 – 339.

发现如果一个人开始消费更多的文化活动，是因为收入的增加①。

（二）国内文化消费研究

20 世纪 80 年代中期，文化消费进入国内学术界的研究视野。1987 年，北京消费经济讨论会的开幕词中明确提出："随着实物消费品的不断丰富，人们对文化消费、精神消费的需求越来越多，要求越来越高，如何开拓、发展文化消费、精神消费，来适应消费水平不断提高的要求"这一课题，这是揭开我国文化消费研究序幕的重要标志②。近年来，文化消费已成为研究热点，国内学者们从不同的视角对文化消费进行研究，研究大致可以分为以下三类。

1. 文化消费水平的影响因素研究

（1）文化消费的微观影响因素。

在微观层面上，对于居民文化消费的影响因素，国内学者从不同方面进行了大量的研究，主要可以归纳为以下三个方面：

①收入因素。收入是实现居民文化消费的物质基础，不同收入水平对居民文化消费的支出水平影响不同。王俊杰（2012）以河南省农村地区为研究对象，利用面板数据模型，从差异化的视角出发，分析影响农村地区文化消费的影响因素。结果表明，该地区如果居民收入相对较高，那么其文化消费更容易受到收入和价格的影响，如果该地区居民收入较低，那么其文化消费水平受到之前消费水平的影响更大③。李杏和章孺（2013）运用 TSLS 方法对影响文化消费的因素进行分析，发现在不同的影响因素中呈显著正向作用的有前期文化消费水平、居民可支配收入的当期水平及其滞后期水平；呈显著负向作用

① Aaron Reeves, Robert de Vries. Can cultural consumption increase future earnings? Exploring the economic returns to cultural capital [J]. The London School of Economics and Political Science, Working paper, 2018 (4): 1–42.
② 司金銮. 我国文化消费与消费文化研究之概观 [J]. 兰州大学学报（社会科学版），2001 (6): 153–156.
③ 王俊杰. 基于面板数据的河南农村文化消费地区差异研究 [J]. 经济地理，2012 (1): 37–40.

的因素主要是居民家庭恩格尔系数①。另外，吕寒和姜照君（2013）利用省级面板数据，以中国城镇居民家庭人均全年分项收入为研究对象，并从心理账户的视角，分析其对文化消费的影响。结果显示，工资性收入呈现明显正向作用，并对文化消费具有一定的"乘数效应"，而财产性收入不如工资性收入的正向作用明显，但是也存在正向促进作用；转移性收入呈现明显负向作用②。

此外，还有一些学者研究不同收入来源对文化消费的影响。李志和李雪峰（2016）分析得出在不同类型的收入中，对文化消费影响最为显著的是经营性收入和工资性收入③。孙豪和毛中根（2018）在按收入性质和收入来源对总收入进行分离的基础上，实证检验城乡居民收入结构对居民文化消费的影响。研究结果显示，在收入性质方面，城镇居民文化消费对持久性收入反应敏感，对暂时性收入反应不敏感，农村居民文化消费对持久性收入和暂时性收入均反应敏感；在收入来源方面，城镇居民文化消费只对工资性收入反应敏感，农村居民文化消费对工资性收入、经营性收入和财产性收入均反应敏感④。

②价格因素。当文化产品出现供不应求的时候，价格上涨会影响到居民的消费需求。刘晓红（2013）从自价格弹性和互价格弹性的角度入手，建立扩展线性支出系统模型进行详细分析，发现居民文化消费受到食品价格和自身价格的影响，其中，以自身价格的影响最为明显，农村居民文化消费需求受到价格杠杆调控⑤。鲁虹和李晓庆（2016）将误差修正模型及协整理论应用到实证研究中，以上海市

---

① 李杏，章孺. 文化消费影响因素的实证研究——以江苏为例 [J]. 南京财经大学学报，2013（4）：28 – 35.

② 吕寒，姜照君. 城镇居民分项收入对文化消费的影响——基于 2002 ~ 2011 年省级面板数据 [J]. 福建论坛（人文社会科学版），2013（6）：61 – 66.

③ 李志，李雪峰. 中国城镇居民文化消费的影响因素——以中国 4011 个城镇家庭为例 [J]. 城市问题，2016（7）：87 – 94.

④ 孙豪，毛中根. 居民收入结构对文化消费的增长研究 [J]. 财贸研究，2018（5）：34 – 42.

⑤ 刘晓红. 江苏农村居民文化消费需求价格弹性分析 [J]. 价格月刊，2013（4）：19 – 22.

城镇居民文化消费的影响因素作为研究对象，分析得出文化产品的价格对上海城镇居民文化消费水平影响显著，并且在长期均衡上作用明显①。还有一些学者认为，文化产品的价格对文化消费水平具有重要影响，具体来说，价格低廉的文化产品对文化消费具有显著的促进作用②。

③消费者的文化水平和偏好。文化产品尤其是表演艺术类产品的消费，不仅需要货币收入和时间，还需要个人的文化资本，而文化资本是个人文化消费偏好形成的核心因素。因此，一些学者尝试从居民消费偏好和习惯方面分析，得出文化消费在过去的体验越多，文化消费需求越多，不同的消费习惯会对其文化消费产生不同程度的影响③。但也有学者提出了不同的观点，如高莉莉和顾江（2014）运用GMM 方法，以 2004～2010 年的省际面板数据为研究对象进行实证分析，发现对文化消费具有显著影响的是可支配收入，而消费习惯对文化消费影响作用不大④。陈劲（2015）通过详细分析重庆市的城市居民日常文化消费的支出情况、消费结构构成，以及家庭文化的耐用品拥有状况，阐述文化消费水平与经济资本、文化资本之间的内在联系。结果证实，经济资本对物质需要有直接影响，而文化资本对文化消费支出产生主导性的作用和影响，更能够促进发展层次的需要⑤。刘晓红和江可申（2017）在细致划分影响文化消费因素的基础上，分析我国城镇、农村文化消费之间的差异。结果发现，在文化消费习惯、居住条件、人均纯收入、文化价格等众多影响因素中，对农村居

---

① 鲁虹，李晓庆. 上海市城镇居民文化消费影响因素实证研究 [J]. 消费经济，2016（6）：55－58.
② 陈海波，朱华丽. 居民文化消费满意度影响因素分析 [J]. 统计与决策，2013（14）：104－107.
③ 聂正彦，苗红川. 我国城镇居民文化消费影响因素及其区域差异研究 [J]. 西北师大学报（社会科学版），2014（5）：139－144.
④ 高莉莉，顾江. 能力、习惯与城镇居民文化消费支出 [J]. 软科学，2014（12）：23－26.
⑤ 陈劲. 城市居民文化消费结构及其资本积累：重庆例证 [J]. 改革，2015（7）：110－119.

民文化消费支出最显著的是文化消费习惯①。傅才武和侯雪言（2017）运用线性回归模型，从"线上"和"线下"两类文化群体差异化的角度上，分析了在"互联网＋"背景下，居民文化消费行为受到文化资本的影响程度，得出了文化资本和机会成本都是影响居民文化消费行为抉择的重要因素的结论②。

通过梳理发现，以上学者主要是通过微观层面分析文化消费的影响因素，比如，居民收入、居民消费偏好、居民自身特征，以及文化产品价格等。

（2）文化消费的宏观影响因素。

在宏观层面上，国内学者们大体上从以下方面进行研究：

①文化环境。一些学者从文化环境的角度来研究文化消费。戎素云和闫翰（2013）③、王亚南（2014）④ 分别对河北省和福建省的文化消费情况进行分析，结果表明，文化环境中的文化公共服务设施及社会保障状况会影响居民的文化消费；对文化环境的改善能够明显提高文化消费水平。樊兴菊等（2016）运用面板数据和倍差法模型，实证检验了公共文化设施建设对城镇居民文化消费的影响。结果发现，新建文化场馆能够在初期对居民文化消费造成一定的刺激，但如果"重投资、轻运营"，这种文化吸引力就不能持久保持，加强公共文化设施建设应该同时注重后期运营的持续性⑤。

②城镇化水平。城镇化带来了城乡收入差距的拉大，针对"是否也会对文化消费的差距造成影响"这一问题，引起了学者们的探

---

① 刘晓红，江可申. 我国农村居民文化消费影响因素的区域差异——基于省际动态面板数据的实证分析 [J]. 江苏农业科学，2017（9）：267－270.
② 傅才武，侯雪言. 文化资本对居民文化消费行为的影响研究——基于"线上"和"线下"两类文化消费群体的比较 [J]. 艺术百家，2017（5）：39－46.
③ 戎素云，闫翰. 河北省文化消费条件影响居民文化消费的实证分析 [J]. 消费经济，2013（1）：25－30.
④ 王亚南. 福建公共文化投入增长综合测评——2000～2012年检测与至2020年测算 [J]. 福建论坛，2014（6）：110－119.
⑤ 樊兴菊，李海涛，陈通. 公共文化设施建设对居民文化消费的影响——基于城市面板数据 [J]. 消费经济，2016（2）：3－6.

讨。周莉等（2013）借助 ELES 模型，采用问卷调查法收集数据，详细分析影响文化消费的因素，发现文化消费受到城乡差别因素的影响较为显著①；陈珍珍（2016）利用 2002～2013 年省域面板数据，分别对城乡收入差距、城乡消费环境差异，以及人口城镇化三个影响城乡居民文化消费的因素进行分析。结果表明，城乡居民文化消费差异受人口城镇化的影响较大，并且呈显著的正向作用，同时，城乡消费整体水平、城乡收入水平差距都是城乡文化消费差异产生的影响因子②。除此之外，车树林和顾江（2018）以 26 个国家文化消费试点城市（首批）为研究对象，利用 2005～2016 年的面板数据进行详细研究，发现城镇居民文化消费与城市化水平呈显著的正相关关系③。

③文化产业发展。文化消费与文化产业的发展有着密切的依存关系。李杏等（2015）研究发现，文化消费的提高受到文化产业聚集的影响，呈现明显的正向作用，而且由于地区差异性，正向作用的强度大小不同④。张变玲（2017）在 2005～2015 年面板数据的基础上，借助 VAR 模型将文化产业与文化消费之间进行脉冲响应分析。结果表明，文化产业与文化消费之间彼此呈正向脉冲响应，并且两者之间也存在着一种长期的协整关联；另外，文化产业的发展和文化设施的建设与文化消费也息息相关，对文化消费有催化和引导的作用⑤。刘珊等（2019）利用 PLS 结构方程模型，实证分析了文化产业发展对居民文化消费升级具有显著的影响⑥，进一步证实了文化产业发展对

---

① 周莉，顾江，陆春平．基于 ELES 模型的文化消费影响因素探析 ［J］．现代管理科学，2013（8）：12-14，45.
② 陈珍珍．城镇化与城乡居民文化消费差异实证研究——基于我国 31 个省级单位面板数据的实证分析 ［J］．农村经济与科技，2016（6）：96-97.
③ 车树林，顾江．收入和城市化对城镇居民文化消费的影响——来自首批 26 个国家文化消费试点城市的证据 ［J］．山东大学学报（哲学社会科学版），2018（1）：84-91.
④ 李杏，李震，陆季荣．文化产业集聚与文化消费水平关系的实证研究——以江苏省为例 ［J］．南京财经大学学报，2015（5）：1-8.
⑤ 张变玲．基于 VAR 模型的文化消费与文化产业发展的实证研究 ［J］．科技和产业，2017（5）：48-50.
⑥ 刘珊，封福育，龚雅玲．新时代文化产业发展对居民文化消费升级的影响——基于 PLS 路径模型 ［J］．商业经济研究，2019（11）：58-60.

文化消费的重要作用。

④财政支出。有的学者研究了政府财政对文化消费的影响。易顺等（2013）将政府支出分为经济建设支出、民生保障类支出，以及行政管理类支出三种。其中，对居民文化消费有显著引导作用的是民生保障类支出；对居民文化消费具有一定挤出效应的是行政管理类支出；而经济建设类支出的影响作用效果最不显著①。宋英杰等（2017）在凯恩斯绝对收入假说的基础上，对影响农村居民文化消费的因素做了细致的研究，将生产性和服务性两种购买性支出作为主要影响因素进行研究，发现在时间层面，地方财政生产性购买支出和服务性购买支出对农村居民文化消费均具有滞后效应；在地区层面，欠发达城市的生产性购买支出和服务性购买支出对农村居民文化消费的影响更显著②。

⑤文化供给。一些学者从文化产品供给的角度研究文化消费，如胡雅蓓和张为付（2014）构建了文化消费的"生产供给、流通载体和消费需求（SMD）分析范式"。研究发现，文化消费的供给因文化产品生产要素投入组合的差异而呈现不同的特征，文化消费的需求随文化供给和收入消费结构的变化表现出不同的形态，而文化消费的流通载体则是协调供求矛盾运动的媒介和渠道③。王佐藤（2017）的研究也确认了供给、流通与需求是我国文化消费的动力来源④。资树荣和林天然（2019）论证了文化产品属性对文化消费需求的影响原理和影响机制，强调文化消费的体验性特征⑤。

① 易顺，彭仁贤，韩江波．地方政府财政支出的居民文化消费效应［J］．首都经济贸易大学学报，2013（2）：45-54.
② 宋英杰，刘俊现，徐鑫．地方财政支出对农村文化消费的动态影响［J］．消费经济，2017（5）：58-64.
③ 胡雅蓓，张为付．基于供给、流通与需求的文化消费研究［J］．南京社会科学，2014（8）：40-46.
④ 王佐藤．文化消费模型构建与实证研究——以生产供给、流通载体、消费需求为变量［J］．商业经济研究，2017（14）：33-35.
⑤ 资树荣，林天然．文化产品属性对文化消费的影响研究——以图书为例［J］．湘潭大学学报（哲学社会科学版），2019（3）：89-93.

⑥文化传播。随着网络信息技术与各行业的深度融合，以移动互联网和"大数据"为代表的新媒体技术，深刻影响了文化消费模式，极大地拓展了文化消费空间，这一问题也引起了部分学者的关注。例如，姜宁和赵邦茗（2015）研究文化消费与文化传播之间的关联，发现两者之间的关系存在稳定和强度有限的特点①。陈鑫等（2020）利用中国 31 个省（区、市）② 2002～2016 年的面板数据，研究互联网发展对城乡居民文化消费差距的作用效果及影响机理，发现互联网的普及显著缩小了城乡居民文化消费差距，即互联网的发展不仅有效提高了居民文化消费水平，且对农村居民的影响效果高于城镇居民③。

除了受文化环境、文化产业、财政支出等因素的影响外，还有学者研究农村地区的人口结构对居民文化消费的影响④；自然灾害对居民文化消费的影响⑤；城市户籍身份对居民文化消费的影响⑥等。

另外，作为一个开放的系统，文化消费行为受到多方面因素的影响。在系统论的视角下，一些学者认为文化消费是一种多因素共同作用的生态系统。张梁梁和林章悦（2016）从文化消费自身影响、个人因素，以及社会因素三个层面着手分析，最终确定了基于中国客观实际的动态空间面板模型；在具体细分中他们发现，文化消费具有一定的时空滞后性；在诸多影响因素中，居民人均收入、受教育程度、社会保障力度和地区因素对刺激文化消费具有正向作用，老龄化人口结构和文化监管不利于文化消费的进行⑦。李惠芬和叶南客（2017）

---

① 姜宁，赵邦茗. 文化消费的影响因素研究——以长三角地区为例 [J]. 南京大学学报（哲学社会科学版），2015（5）：27-35.
② 本书的研究数据为我国 31 个省（区、市），不含港澳台，后面不再赘述。
③ 陈鑫，王文姬，张苏缘. 互联网发展能否有效缩小城乡居民文化消费差距？[J]. 农村经济，2020（12）：87-93.
④ 陈广，顾江，水心勇. 农村地区人口结构对居民文化消费的影响研究——基于省际面板数据的实证研究 [J]. 农村经济，2016（1）：75-80.
⑤ 闻媛，曹佳楠. 自然灾害对居民文化消费的影响——来自 2008 年中国汶川地震的经验证据 [J]. 消费经济，2019（4）：72-79.
⑥ 钟方雷，李思锦. 城市居民户籍差异对文化消费的影响——基于中国综合社会调查数据的分析 [J]. 消费经济，2021（1）：59-67.
⑦ 张梁梁，林章悦. 我国居民文化消费影响因素研究——兼论文化消费的时空滞后性 [J]. 经济问题探索，2016（8）：56-64.

分析了不同文化环境对文化消费的差异性影响，实证结果显示，人均收入、教育事业财政支出和公共文化设施数量等因素与居民文化消费呈现显著的正相关关系，且不同影响因素对居民文化消费具有明显的地区性差异，文化产品的市场供给与激发文化消费动机没有显著的正相关关系①。黄晓娟（2019）从城乡差异角度出发，采用31个省份的城镇和农村地区2007～2018年的面板数据，对我国居民文化消费影响因素进行比较分析。结果显示，城市和农村的恩格尔系数对城镇居民文化消费都具有显著的负面影响，政府在城市和农村文教娱乐方面的财政支出也会对文化消费造成负面的影响②。

2. 对文化消费结构影响的研究

经济转型时期，我国居民文化消费结构失衡现象日益突出。谭延博和吴宗杰（2010）以山东省的城镇文化消费结构为研究对象，认为引起文化消费结构失衡的主要因素是文化消费观念、经济发展水平和空闲时间③。殷宝庆和颜青（2014）以浙江省为研究对象，从环比增长速度、城乡差异，以及结构变度与结构相似等方面对居民文化消费结构的演变进行了测度，提出从文化消费供给的扩大、文化消费环境的完善，以及文化消费需求的拉动三方面建立文化消费长久的发展机制④。

与此同时，也有其他学者采用对应分析的方法进行研究。例如，杜华章（2015）研究发现，低收入水平农村居民文化消费结构层次较低，以低值易耗文化娱乐消费品的消费为主；中等收入水平农村居民文化消费结构层次相对较高，在教育等发展型文化消费的支出比重

---

① 李惠芬，叶南客. 基于文化场景理论的区域文化消费差异化研究［J］. 南京社会科学，2017（9）：132－137.
② 黄晓娟. 城乡差异视角下居民文化消费影响因素比较分析［J］. 商业经济研究，2020（18）：49－53.
③ 谭延博，吴宗杰. 山东省城镇居民文化消费结构探析［J］. 山东理工大学学报（社会科学版），2010（2）：20－23.
④ 殷宝庆，颜青. 居民文化消费结构变迁及其优化升级研究——以浙江省为例［J］. 统计与决策，2014（23）：117－119.

较大；中高收入和高收入农村居民在休闲娱乐和旅游等文化消费支出比重较大，文化消费结构层次不高①。陈鑫等（2019）研究我国中等收入家庭房贷压力对居民文化消费支出占家庭收入比重的影响，发现居民家庭当期房贷压力对家庭文化消费占比具有正向非显著的影响作用，而未来房贷压力显著性反向影响着当期居民文化消费占比；提出可将当期消费观念的引导与未来房贷利息进行合理调节，从而释放居民文化消费潜力②。

3. 关于文化消费效应的研究

于泽和朱学义（2012）③、高敏和徐新娇（2015）④、范玉刚（2016）⑤主要研究文化消费对文化产业的影响。这些研究发现，文化产业的发展需要文化消费的促进，需要采取相应的对策。赵迪和张宗庆（2016）运用我国2002～2013年的省际面板数据进行研究，研究结果表明，文化消费有利于促进我国整体消费水平的提升，同时，也有利于对我国整体内部消费结构的改善，对非耐用品和服务消费支出的增长也有带动作用⑥。李小文与陈冬雪（2016）⑦、张铮与陈雪薇（2018）⑧将文化消费与主观上的居民幸福感之间的相互关系进行详细研究。秦琳贵和王青（2017）研究了文化消费对经济增长的影响。结果发现，文化消费作为投入要素对经济增长有显著的正向影响，从长期

---

① 杜华章. 江苏省农村居民收入水平与文化消费实证分析 ［J］. 农业经济与管理，2015（5）：70－78.

② 陈鑫，任文龙，张苏缘. 中等收入家庭房贷压力对居民文化消费的影响研究分析——基于2016年CFPS的实证研究 ［J］. 福建论坛（人文社会科学版），2019（12）：71－81.

③ 于泽，朱学义. 文化消费对文化产业影响的实证分析——以江苏省为例 ［J］. 消费经济，2012（5）：75－77.

④ 高敏，徐新娇. 文化消费与文化产业发展的关联度 ［J］. 重庆社会科学，2015（11）：66－72.

⑤ 范玉刚. 文化消费对健全文化产业发展体系的促进作用 ［J］. 艺术百家，2016（3）：13－20.

⑥ 赵迪，张宗庆. 文化消费推动我国消费增长及其结构改善吗？——基于省际面板数据的实证研究 ［J］. 财经论丛，2016（2）：3－10.

⑦ 李小文，陈冬雪. 有序概率回归模型下的城乡居民文化消费与幸福感关系研究——基于2013年CGSS调查数据 ［J］. 广西社会科学，2016（9）：165－168.

⑧ 张铮，陈雪薇. 文化消费在收入与主观幸福感关系中的中介作用及边界条件探究 ［J］. 南京社会学，2018（8）：149－156.

来看，文化消费会对经济增长产生更加强大的影响①。范国周和张敦福（2019）通过对 2013 年 CGSS 数据中，文化消费与社会结构之间 30 多个变量的多元对应分析，发现文化消费与社会结构之间存在等级上的对应关系②。

三、文献述评

综上所述，可以看出文化资本和文化消费已经成为文化经济学研究的重要议题之一。已有国内外研究成果从多个方面、不同维度研究了影响文化消费的因素，并且对影响文化消费的因素做出了理论与实证的诸多有益探索，这对指导文化消费发展具有重要意义。同时，国内学者借鉴国外的研究理论，形成了符合我国国情的研究体系。但是也可以看到文化消费研究仍然存在着一些不足之处，还可以从以下方面进一步深化。

第一，将文化资本对文化消费的影响纳入计量模型，可以深化文化经济学的研究内容。关于文化资本和文化消费关系的研究目前还比较缺乏。"文化资本"虽然最早在社会学领域中诞生，但是早已延伸到了当代经济学的研究领域。目前，文化资本的研究已经形成了一定的体系和规模，作为一种新的研究视角，被用于诸如一些人口迁移、城市发展及经济增长等问题的分析中，特别是研究对经济的增长问题上，学者们已经取得了较为一致的结论，即文化资本从增长效应和关联效应等多个方面可以推动经济的发展。然而，对于文化资本如何影响文化消费，即文化资本对于文化消费的贡献度和协同性、文化资本影响文化消费的内在作用机制的研究还鲜有可见，构建模型分析更是

---

① 秦琳贵，王青. 我国文化消费对经济增长影响的机理与实证研究［J］. 经济问题探索，2017（3）：38 – 45.
② 范国周，张敦福. 文化消费与社会结构：基于 CGSS2013 数据的多元对应分析［J］. 社会科学，2019（8）：75 – 85.

少之甚少。鉴于此，在我国"双循环"的新发展格局背景下，将文化资本引入文化消费的分析框架，在理论分析的基础上进行实证检验，深入研究文化资本对文化消费的影响机制，探讨促进文化消费的新思路，具有重要的经济理论价值。

第二，从宏观与微观相结合的视角出发，研究文化资本对文化消费的影响，可以弥补研究方法和研究对象的不足。在有关研究文化消费的文献中，国内外有两条主要路径可循：一种路径是对文化消费基本理论的研究，诸如界定文化消费的概念、明确文化消费的分类、阐释文化消费的性质、构建文化消费的分析结构等。另一种路径是文化消费的实证研究，在这方面取得的成果较为丰富。但是，也有少数研究仅是简单的罗列数据，或者停留在经验层面上，不能上升到理论高度，且没有通过有说服力的定量研究来寻找影响文化消费的真正原因。

由此可以看出，国内学者需要以更广阔的视角来进一步研究文化消费问题。首先，与我国文化消费需求逐渐增长和文化市场不断扩大的现实相比，基于我国国情的文化消费理论和政策研究还很薄弱。其次，从国内外研究成果来看，无论是从理论上对文化消费的研究，还是实证上的研究，绝大多数是基于微观的视角，这可能是由文化消费活动的微观特征决定的。尽管这一研究特色对于真实准确地勾勒文化消费的发展态势，以便制定切实可行的对策建议具有重要的意义，但是文化消费不单是一种个人消费，还是文化产业的重要组成部分，文化消费品离不开规划、研发、生产、销售等各个环节，也离不开政府的引导与调控及社会环境的支撑。对于目前尚处于起步阶段的文化产业，从区域层面的宏观视角分析也是十分必要的。因此，本书从宏观和微观相结合的视角探讨文化资本影响文化消费的内在逻辑和机制。

第三节 研究思路、内容和方法

一、研究思路

本书遵循"现状—机制—实证—对策"的研究思路,具体的框架结构与技术线路如图 1 - 1 所示。

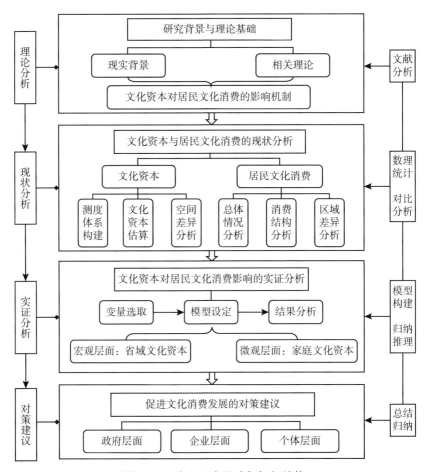

图 1 - 1 论文研究思路与框架结构

资料来源:笔者根据研究思路绘制。

本书的研究思路主要有四个递进步骤：首先，从文化资本和文化消费的定义和内涵入手，深入剖析文化资本对居民文化消费的作用机理；其次，构建指标体系，估算省域文化资本，对文化资本的空间差异和文化消费发展现状进行分析；再次，从宏观的省域层面和微观的家庭层面，运用固定效应模型、GWR 模型、OLS 模型等数理模型，深入分析省域文化资本对居民文化消费的影响及空间差异，家庭文化资本对居民文化消费水平的影响；最后，依据研究结论，提出促进文化消费发展的对策建议。

二、研究内容

第一章为绪论。主要阐述了选题背景、问题的提出、研究的目的和意义、文献综述、研究方法、研究内容、技术路线和研究结构安排，并总结了本文可能的创新之处。

第二章为文化资本对居民文化消费影响的理论基础。首先，主要明确文章的核心概念，文化资本和文化消费的内涵，然后具体阐述了文化资本的表现形式和积累方式、文化消费的特征及发展趋势；其次，梳理相关的文化资本理论和文化消费理论；最后，探讨文化资本对文化消费的作用机制，并对其进行学理把握，为实证分析提供理论依据。

第三章为文化资本与居民文化消费的现状分析。构建文化资本估算指标体系，运用统计数据估算省域文化资本，并进行空间差异分析；结合数据和图表，从居民文化消费的支出总量、消费结构、地区差异三个方面来分析我国文化消费的发展现状，为后文的实证分析奠定基础。

第四章为省域文化资本对居民文化消费的影响。主要包括两部分实证研究：首先，采用 2013～2019 年 31 个省份的面板数据，运用固定效应模型分析省域文化资本对居民文化消费总体的影响程度；其次，分析固体的文化资本、产品的文化资本、能力化文化资本和制度化文化资本四种不同形式的文化资本，分别对居民文化消费的影响程度。

第五章为省域文化资本对居民文化消费影响的空间差异。在借鉴空间异质性理论的基础上，提出研究假设，采用 GWR 模型进行实证分析，并通过分析结果对假设进行验证，同时对分析结果进行阐释。

第六章为家庭文化资本对居民文化消费的影响。研究以能力化为表现形式的家庭文化资本对居民文化消费支出的影响。采用"中国家庭动态跟踪调查"（CFPS）数据，运用 OLS 模型分析家庭文化资本对文化消费的影响。

第七章为结论与对策建议。在实证分析的基础上，依据主要研究结论，从供给与需求两端探究促进我国居民文化消费水平提升的思路，分别从政府、企业和个人三个方面提出促进居民文化消费发展的对策建议，并提出进一步研究的内容。

三、研究方法

1. 文献研究法

通过梳理国内外有关文化资本的研究文献，了解文化资本理论的发展脉络及研究现状，理解文化资本的有关定义及测量方法，在此基础上，从多角度理解影响居民文化消费的影响因素，并熟悉各种研究方法及模型。综合文化资本理论和消费理论的有关知识，提出文化资本及其构成要素对居民文化消费的影响机理，为后文中的实证研究打下基础。

2. 理论分析与实证分析相结合

理论上，对文化资本影响居民文化消费的作用机制进行阐释，并提出假设，进行学理探讨。实证上，基于宏观的省域数据和微观的家庭数据，采用定量的分析方法，分别通过固定效应模型、GWR 模型、OLS 模型等数理模型分析文化资本对居民文化消费水平的影响；通过量化分析结果对理论假设进行验证，以便更加科学地揭示规律、把握本质、厘清关系。这两种分析方式相结合，以实现论证的完备性。

3. 跨学科研究法

文化消费是一个多学科的交叉领域，既是一个社会行为，也是一种经济现象。本书从文化经济学视角出发，抓住作为文化经济学基本概念之一的"文化资本"，对其进行量化分析。在新制度经济学理论基础上，大胆吸收社会学中的文化资本理论和布迪厄的文化消费理论；文化学中的文化消费行为理论；管理学中的文化产业管理理论等相关学科知识，全面分析文化资本对居民文化消费的作用机理，努力探索文化资本对居民文化消费全面的、多层次的影响。

第四节　研究意义与创新之处

一、研究意义

（一）理论研究价值

目前，文化资本研究是文化经济学研究领域中的热点和难点。能否有效地构建文化资本与文化消费之间的理论分析框架，对于进一步深入理解文化资本、全面研究文化消费具有重要的理论意义。

1. 深化了文化资本的研究内容

目前，在文化经济学的研究领域，对于文化资本的研究已经形成了一定的体系和规模。然而，学界对文化资本的空间关联性及演化过程还鲜有关注，对于文化资本如何影响文化消费的研究更是屈指可数，而构建模型量化分析的也是少之又少。本书在系统剖析文化资本概念与内涵的基础上，科学地估算区域文化资本，并进行空间分析，进而量化分析文化资本对文化消费的影响，可以深化文化资本的研究内容。

2. 拓宽了文化消费的研究视角

通过梳理现有国内外学者关于文化资本研究的文献发现，对于文化资本与经济增长的正向相关关系，已有许多从不同角度证实的研究。但是，对于文化资本对居民文化消费的作用机制与作用规律等方面的研究寥寥无几。本书循着将文化资本概念引入经济学研究领域的路径，在以前学者对文化资本与经济发展关系研究的基础上，从宏观和微观的角度，进一步分析文化资本对居民文化消费增长的作用机制，这不仅是从经济学角度对文化消费研究的延伸，也是对文化资本经济作用研究的延伸。

3. 有利于丰富内需理论

当前，在全球经济放缓的大背景下，拉动经济增长的出口也日益艰难，且投资对于经济的拉动作用也趋于减弱。在此背景下，扩大内需就成为拉动中国经济增长的重要动力来源，而文化消费是最具潜力的消费需求，是我国经济社会发展的重点之一。因此，适时引导、及时推进居民文化消费是扩大内需的突破点。所以，本书通过文化资本这一重要影响因素对文化消费进行有针对性的研究，一方面，为文化资本应用于解释我国文化消费增长问题提供有益借鉴；另一方面，为扩大文化消费提供理论支持。

（二）现实研究意义

1. 为我国文化消费发展提供新思路

在政府大力推动供给侧结构性改革的有力条件下，研究我国文化资本对居民文化消费的作用有着重要的现实意义。这是因为文化消费对于拉动我国整体消费增长，推进产业结构升级，提高国民素质，增强我国文化国际竞争力，最终实现文化消费需求和经济增长之间的良性互动具有重要作用。因此，本书希望寻找到推动文化消费可持续增长的新的动力源，为政府和相关部门制定正确的文化政策提供参考，从而为解决我国当前的文化消费发展问题提供新思路。

2. 为文化资本积累提供对策建议

本书通过对文化资本进行探索性研究，进一步加深人们对文化资本的认识，有助于充分发挥文化资本的积极作用，实现我国从文化资源大国转变为"文化强国"的历史使命。特别是对文化资本内涵的剖析及其测量体系的构建，为文化资本积累路径和优化发展提供了对策建议，可以促进文化资本社会效益和经济效益的有机统一。

3. 为促进我国文化产业发展提供借鉴

文化消费是检验文化产业发展的"试金石"，是促进文化产业发展的"助推器"。本书剖析文化资本、文化消费的内涵与构成，并对二者之间的关系进行深入探讨，可为制定文化产业发展政策提供理论依据，以期促进我国文化产业的健康发展。

二、可能的创新

第一，希望能够更加全面地分析我国的居民文化消费。对于文化消费的研究，国内外大部分学者是从微观的视角审视文化消费的发展。然而，文化消费虽然是一种个性化的个人消费，但它离不开社会的宏观环境和政府的引导和规范。因此，有必要从政府层面引入宏观视角。所以，本书从宏观和微观相结合的视角探讨文化资本影响文化消费的内在逻辑和作用机制。从数据来源上看，基于权威统计数据和调查数据，研究文化资本对居民文化消费的影响，一方面，省际面板数据能够从宏观上反映各省居民文化消费的特点；另一方面，宏观经济政策不能没有微观分析的支撑，微观数据能够刻画居民家庭文化消费的全貌。因此，本书从宏观与微观视角研究，能够更加全面地分析居民文化消费问题，这是本书的创新点之一。

第二，为研究我国居民的文化消费提供新思路和新视角。目前，以文化资本作为切入点对我国居民文化消费进行的研究少之甚少。影响文化消费的因素较多，已有的国内研究绝大多数仍遵循凯恩斯主义的"绝对收入假说"。本书从文化资本的视角去研究文化消费，并且运用经济计量分析方法剖析文化资本对文化消费的作用，力求将两者的作用关系研究深入到量化的经济计量分析层面，这是本书的独特之处，对于突破现有文化消费问题研究框架提供新思路和新视角，希望起到抛砖引玉的作用。

另外，目前尚未有学者对文化资本影响文化消费的空间差异进行分析，忽视了文化资本对于居民文化消费影响的地域间差异、发展阶段差异等。本书综合运用固定效应模型、GWR 模型等量化分析方法，更加全面地分析文化资本对文化消费的影响关系，以期达到拾遗补阙的效果。

文化资本对居民文化消费影响的理论基础

第一节　文化资本的基本理论

在弄清楚"文化资本"概念之前，需要首先厘清"资本"的多样内涵，只有在这个基础上才能很好地把握"文化资本"这个核心概念。同时，为了明确文化资本与其他相关概念之间的区别，需要分别对文化资本与文化资源、文化资本与文化资产和人力资本的异同一一进行比较。

一、文化资本的内涵及表现形式

（一）资本的内涵

资本是研究经济增长问题的关键概念之一，也是经济理论的重点问题。在国外，"资本"一词最早来自拉丁语，是由 15 世纪和 16 世纪的意大利人提出的，他们认为"资本"是能够利用它赚取利润和利息的钱财。后来，对资本的理解随着经济和社会的不断发展逐步深化，学者们从不同的学科或研究角度进行了探讨。可以说，资本的概念经历了一个漫长的演变过程。

资本最初被重商主义看作与货币同等的地位。17 世纪，西方资产阶级经济学家考察了货币、土地、劳动等与生产有关的各种要素，目的是发现产生财富的要素。于是，资本的研究从流通领域进入生产领域，农业生产的种子、农具、仓库、工资等都被看作资本。18世纪，工业革命兴起，以古典经济学家亚当·斯密（Adam Smith，1767）、大卫·李嘉图（David Ricardo，1772）为代表的学者提出了较为成熟的资本理论，成为马克思主义政治经济学主要的理论来源之一。

亚当·斯密（1767）主要从生产资本入手，关注资本背后的生产关系，"资本一旦集中到个人手中，有些人就把资本投资到劳动人民身上，为他们提供原材料和生活资料，以便从劳动生产中获得利润，或者从劳动对原材料的增值中获得利润"[①]。后期的政治经济学家理查德·琼斯（Richard Jones，1831）进一步研究资本中隐藏的生产关系，指出资本主义生产关系仅仅是社会发展的一个历史阶段。由此可见，西方资产阶级经济学家普遍认为：资本是一种生产要素，可以表现为不同的形式，它只存在于资本主义的生产关系中，但是，他们只注重了资本的自然属性而忽略了资本的社会属性，同时具有不同的局限性和片面性。

与上述理论相同的是，马克思的资本理论也是在劳动价值论的基础上建立的，但他并没有局限于把资本定义为获得利润的生产资料，而是赋予资本新的含义，并且把它变成了政治经济学和历史唯物主义的核心概念之一。马克思在《1844年经济学哲学手稿》中有一个重要论断，即"资本是积蓄的劳动"[②]。首先，资本具有增殖性，是可以带来剩余价值的价值。其次，资本是一个历史范畴，它包含了一定的阶级关系，表现出建立在雇佣劳动基础上的一种社会性质。最后，

---

① 亚当·斯密. 国民财富的性质和原因研究（上）[M]. 郭大力，王亚南，译. 北京：商务印书馆，1983.
② 马克思.1844年经济学哲学手稿 [M]. 北京：人民出版社，2000.

资本是一种不断循环的过程①。由此可知，资本不断进行循环才能产生并实现剩余价值②。从这里可以看出，马克思认为资本其实还是一种权力，一种被资本主义社会普遍认可的权力；这时候的资本不仅是一种生产要素，它还代表着掌握资本的人手中剥削工人劳动力的权力，这也是马克思在经济学方面的伟大贡献。

社会学家皮埃尔·布迪厄（1997）从场域的概念出发，认为"资本是积累的劳动，其积累需要时间，并能产生利润"。他的观点扩大了马克思资本的概念，为文化资本的解释奠定了基础。资本的着眼点在于拥有者的收益问题。在马克思的理论观点中，资本主义生产关系和阶级关系保证了资本所有者的利益，皮埃尔·布迪厄把这种保证的权力关系扩展到社会、文化和符号领域中，他认为人们行为活动的目的不仅是出于经济利益考虑，也可能是出于寻求赞美、理解社会，人文关怀等方面的考虑，例如，音乐家创作乐曲、作家创作作品，因而资本是一种权力的形式③。从这方面来看，布迪厄发展了马克思主义"资本"的概念，将资本从最初的经济概念扩展到社会学的文化和象征领域。

以上是西方学者关于资本的主要观点。下面来看国内学者对资本的解释，以及在社会主义市场经济中对资本观念的转变。

在中国，资本一词最早见于元曲《萧得祥杀狗劝夫》："从亡化了双亲，便思营运寻资本，怎得分文？"在清平山堂话本《认错尸》中："在乔俊看来，有三五贯资本，专一在长安崇德收丝，往东京买卖了。"可见资本原意是本钱和本金的意思④。在我国建立了社会主义国家以来，一度把资本看成属于资本主义的范畴，从而不允许资本

①　马克思.资本论（第一卷）［M］.中共中央编译局，译.北京：人民出版社，2004.
②　李沛新.文化资本理论运营与实务［M］.北京：中国经济出版社，2007.
③　布迪厄.文化资本与社会炼金术［M］.包亚明，译.上海：上海人民出版社，1997.
④　雷俊忠.中国农业产业化经营的理论与实践［D］.成都：西南财经大学，2004.

关系的存在，这使我国的生产力发展受到了很大的制约。直到 1994 年，党的十四大召开，我国正式提出了建设社会主义市场经济的目标，从而使我国对资本原有的狭隘观念有了突破。1992 年，由中国社会科学出版社出版的《经济百科全书》中提出："资本无论采取何种形式，其特点是利用目前的生产创造一种资源的未来生产，这种资源不是现在消费或享用的，而是用于未来的生产，或通过提供消费服务，或建立更多的资本。"①

从上述关于资本的定义可以看出，对经济学家来说，资本是一个至关重要的概念，代表着任何经济实体的生产能力。虽然国内外学者从不同的角度对"资本"进行了剖析。然而，从经济学的角度来看，人们普遍认为资本就是用于投资、牟利的本金和财产，是人类创造物质财富和精神财富的各种社会经济资源的总和。从这个定义可以看出，任何有价值的东西，不是由资本创造的，就是资本本身，它强调了资本的经济价值或财产价值。

（二）资本的分类

在经济学中，资本通常被划分为三种主要形式：第一种类型的资本是实物资本，指的是工厂、机器、建筑物等实物存量，它有助于生产更多的商品，它是从经济学一开始就被人们所认识和讨论的。第二种类型的资本是人力资本，在经济活动过程中，人们逐渐开始认识到，在人身上蕴藏着以技能和经验为表现形式的一种资本存量。在经济产出中，这种资本存量与实物资本同等重要。随后，随着环境问题对经济活动的影响，经济学家开始关注第三种类型的资本——自然资本。自然资本即自然界提供的可再生和不可再生资源的存量。此后，经济学家从不同的角度出发，将资本被划分为不同的类型（见表 2 - 1）。

---

① 李沛新. 文化资本理论运营与实务［M］. 北京：中国经济出版社，2007.

表 2-1　　　　　　　　　　资本的分类情况

代表学者	分类依据	具体分类
D. 格林沃尔德	企业角度	有形资本和无形资本
马克思	资本在剩余价值生产过程中的不同作用	不变资本和可变资本
大卫·李嘉图	不同的流通时间	固定资本和流动资本
皮埃尔·布迪厄	社会的结构性	物质资本、人力资本和文化资本
戴维·思罗斯比	资本的经济学特征	物质资本、人力资本、自然资本和文化资本

资料来源：笔者根据相关资料自行整理绘制。

　　1964 年，皮埃尔·布迪厄（1964）将经济学的资本概念挪用于社会学领域，他从社会的结构性出发，认为资本是具有结构性的，不单只有经济资本一种形式，还包括物质资本、人力资本和文化资本，并以此来表达人类社会中文化生产的历史演进和过程累积的资本特性。20 世纪 70 年代，阿尔温·W. 古尔德纳（Alvin W. Gouldner，2001）在此基础上提出比较系统的文化资本理论，他的理论观点与布迪厄的观点有所不同，他认为"任何东西只要对经济价值和财富生产有利，并且带给所有者实际的报酬，就会成为资本"[①]。阿尔温·W. 古尔德纳与皮埃尔·布迪厄观点的主要不同之处在于：古尔德纳没有专门解释文化资本与人力资本和经济资本的关系，他只是指出每个阶层都可以拥有文化资本，没有与其他资本加以区别，所以在实际应用中，他的理论面临着一些困难。

　　随后，澳大利亚经济学教授戴维·思罗斯比（1999）通过日常生活中所观察到的一些现象认为，如果那些继承下来的建筑和艺术品仅仅被视为一种或某种类型的传统经济资本，这不足以解释它们对人

---

　　① 阿尔温·W. 古尔德纳. 新阶级与知识分子的未来 [M]. 杜维真，等译. 北京：人民文学出版社，2001.

类发展的总体影响，尤其是与经济互动的影响①。于是，他提出了第四种资本——文化资本，并把文化资本作为经济学考察的第四种资本。思罗斯比以经济学的价值尺度重新定义文化资本，还提出测量文化资本在经济生产中的作用，这也是经济学家普遍关心的问题。戴维·思罗斯比没有沿用皮埃尔·布迪尔对于文化资本的划分形式，它按照经济学之前讨论的方式将其区分为"有形文化资本"和"无形文化资本"两大类。

综上所述，可以看出随着资本分类的不断扩展，资本概念的内涵不断丰富，越来越多的学者将资本融入现实性的思考中。资本的研究已经不仅局限于物质类型的资本，它还可以表现出非物质形式的资本。在特定的时刻，不同类型和亚型资本的分布结构也及时反映了社会的内部结构②，表明学者对资本的定义和研究是一个不断发展的过程。

（三）文化资本的内涵

对于"文化资本"的内涵，学术界作出了一些阐释，也提出了许多不同的见解。社会学家布迪厄认为，文化资本的形式表现为人类积累的劳动成果，具体包括一个人的能力、教育水平、语言风格、行为方式和生活态度等；他拒绝传统的社会学观点认为的文化过程源于经济阶级关系，认为中产阶级再生产的模式不是基于财产的传递，而是基于中产阶级将其文化特权转化为子女的教育优势，从而提出，文化资本以学历的形式制度化，在一定条件下可以转化为经济资本的观点。这一概念提出后，引起了人们对探索文化资本研究的持久兴趣。1998年，戴维·思罗斯比（1998）提出，文化资本作为一种资产，除了拥有经济价值外，还在于它内含、贮藏或提供文化价值，这意味

① David Throsby. Cultural Capital [J]. Journal of Cultural Economics，1999（1）：3－12.
② 布迪厄. 文化资本与社会炼金术：布迪厄访谈录 [M]. 包亚明，译. 上海：上海人民出版社，1997.

着文化资本是具有文化价值的财富①。另外，特纳（Turner，2001）认为，"文化资本"包括非正式性的人际交往技巧、习惯、态度、语言风格、教育质量、品位和生活方式等②；一些学者（Tubadji & Nijkamp，2015）对特纳的观点表示赞同，认为文化资本是指一个地域内大多数居民的生活态度和偏好，进而在不同的历史文化下，各地域间发展出各地不同的文化遗产和风俗习惯，从而使地域间的文化资本差异巨大③；"创意资本就是文化资本"，这是约翰·霍金斯（Howkins，2001）在他的《创意经济》著作中提出的④；而玛奎斯（Marquis，2013）则把文化资本看作是由以往文化商品和服务的消费体验积累起来的文化价值存量⑤。

文化资本在国内是一个新兴的概念，对其内涵的研究较晚，高波和张志鹏（2004）从企业发展的角度阐释文化资本，认为它是一种特定的价值观、态度及企业文化⑥。朱伟珏（2005）认为，文化资本只是一个"功能性概念"，它表达了文化和文化产品所起的作用，而不是一个实体性概念⑦。著名经济学家厉无畏（2004）在《文汇报》发表的《文化资本与文化竞争力》一文中，强调了文化也是一种资本的观点；他从经济学的意义上阐释文化资本的含义，认为越具有高品质文化或者具有能为多数人认同的文化商品，就越可能拥有较高的附加价值，其实现的经济价值就越大，因而文化是一种能带来巨大增

---

① 戴维·思罗斯比. 文化经济学 [M]. 张维伦，等译. 台北：典藏艺术家庭出版社，2003.

② 乔纳森·特纳. 社会学理论的结构（下）[M]. 邱泽奇，等译. 北京：华夏出版社，2001.

③ Tubadji A，Nijkamp P. Cultural Impact on Regional Development：Application of a PLS – PM Model to Greece [J]. The Annals of Regional Science，2015，54（3）：1 – 34.

④ 约翰·霍金斯. 创意经济——好点子变成好主意 [M]. 李璞良，译. 台北：典藏艺术家庭出版社，2003.

⑤ Marquis M. Bringing Culture to Macroeconomics [J]. Atlantic Economic Journal，2013（41）：301 – 315.

⑥ 高波，张志鹏. 文化资本：经济增长源泉的一种解释 [J]. 南京大学学报（哲学·人文科学·社会科学版），2004（5）：102 – 112.

⑦ 朱伟珏. "资本"的一种非经济学解读——布迪厄"文化资本"概念 [J]. 社会科学，2005（6）：117 – 123.

值的资本①。

　　随着研究的深入，文化资本的内涵也在不断的扩展。李晓标和解程姬（2017）继承思罗斯比的观点，提出文化资本包括有形的和无形的两种形式，即包含物质财富和精神财富的积累②；资树荣（2018）提出，文化资本主要来自内心的精神或观念文化，表现在日常生活中的无形价值和有形产品③。从中可以看出，文化资本的研究已经不仅局限于物质形式的文化遗产和文化产品等文化资源，也可表现出非物质类型的人的行为方式、语言风格、教育素质等。此外，文化资本还被一些经济学家直接完全等同于经济学中的人力资本，这两者之间的区别将在下文中详细阐述。

　　对于文化资本内涵的解读，从上述学者们的研究中可以看出，关于文化资本内涵的探讨是不断完善和发展的，虽然目前学者们对文化资本的理解仍存在分歧，但归纳起来，绝大多数学者从个人成长、企业发展和经济增长这三个角度来定义文化资本（见表2-2）。

表2-2　　　　　　　　　文化资本的概念界定及评析

代表人物	界定标准	代表概念	观点评析
皮埃尔·布尔迪厄（1986）、马奎斯（2013）、图巴吉和内坎普（2015）等	从个人成长角度	文化资本是人类劳动成果的一种积累，主要以人的能力、文化水平、艺术素养、习惯等形式表现出来的（Pierre Bourdieu，1986）	具有开创性意义，是一种社会学概念，强调文化的个体体现，主要适用于教育领域
高波和张志鹏（2004）、霍金（2003）、王云（2013）等	从企业发展角度	文化资本是一种特定的价值观、态度及企业文化（高波和张志鹏，2004）	从个人对企业的影响角度出发，强调个人精神层面的作用，界定范围过于狭窄

① 厉无畏. 文化资本与文化竞争力［N］. 文汇报，2004-05-24.
② 李晓标，解程姬. 文化资本对旅游经济增长的结构性影响［J］. 管理世界，2018（11）：184-185.
③ 资树荣. 文化与生产者的文化资本［J］. 深圳大学学报（人文社会科学版），2018（1）：58-63.

代表人物	界定标准	代表概念	观点评析
戴维·思罗斯比（1999）、李沛新（2006）、布奇等（2014）、李晓标和解程姬（2017）等	从经济增长角度	文化资本是以财富的形式具体表现出来的文化价值的积累（David Throsby, 1999）	创造性地将概念扩展到经济学领域，为量化分析文化现象奠定了基础

资料来源：笔者根据相关资料整理绘制。

因此，就文化资本的定义与内涵来看，不同学者从不同的问题研究出发，给出的文化资本的定义也各不相同，具有一定的合理性。本书界定的"文化资本"这一核心概念是沿用"文化经济理论创始人"——戴维·思罗斯比（1999）对文化资本的经济学解释，即"文化资本"是以财富的形式积累起来的文化价值[①]。其原因在于，就目前的学界观点而言，多数研究文化资本的文献倾向于使用这一权威定义；另外，该定义中文化资本可以划分为若干形式，并可以进行量化测度，便于进行实证分析。

（四）文化资本的表现形式

文化资本并不仅仅是"文化"与"资本"二词的简单叠加，它是一个多维度的概念。皮埃尔·布迪厄（1989）认为，文化资本的构成可分为三种形式：文化能力、文化产品和文化体制[②]。戴维·思罗斯比（1999）认为，文化资本以两种形态存在，第一种是有形的文化资本，存在于被赋予文化意义通常称为"文化遗产"的建筑、遗址、艺术品和油画、雕塑及其他以私人物品形式而存在的工艺品之中。第二种是无形的文化资本，它是一种智力资本，表现为某一群体

[①]　David Throsby. Cultural Capital［J］. Journal of Cultural Economics，1999（1）：3 – 12.
[②]　Pierre Bourdieu. "The Forms of Capital"，In J. G. Richardson（ed.），Handbook of Theory and Research for the Sociology of Education，New York：Green wood，1986：19.

所共有的思想、习惯、信仰和价值观①。李沛新（2006）从文化的种类来分析，将文化资本划分为三种类型，即固体的文化资本、产品的文化资本和流动的文化资本②。金相郁等（2009）③ 和周云波等（2009）④ 在此基础上认为，文化资本由固体的文化资本、产品的文化资本、身体化的文化资本和制度化文化资本的四个方面组成。总之，在不同的划分方式中，有形的文化资本内容大致相同，都包含了文化价值的实物载体。而对无形的文化资本界定中，布迪厄更强调微观和个体化，与之相比，戴维·思罗斯比提出的更加全面、清晰。后来的学者也均据此提出文化资本的分类指标。综上所述，本书将文化资本按照所属主体分为以下两个维度：

第一个方面是社会结构意义上的文化资本⑤。根据财富的存在形式，并参考金相郁（2009）等提出的划分标准，将其划分为固体的文化资本、产品的文化资本、能力化的文化资本和制度化的文化资本四种形式。第一种，固体的文化资本是指被赋予文化意义、不可移动的文化资源，主要包括历史遗迹、建筑物、艺术品、文物等具有文化价值的物质性的文化财富。这一部分文化资本为促进文化消费提供了必要的文化资源，是各类文化消费的基础。第二种，产品的文化资本是经过人们思维创造出来，并依附于一定物质形态的文化资源。它包括书画、音乐等各类文化产品和文化商品，以及提供这些产品的企业。这一部分文化资本丰富了文化产品的内涵，提升了文化产品的附加值，引导和创造文化消费需求。前两者都可以用于文化商品生产，

---

① 戴维·思罗斯比. 经济学与文化 [M]. 王志标，张峥嵘，译. 北京：中国人民大学出版社，2015.

② 李沛新. 文化资本论——关于文化资本运营的理论与实务研究 [D]. 北京：中央民族大学，2006.

③ 金相郁，武鹏. 文化资本与区域经济发展的关系研究 [J]. 统计研究，2009（2）：28–34.

④ 周云波，武鹏，高连水. 文化资本的内涵及其估计方案 [J]. 中央财经大学学报，2009（8）：91–96.

⑤ 周建新，刘宇. 我国省域文化资本估算及其空间差异——基于2007～2017年省域面板数据的研究 [J]. 山东大学学报（哲学社会科学版），2019（5）：72–83.

是有形文化资本的主要体现。第三种，能力化的文化资本是由布迪厄提出的"文化能力"引申出来的，在社会结构方面是指区域社会经济发展中逐渐形成的、具有竞争力的文化潜能，主要体现为一个地区的文化教育水平①。第四种，制度化的文化资本直接表现为文化体制，是指政府对文化发展的支持力度、管理体系及能力②。后两者是无形的文化资本的重要体现，这四种形式共同构成了文化资本这个有机整体，四者相辅相成，互相促进。

第二个方面是个体行为意义上的文化资本，是个体获得和拥有的文化资本，它是以财富形式表现出的一种个人文化能力。这种文化能力指人通过花费时间、金钱等而获得的内化为身体一部分的知识、语言、教养等文化产物，这些能力通常包括文化认知能力、文化行为能力、文化欣赏能力等。这种文化能力一般通过教育的形式获得，通过传承、积累转化为个体的习性，因此，文化教育水平是文化能力最突出的体现③。

二、文化资本的属性与概念辨析

（一）资本的属性

文化资本作为一种特殊的资本形式，它除了涵盖文化和资本的特征外，还有自身的独特属性。所以，了解文化资本的属性，对于准确理解文化资本具有重要的意义。

1. 双重性

文化资本具有双重性。首先，在内容和形式上，它具有物质和精

---

① 周云波，武鹏，高连水．文化资本的内涵及其估计方案［J］．中央财经大学学报，2009（8）：91－96.
② 李沛新．文化资本论——关于文化资本运营的理论与实务研究［D］．北京：中央民族大学，2006.
③ 金相郁，武鹏．文化资本与区域经济发展的关系研究［J］．统计研究，2009（2）：28－34.

神的双重属性。有形的文化资本存在于具有文化意义的文化遗产、建筑物和雕塑等艺术品和工艺品及其他物品中。无形的文化资本包括信仰、传统观念、价值观等精神思想，它们更多地依托于物质产品存在。其次，文化资本与其他形式的资本之间关键的差别在于，它既产生经济价值，又产生文化价值。与人力资本、物质资本一样，文化资本能够给国家、地区甚至个人带来经济效益。除了拥有经济价值以外，文化资本还体现、贮存并提供文化价值。虽然人与人之间对于文化价值的判断有所不同，但是，由于某些方面有助于将文化产品提升为文化"经典"，所以就这些方面的基本文化价值认识而言，仍然可能高度一致。比如，博物馆这种"高雅"文化价值或"精英"文化价值的储存库①。所以，文化资本具有人们已经认识并相对认同的"文化价值"。最后，文化资本源自文化资源和文化能力，它具有公共和个人的双重属性。例如，文化遗产、雕塑、建筑物等文化资源，是居民文化活动的重要载体，具有公共性，非排他性。而从个人行为意义上讲的文化资本是一种文化能力，它附属于个人，伴随着个体的发展，贯穿人生的不同阶段，是在个体的基础上实现的文化资本积累。正因如此，所以本书要从宏观和微观两个维度去研究其对居民文化消费的影响。

2. 人本性

文化资本的第二个重要特征是必须以人为本。人是社会的主体，是文化的创造者和传播者，所以，人是文化生产力中最活跃和积极的因素。文化资本会对人们价值观的形成产生重要的影响，因为在文化资本运行中，投入和产出中看起来好像是资本和其他经济量，但是实际上提供的是以文化价值为主的产品和服务。而一个良好发展的社会需要鼓励人们创造积极向上的、具有人文精神的文化产品和服务。与

___

① 戴维·思罗斯比. 经济学与文化 [M]. 王志标，张峥嵘，译. 北京：中国人民大学出版社，2015：29.

物质资本相比较，从某种意义上说，物质资本是一种以"物"为核心的资本。它首先关注的是事物，而不是人，即使关注人也忽略了人的内心需求。因此，马克思主义经济学认为，物质资本是一种被客体所掩盖的生产关系，它是由货币转化而来的。而与物质资本不同的是，文化资本的核心是"人"，精髓是人的精神①。人类是文化的创造者、传播者，人只有不断地积累才能使自身的文化资本持续增值。

3. 长期性

长期性是文化资本的重要属性。一方面，文化资本作为文化资源有形存在时，包括建筑物、场所、历史遗址、雕塑、手工艺品和艺术品等；这些体现了一个民族或地区的文化特性，都是该民族或地区经过长期的历史积淀而形成的。所以，一个民族或地区的文化资本存在着一个继承、发展、创新的问题，是一代又一代人传承下来的，具有一定的长期性。另一方面，文化资本作为一种文化能力无形存在时，可以是个人或群体的思想、习惯、信仰和价值观等。首先，这种文化资本主要来源于家庭的熏陶，代际的传承，并且经过长期的家庭培养获得。其次，除了家庭之外，影响孩子获得文化资本的另一个重要场所是学校，个体在学校受到的长期教育，能够帮助个体形成以信念、理念、价值追求为核心的文化资本，而这些对于个人的自身发展、价值判断、行为规则和决策都具有至关重要的决定性影响，尤其是在一定的年龄阶段，孩子们具有较强的学习性和可塑性的优势。还有一些来自社会环境的影响。当一个人离开家和学校，他就进入了社会，进入了社会教育的大课堂。个体所处的群体组织、社会圈子和复杂的环境都会对其产生潜移默化的影响。因此，社会环境深深影响着人们的行为模式。所以，文化资本是连续积累的，是长期性的。

4. 多样性

正如生物多样性在自然界中的重要性一样，文化资本的多样性对

---

① 陈元刚，孙平，刘燕. 文化经济学［M］. 重庆：重庆大学出版社，2017.

于维持文化系统也是非常重要的。第一，文化资本具有促使新资本形成的能力。思想、信仰、传统和价值观的多样性产生了文化服务流。比如，创意作品在某种程度上受到现有文化资源存量的启发，而更多样化的资源会在将来产生更多样性和更有文化价值的艺术作品①。第二，各个地区文化资源区域性特点也决定了文化资本的多样性，如不同民族的不同文化资源形成的文化资本。多样化的文化资本也促使文化产品和服务呈现多样性，从而丰富了人们的精神生活。第三，在不同的历史文化背景下，各区域间发展出各地不同的文化遗产和风俗习惯，从而使地域间的文化资本差异加大，而多样性的文化资本也使文化产品和服务呈现多样性。这些文化资本特有的属性为本文提供了一个平台，在这个平台上得以更广泛地探讨文化资本的积累和发展问题。

（二）文化资本与相关概念辨析

1. 文化资本与文化资源

文化资本与文化资源既有区别又有联系。具体来说，两者都具有文化价值。文化资源是指具有文化特征和人类精神活动痕迹的、具有文化价值的资源。文化资本代表文化价值的财产，是一种特殊的文化资源。文化资源是文化资本的基础和前提、是文化资本的表现形式、是一种存量上的文化资本。文化资源向文化资本转变是文化产业发展的关键环节，两者共同推动着文化产业的成长。文化资源的拥有者根据社会和自身的需要对其进行利用和开发，经过社会交换的过滤，呈现出可见性的劳动价值，就成为文化资本②。但并非所有的文化资源都能够转变为文化资本，在文化资源向文化资本转化的过程中，只有进入公共文化活动、文化生产和文化产品消费中，文化资源才有可能

---

① David Throsby. Cultural Capital ［J］. Journal of Cultural Economics，1999 （1）：3 – 12.
② 向勇. 文化产业导论 ［M］. 北京：北京大学出版社，2018.

转化为文化资本，才可能通过生产转化为管理和运作过程，从而保持开发价值和经济价值。所以，某些文化资源可能具有经济和文化价值，但其价值尚未被认识、还未经过挖掘，无法对其利用开发，故不能转化为文化资本。文化资本是文化资源在价值实现过程中的具体表现形式，是一种流量的文化资源。

2. 文化资本与文化资产

从定义来看，文化资产是在文化经济背景下对文化资源商业价值的强调和对文化资本自由处置的权力表现。而文化资本是以财富的形式具体表现出来的文化价值的积累，是文化商品和文化服务产生的来源。从形式来看，文化资产是一种无形的资产，它不具有实物形态，是一种非金融形态，它是文化企业的核心资产，是一种文化产权，体现了文化资源和文化资本在文化产业经营中的生产意义和价值效益。文化资本和文化资产的相同点是都受到认可和保护。文化资产是受到文化产业的专有性、法律的独创性保护和商业保护。而文化资本，特别是制度形态的文化资本，同样受到法律制度的保护。文化资本可以向文化资产转化，文化资本的商业累积形成文化财产或文化产权，在现代产权制度安排下就形成文化资产。所以，无形的资产是文化资本的产权约定的表现形式，是文化生产的核心要素之一①。

3. 文化资本与人力资本

对文化资本的认知还涉及与人力资本关系的把握。与文化资本最为密切的就是人力资本，有些学者甚至在一些研究领域将人力资本等同于文化资本。其实，"文化资本"与"人力资本"是相互关联、存有区别的两个概念。

首先，从来源上看，"人力资本"概念比"文化资本"出现得更早。1906年，欧文·费雪（Irving Fisher，1906）第一次提出"人力资本"的概念。但直到20世纪60年代，才被真正纳入主流经济学，这

---

① 向勇. 文化产业导论［M］. 北京：北京大学出版社，2018.

要归功于美国经济学家西奥多·舒尔茨（Theodore W. Schultz, 1960），他发表了一篇关于"人力资本的投资"的演讲，指出人力资本是表现在人身上的，并且可以被用来提供未来收入的一种资本，是在自己的经济活动中获得收入的一种能力，并且这种能力能够带来不断的增值，是投资的产物①。从中可以看出，人力资本的载体是人，它是一种可以增加劳动者价值的资本，是无形的、难以捉摸的；而文化资本是以财富形式积累的文化价值，其载体既可以是人也可以是物质。

其次，文化资本的获取途径可以通过早期教育和学校教育、社会教育、个体自由时间，以及大量经济资本获得。而人力资本除了通过学校教育，还可以通过保健支出、各自培训、国内流动支出和国外迁移支出等获得。人力资本还表现为个体在后天学习知识技能中虽有差异但总体上趋向于一致，而文化资本却完全不同，它表现在个体间拥有的知识、习惯、价值观等，不同的人其文化资本也是存在巨大差异的。

最后，文化资本与人力资本最显著的差异在于投资的目的上。人力资本需要支付一定的花费以提高个体的技能和效率，期待能力、知识和技能所带来的价值，强调收入的回报；而文化资本则追求效用的提高，不强调收入的增加。但两者也有共同的特点，如除去体能的人力资本就是全部的文化能力，也就是一种身体化状态的文化资本。西奥多·舒尔茨（1960）提出的人力资本投资的范围和内容，就是身体化状态的文化资本的获得方式②，并且个体的知识、习惯、价值观、技能等都需要通过积累形成，都具有难以测量的特点。另外，文化资本的培育是人力资本形成的前提和基础，并决定着人力资本收益的实现程度。但是，文化资本与人力资本又存在密切联系，人力资本是社会各行各业的劳动者，他们实践化、物化的产品部分又可以转换

---

① 舒尔茨·西奥多. 论人力资本投资［M］. 北京：北京经济学院出版社，1990.
② 向勇. 文化产业导论［M］. 北京：北京大学出版社，2018.

出文化资本。

4. 文化资本与社会资本

1980 年皮埃尔·布迪厄（1980）在法国的《社会科学研究》杂志上发表了题为《社会资本随笔》的短文，将社会资本定义为"现实或潜在的资源的集合体，这些资源与拥有或多或少制度化的共同熟识和认可的关系网络有关，它从集体拥有的角度为每个成员提供支持"①。从中可以看出，社会资本的载体是社会网络，其本质是社会关系资源。这与文化资本有着根本的区别，但是两者之间也有着密切的联系。首先，文化资本和社会资本都是以资源的形式存在，共同组成了象征性资本。其次，文化资本可以转化为社会资本。文化资本通过体制化，可以确立为社会规范和规则，形成社会资本，进而产生效应。最后，文化资本与社会资本有相互强化的关系。社会资本影响个人或群体的文化资本存量。具体的文化资本不能通过礼物或者馈赠，但他可以通过家庭教育来传承并积累，这种传承和积累一方面源于父母对子女的直接文化教育，另一方面源于父母所拥有的社会资本。因此，文化资本可以促进社会资本的不断累积。另外，文化资本的持有者经过与其社会关系网络成员的接触，有利于提高其社会声望，扩大社会关系网络，从而提高他的社会资本潜能。反过来，任何主体占有社会资本，就可以借此利用社会网络为其带来利益，提高自己的文化资本。

5. 文化资本与经济资本

能力化和体制化的文化资本一般都能向经济资本转换，获取经济利益，推动经济发展。文化资本投入文化生产中既创造文化价值，又产生经济价值，其中，文化价值是文化资本物品的内涵，经济价值是文化价值的载体。当社会需要引导文化生产时，文化资本转化为一定

---

① 陈锋．文化资本研究——文化政治经济学建构［M］．西安：西安交通大学出版社，2016.

的经济产品投入社会，在市场经济的运行中实现交易，以经济收益体现出文化资本的价值。文化资本的生产和再生产，需要经济资本投资，经济资本的投资情况，决定了文化资本的生产和积累的情况。文化资本的运行，需要经济资本的推动，经济资本为文化资本运行提供动力源。文化资本的持有者和运行主体，对经济资本向文化资本的转换也具有主观能动性，后者的文化活动能力、强度及有效时间，直接决定了经济资本向文化资本转化的比率和成效①。

三、文化资本的积累方式

文化资本积累是一个动态、持续的过程，它是一个通过自身的特殊实践活动使文化资本增值的过程，通常是以再生产的方式进行，这种再生产与纯粹意义上的复制或拷贝不同，它注重强调资本积累过程中具有有限自由的重复性生产，会受到各种外在因素，比如，时间、转换条件和实践行为等的制约。从而使文化生产规模不断扩大，经济效益不断提高，在积累财富的过程中，本身就会生产出更多的文化产品供应给社会，同时，使用文化生产中积累的财富会促进文化产业的发展，从而生产出数量更多、质量更高的文化精品供应社会，不断丰富人民的精神生活，提高人民的生活质量，为构建和谐社会提供丰富的精神食粮。

社会结构意义上的文化资本主要有以下三种积累方式：第一，历史进程中的长期积累。戴维·思罗斯比（2005）认为，文化资本存量（不论是有形的还是无形的）都包含着那些从祖先继承下来并传递给下一代的文化，人类通过该文化的可持续性完成文化资本的积累②。这种持续性建立在文化资源不断被创造的基础之上。比如，祖

---

① 宋琪，占绍文．文化经济学［M］．北京：经济科学出版社，2018.
② David Throsby. On the Sustainability of Cultural Capital［R］. Sydney：Macquarie University，Department of Economics，2005.

先创造传承下来的文化遗产、建筑、书画作品等，还包括各种民俗传统、思想意识和价值体系等。对于这一类文化资本，如果是自己原已拥有的，则在保护好的前提下，直接用于文化商品生产活动，或者通过评估价值，将其作为一个资本与其他投资者（或者资本）一起投资于文化商品生产活动，以获取利润。如果是别人拥有的，则可以通过购买其开发权，而各种建筑、书画作品、文化遗址的经营权（有些甚至可以购买其产权），也可以通过购买来积累文化资本。第二，文化商品的供给（包括文化产业的供给）。各种形式的资本都是劳动的累积所得，文化资本也不例外。文化生产这种特殊的劳动可以生产文化产品、积累文化资本、创造文化价值。在现代化社会，社会生产和再生产对文化资源的开发利用，将其制造成物质文化商品，这些文化商品不但具有经济价值还蕴含着丰富的文化价值，实现了文化资本的积累。对这类可移动的产品文化资本的积累，可以采取购买其专利、版权，或由作者（创作者、发明者）将其专利、版权等专有权利折价成一定数量的资本参与新的文化产品生产。例如，文化商品生产企业为了维持自己的再生产，就必须与其他商品生产部门一样，在流通中购买生产文化商品所必需的生产资料和生活资料，以便用于生产和再生产。只有这样，再生产才能继续下去，否则将难以为继。在现代化社会，社会生产和再生产对文化资源进行开发利用，将其制造成物质文化商品，这些文化商品不但具有经济价值，还蕴含着丰富的文化价值，实现了文化资本的积累。第三，文化体制和制度供给是文化资本积累的重要方面。制度化的文化资本具有一定的符号权力和话语权力。在社会意义上，无论是调整或建构某种社会规则和规范，或者经过立法式形成文化权威认定，都是制度化的文化资本，它赋予了文化资本社会意义和价值，可以拉动文化资本的积累。

个体行为意义上的文化资本主要有两种积累方式：第一种是教育。在这里，教育包括家庭教育和学校教育。家庭教育往往被认为是社会出身的特征和获得个人文化资本的最初来源，是个体出生后接受的第一个社会环境，是个人正式社会化之前的生活场所，家庭对于每个人的文化资本积累都具有重要的意义。家庭中的价值观念、语言习惯和行为方式，以及父母的知识水平，对于下一代子女具有很强的塑造作用，尤其是在子女的生活依赖期，文化资本的积累在潜移默化地进行。学校教育为文化资本积累提供了专门的机构和环境，贴近社会对文化资源的需求，使个人集中、高效地积累文化资本。另外，布迪厄（2015）认为家庭和学校作为文化资本积累机制是相互关联的。他以最具贵族化艺术的音乐教育为例进行说明，家庭首先积累了文化资本，学校教育对其进行了加强和强化，学校颁发的学历证书对文化资本进行认定①。第二种是文化活动。个人参加文化活动可以增加文化资本积累，个体在特定文化环境中参加文化活动，直接接触文化资源，参加、消费或劳动的过程同时也是积累文化资本的过程。另外，文化资本对于经济发展的重要影响，还突出体现在文化资本蕴含的价值观制约着人们对资源、技术、制度等要素的选择，而且文化资本包含边际报酬递增特征，它一旦形成就会不断地自我强化，吸引人们更多地获取文化资本，从而发生较强的"溢出效应"。因此，通过教育和文化活动，进行文化资本投资和积累，不仅对于个人是必要的，对于一个社会也是不可缺少的②。

总之，对于这一部分文化资本的积累，可以通过学习、教育、培训等方式进行积累，也可以投资于体育运动，保持一副强壮的体魄也是文化资本积累的一种投入方式。一个人只有在身体健康的前提下，拥有的知识、技能越多，其本身所积累的文化资本就越多，学术资格和文化能力的社会公认度（知名度）越高，所拥有的文化资本也就越高。

---

① 皮埃尔·布迪厄. 区分：判断力的社会批判［M］. 刘晖，译. 北京：商务印书馆，2015.

② 陈锋. 文化资本研究——文化政治经济学建构［M］. 西安：西安交通大学出版社，2016.

四、文化资本的相关理论

（一）文化资本理论的经济学思考

从发展经济学的历史考察，大多数学者在过去的一段时间里，常常忽略了文化是经济发展的决定性因素。随着研究的不断深入，经济学家逐渐发现，一些人类主观精神思维的成果如技术、知识、法律、制度、信息等，通过嵌入影响和改变劳动者、劳动工具及劳动对象等客观物质生产要素，从而对经济过程产生重要作用。

1890 年，在阿尔弗雷德·马歇尔（Alfred Marshall，1890）出版的《经济学原理》一书中提出，文化对经济发展具有积极的影响，宗教、道德、观念、理想和动机影响经济行为。20 世纪初，德国社会学家和政治经济学家马克斯·韦伯（Max·Weber，1904）研究发现，基督教信仰和价值伦理观念与资本主义经济发展的内在关系，对经济基础决定上层建筑的模式提出了相反的观点①。匈牙利经济学和社会学家卡尔·波兰尼（Karl Polanyi，1957）提出，经济"必须嵌入法律、政治制度和道德之中"的观点来说明经济与社会的关系②。1912 年，约瑟夫·熊彼特（Joseph Alois Schumpeter，1912）在《经济发展原理》一书中，对企业家的精神特质进行了细致剖析，提出"创新是发展源泉"的思想③。这也对马克斯·韦伯（1904）关于文化价值与精神禀赋作用于经济过程的思想作出了回应。虽然，这些学者曾经认真地考虑过文化差异是解释经济不发达的一个重要因素，但是文化差异并未在很大程度上纳入经济分析中去。一直到新制度主义

---

① 马克斯·韦伯. 新教伦理与资本主义精神［M］. 黄晓京，译. 成都：四川人民出版社，1986.
② Karl Polanyi. Trade and Market in the Early Empiress［M］. Glencoe：Free Press，1957.
③ 约瑟夫·熊彼特. 经济发展理论［M］. 何畏，等译. 北京：商务印书馆，2000.

经济学的兴起，这一问题才得到真正的突破。

新制度经济学在 20 世纪 80 年代的兴起为文化经济学发展提供了契机。新经济史的创始人道格拉斯·诺斯（Douglass C. North）用文化因素来解释经济增长，认为制度和意识形态共同决定了经济效益。他提出，不仅由明确的法律典章规定的"显性"制度对经济增长具有显著作用，而且由看不见的文化习俗、价值传统、伦理精神、行为习惯等文化因素决定的"隐性"制度同样对经济增长有重要作用①。继诺斯之后，美国麻省理工学院经济学教授达龙·阿西莫格鲁（James Robinson & Daron Acemoglu，2011）侧重于研究经济发展的政治制度分析，他指出政治权力和政治制度的变化决定了经济制度和经济绩效的变化。文化信念成为社会建构的重要工具，对经济生活影响至深②。保罗·迪马乔（Paul DiMaggio，1994）在《文化与经济》一文中提出，文化影响经济行为。一方面，文化可以用惯例、规范、价值等规范方式表现；另一方面，也可以通过如行为的分类、手稿和概念等建构的方式来表现，因而文化可以是规范的，也可以是建构的③。哈佛大学教授戴维·兰德斯（DavidS. Landes，1998）在其著作《国富国穷》中提出，富国的崛起和衰落，穷国的追赶和不断落后，均有文化的因素，甚至文化起了决定性的作用④。在新制度经济学这股潮流的推动下，文化经济学从 20 世纪 80 年代开始，又重返主流经济学的舞台。

从上述理论可以看出，文化规范和信仰在新制度主义经济中，可以视为制度的最深层次。因此，在经济发展中，同样的理论框架可以解释文化差异在其中的作用⑤。而如果要想弥合经济学与文化之间的

---

① 道格拉斯·诺斯. 制度意识形态和经济绩效 [M]. 黄祖辉，译. 上海：上海人民出版社，2000.

② 陈锋. 文化资本研究——文化政治经济学建构 [M]. 西安：西安交通大学出版社，2016.

③ Paul DiMaggio. Culture and Economy [M]. New York and Princeton：Russell Sage Foundation and Princeton University Press，1994.

④ 戴维·兰德斯. 国富国穷 [M]. 门洪华，译. 北京：新华出版社，2007.

⑤ 薛晓源，曹荣湘. 文化资本、文化产品与文化制度——布迪厄之后的文化资本理论 [J]. 马克思主义与现实，2004（1）：43 – 49.

鸿沟，那么一个解决办法就是提出一种描述文化现象的方法。这种方法应该在经济学领域中适用，同时也在文化领域中普遍地抓住文化的本质特征。而文化资本恰好以一种易于理解的方式出现，提供了这样一种方法，而这个方法的提出者就是澳大利亚文化经济学家戴维·思罗斯比，是他建立起了文化和经济学之间的桥梁。

1999 年，戴维·思罗斯比的《文化资本》一文发表在《文化经济学杂志》上，他将文化资本的概念引入经济学，并使其更接近于经济学中长期使用的标准"资本"的概念。

在 2001 年出版的《经济学与文化》一书中，戴维·思罗斯比对文化资本的概念及在文化经济学领域中的应用进行了详细的分析。他认为，"文化资本"是以财富的形式积累起来的文化价值。他把文化资本定义为一种资产，存在形式有两种，第一种是以物质的形式存在的文化资本，可以是建筑物、场所、遗址、庭院、绘画与雕塑这样的艺术品、手工艺品等，它包括有形的文化遗产，却不限于此。这些资产产生一种服务流动，这些服务可作为私人和公共物品，最终进入消费，或者它们也可能有助于生产未来的商品和服务，包括新的文化资本。有形的文化资本的外部特征具有与物质资本相似的地方，即它是人类活动创造出来的，可以持续很长时间。这些文化资本如果不加爱惜，最终可能残破不堪，它也可以随着时间的转移而产生服务流，通过把当前的资源投入它的生产中，其数量会得以增加。有形的文化资本通常也可以用于买卖，具有可衡量的资本价值。第二种文化资本是无形的，它是一种智力资本，表现为某一群体所共有的思想、习惯、信仰和价值观。此外，它也表现为艺术作品，像音乐和文学一样是作为公共商品的艺术品。这些文化资本将通过新的投资增加价值，随着时间的推移，也会产生服务流，这些服务可能成为个人最终消费的一部分或有助于未来文化产品的生产，都需要进行资源投入。在多数条件下，有形文化资本是无形文化资本的载体①。

戴维·思罗斯比（1999）还提出，文化价值和经济价值是文化资本所具备的两个功能。文化资本除了体现其可能拥有的所有经济价值以外，还体现了存储并提供文化价值。

第一，上述定义的有形文化资本，如作为历史建筑，它之所以具有经济价值，是因为它作为建筑的实际存在，而与它的文化价值无关。但是由于它的文化价值，这种资产的经济价值可能会随之增加，甚至显著增加。可以说，文化价值可能导致经济价值。换言之，历史建筑可以体现出"纯粹的"文化价值，并且作为其资产和文化内涵，它也具有一定的经济价值，而其他形式的有形文化资本也可以这样说。例如，像绘画这样的艺术作品，其经济价值可能在很大程度上来自其文化内容，因为它们纯粹的物质价值可能是微不足道的。

第二，在文化价值和经济价值之间，无形的文化资本存在着不同的关系，例如，现有的古典音乐和经典著作，或者风俗习惯、文化信仰，又或者戏剧、语言都具有巨大的文化价值，但有的却没有经济价值，因为它们之中有些不能作为资产进行交易，但这些"库存"带来的服务流动产生了文化和经济价值。同样，这种服务流的经济价值是出于经济原因，如语言的实用功能，在酒店大堂和电梯里使用背景音乐等。由于这些文化资本的文化价值，在大多数使用中，所产生的服务流的经济价值很可能会增加。因此，文化资本同时体现并引起文化价值和经济价值。

在此基础上，戴维·思罗斯比（1999）认为，文化资本可以极大地促进对可持续性的理解。文化资本更多的是通过积累推动经济增长。因此，文化"生态系统"对于支持真正的经济至关重要，影响着人们的行为方式和做出的选择，这一点正变得越来越清晰。如果漠视文化资本，不管是任由遗产状况恶化；或者不去维持能给人们带来

---

① David Throsby. Cultural Capital [J]. Journal of Cultural Economics, 1999 (1): 3 - 12.

认同感的文化价值；又或者不去承担维持和增加投资，以供有形和无形文化资本的存量所需。那么都同样会置文化系统于危险境地，或者导致文化系统的崩溃，从而带来社会福利与经济产出的损失①。

从上述理论可以看出，戴维·思罗斯比从经济学的视角出发，对文化资本的概念、形式及功能等方面进行详细阐释。他认为，文化资本并不是布迪厄社会学意义上内在的人类特征，而是从经济学意义上讲，会导致资本服务随着时间流逝的资本资产，无论是有形文化资本还是无形文化资本，都会以某种方式对经济结果和文化结果产生影响，把文化价值提到与经济价值同等重要的位置。因此，思罗斯比的观点为经济、社会和文化发展提供了新的解释性因素，也为文化现象的定量分析奠定了基础。

基于以上分析，本书定义文化资本的主要标准也是来自戴维·思罗斯比对文化资本的经济学解释。本书所讨论的"文化资本"可以提供一种描述文化现象的方式，可以详细地解释有形和无形的文化，也可以作为一种可持续的价值存储，为个人和社会提供利益。

（二）马克思的文化生产理论

简单地说，以创造观念形态的精神产品为目的的生产就是文化生产。早在古典经济学创立时期，有关文化生产的理论便已出现，可以追溯到亚当·斯密在《国富论》中专门讨论劳动的价值问题。文化生产在不同的社会生产方式下，会产生具有不同思想意识和政治内容的精神文化生产。马克思的精神生产理论被看成西方有关文化生产研究的理论源头②，他在《资本论》中指出，社会生产是一个周而复始、循环往复的过程，这样才能生产出剩余价值③，而社会再生产的

① 戴维·思罗斯比. 经济学与文化［M］. 王志标，张峥嵘，译. 北京：中国人民大学出版社，2015.
② 陈元刚，孙平，刘燕. 文化经济学［M］. 重庆：重庆大学出版社，2017.
③ 马克思. 资本论（第一卷）［M］. 中共中央编译局，译. 北京：人民出版社，2004.

起点和源泉就是资本的积累。所以说，文化资本作为一种资本形式，它的积累同样是文化生产和再生产的前提条件之一。

文化再生产是一种文化更新和发展的过程。文化资本再生产则是文化资本的发展与创新。那么文化资本如何实现文化再生产呢？它主要有两种文化生产途径。文化资本与经济资本的不断碰撞造成了文化生产场的"场域自主性"，同时它还要受到更大范围权力场的影响。第一种是在文化创意产业的生产活动中，利用对文化资源的优化配置所形成的文化产品和服务发挥作用，而并非首先转化为另一种形态的经济资本发挥作用。第二种形式是通过教育活动，这种教育可以发生在家庭中、学校里和社会中，特别是父母教育的途径。这种文化生产的关键问题是如何保证文化代代相传，文化资本代际传承的方式会受到当地固有制度、环境氛围等因素的影响。所以，这是一场内化的和持久的训练，即文化再生产中惯性的培养。因此，作为一种特殊的生产行为，它的扩大再生产不仅使整个社会不断接受和扩大消费文化的能力有所提高，而且也反映了社会发展的文明程度。

"消费直接也是生产"，马克思又指出："就像自然界中的元素和化学物质消费的是植物的生产一样。显而易见，人们通过饮食生产自己的身体。[①]"也就是说，文化消费是文化生产发展的必要条件和内在联系，没有文化消费，就不会有文化生产。文化消费不仅是消费文化产品的过程，也是一个不断创造和生成文化产品的过程。在文化消费中，每个人的文化背景不同、人生经历不同，个性爱好等也不同，所以文化消费产生的感受也不相同。从这个角度来看，文化消费的过程也是一种文化生产、创造的过程。所以，马克思主义的文化生产理论是理解文化资本发展和文化消费的基础，也是厘清两者关系的理论依据。

[①] 中共中央马克思恩格斯列宁斯大林著作编译局. 马克思恩格斯选集［M］. 北京：人民出版社，2012.

（三）社会学语境中的文化资本理论

20 世纪 60 年代，法国社会学家皮埃尔·布迪厄（1989）在论文《资本的形式》中首次提出完整的文化资本理论，用于解释后资本主义条件下文化产业的概念和运作模式，试图对经济资本进行非经济学解释。他主要在个体的实践行动、场域、家庭背景等社会关系中研究文化资本，力求在具体性和差异性中透视文化资本。他认为，文化资本使拥有者能够欣赏艺术、文学等，以及赋予所有者声望、头衔和文凭等，并且文化资本与社会资本一样，也可以被认为是盈利能力的代表。在他看来，文化能够以一种隐性的方式产生利润，并且特别强调了"习惯和倾向"是一个能够产生利润的源泉。

皮埃尔·布迪厄认为，社会生活可以看作是多维状态下的博弈，人们可以利用三种不同类型的资源（即他称之为经济、文化和社会资本）来竞争地位，而与经济资本和社会资本最大的区别就在于，文化资本是由一系列社会罕见和独特的技能、知识品味和社会实践构成的。在《资本的形式》这一著作中，皮埃尔·布迪厄提出文化资本有三种存在形式即具体化的状态、客观化的状态和制度化的状态。具体而言，具体化的状态指的是个体身心的永久"气质"；客观化的状态指的是文化资本转化为文化产品，如图纸、书籍、词典、乐器、机器等；制度化的状态指的是以学历证书的形式被认可的文化资本。对于皮埃尔·布迪厄来说，具体化的状态是最重要的。他指出："文化资本的大部分属性可以从具体化的状态中显示出来，并且文化资本与身体相连，并以身体为前提。[①]"由此可见，在其形式上，即使与经济学中人力资本的概念不完全相同，但是皮埃尔·布迪厄提出的文化资本概念与其也是非常接近的，主要是针对个体的实践行动所划分

---

① 布迪厄. 文化资本与社会炼金术［M］. 包亚明，译. 上海：上海人民出版社，1997.

的这三种文化资本的状态，并且像其他资本资源一样，文化资本仅在特定的制度领域内明确地存在。

皮埃尔·布迪厄把"文化资本"与"再生产"结合起来，提出"文化再生产"的理论。再生产（Reproduction）是文化资本的重要特征。再生产最初是生物学意义上的，指性的和生物的生殖、繁殖或再生。其在社会学上的应用，主要有复制、重复、再制的意思，是对旧秩序的维持和肯定，希望通过变化的方式，获得社会的连续性。一些学者，例如美国学者鲍尔斯（S. Bowles）及金蒂斯（H. Gintis）、法国学者阿尔都塞（Louis. Althusser）等，主要关注社会不平等是如何在代际间被再生产，教育如何有助于这一过程。而布迪厄把文化资本看成是可以再生产的。文化资本的提出最初是为了说明不同社会出身的学生在学业成就方面的差异，但是，布迪厄更指出，文化资本的传递是阶级制度再生产的重要环节①。

皮埃尔·布迪厄强调，社会世界由许多独特的、相对独立的但结构类似（即"同源"）的领域组成。如政治、艺术、宗教、教育和商业领域等。场域是"演员"通过获得特有的地位而在社会等级中竞争地位的关键舞台。因此，文化资本在每一个领域都有其独特的形式。布迪厄的这种划分法打破了经济与文化之间的壁垒，让人们看到了文化也是一种资本的可能。作为抽象概念本是触不可及的文化，被布迪厄的区分变得具体可触。通过这一理论，可以更为容易地描述和衡量事物的文化及其文化资本②。所以，他的一系列理论解说将文化资本这个概念带入到前所未有的理论深度，并得到许多学者的认可。这不但是深刻理解文化资本含义的基础，也是研究文化资本以多种形态存在的理论依据。

---

① 林宇. 家庭文化资本与农民工子女成就动机内驱力 [M]. 厦门：厦门大学出版社，2011.

② 布迪厄. 文化资本与社会炼金术 [M]. 包亚明，译. 上海：上海人民出版社，1997.

伯恩斯坦（Basil Bernstein）是文化再生产理论的另一位重要代表人物，其观点主要涉及文化再生产的微观层面，即语言和其他社会符号对意识结构的影响。他认为，"对儿童在家庭中获得的大部分经验的提炼和纯化就是社会宏观有序性的一个缩影"①。不同社会化模式中所使用的语言编码有所不同。伯恩斯坦通过分析两组分别来自中产阶级家庭和工人阶级家庭孩子对图片的理解和阐述，认为中产阶级家庭的孩子习惯使用"精致型符码"，劳工阶级家庭孩子则习惯于使用"限制型符码"。他认为由于学校教育所使用的语言编码属于精致编码，因而中产阶级学生比来自劳工阶级家庭的学生更可能取得成功。这里必定带有一定先天的因素，无法回避，但或许后天文化资本的积累有可能逐渐转变贫困阶层语言符码的使用方式。

■ 第二节　文化消费的理论基础

一、文化消费的概念与内涵

（一）文化消费的概念

国内对文化消费的研究起步较晚，第一次学术界比较明确的提出"文化消费"这一术语是在 20 世纪 80 年代中后期。与西方学者对"文化消费"研究百花齐放的情况不同的是，国内学者对"文化消费"的认识基本保持一致，即人们为满足本身的精神文化生活，以不同的方式进行文化产品和服务的消费行为。中国消费经济学的创始

---

① Basil Bernstein. Pedagogy, symbolic control adidentity: Theory, research critique ［M］. Washington: Rowman & Littlefield, 2000.

人尹世杰在 1994 年第一次将消费能力分为精神和物质两种，其中，"精神文化需求"主要包括两个方面，即精神享受和对发展资料的需求①。徐淳厚与尹士杰的划分一致，并且提出文化消费是指，为了满足文化需要，人们消费各种各样的消费品的过程②。

（二）文化消费的内涵

总体而言，文化消费的界定和其表述在学术界中基本相似，梳理具体划分类型，主要体现在两个方面：

（1）狭义和广义。

较早时期，学者们认为文化消费的研究开始于狭义的文化消费研究。如施涛（1993）从狭义的范围上认为"文化消费"的主体是在文学艺术产品和与之相关的艺术服务等范围内进行的活动③。由于社会的不断发展，越来越多的研究学者对广义的消费含义开始重视，广义的文化消费指的是精神文化的所有范畴。如张玉玲（2005）认为，旅游观光、文教娱乐、体育健身等领域都属于文化消费的范畴，文化消费在如今知识经济的时代拥有了新的含义，呈现出科技化、普及化、全球化的文化消费内涵④。郑钛（2013）指出，在消费这个大系统下，作为子系统的一部分——文化消费，指的是人们占用、享受、欣赏、使用的文化性劳务，以及文化类产品的活动⑤。徐望（2018）对文化消费的界定属于广义的角度，他认为文化消费包括旅游消费、体育消费、娱乐消费、教育培训消费等，除此之外，其他的"文化+"消费都包含在内⑥。

---

① 尹世杰.提高精神消费力与繁荣精神文化消费 [J].湖南师范大学社会科学学报，1994（6）：20 – 25.
② 徐淳厚.关于文化消费的几个问题 [J].北京商学院学报，1997（4）：26 – 28.
③ 施涛.文化消费的特点和规律探析 [J].广西社会科学，1993（3）：95 – 98.
④ 张玉玲.知识经济时代文化消费的特征 [J].理论月刊，2005（9）：112 – 113.
⑤ 郑钛.文化消费：概念辨析与政策重构 [J].中国文化产业评论，2013（2）：335 – 346.
⑥ 徐望.文化消费要对接供需两端 [J].人民论坛，2018（17）：124 – 125.

（2）直接与间接。

目前，文化消费涉及的内容极为广泛，比如，文化消费工具及手段的消费、专门的精神、伦理，以及其他文化的消费，再如有直接的文化产品消费、为消费文化产品而对物质产品进行消费的间接性文化产品消费。另外，对文化设施的消费与使用也在其中。通常来讲，对精神文化本身的消费属于直接文化消费，例如，购买图书报刊、欣赏艺术品、观看影视戏剧等。周俊敏和马海燕（2011）认为，对文化消费的认识主要是指文化产品及其劳务的消费，是一种由此得到文化及精神的体验经历①。对于文化工具和文化手段的消费通常被认为是间接文化消费，主要包括文化消费的设施层与物质层。例如，对文化设备智能手机、平板电脑、摄像机、钢琴等的购买，以及对博物馆、艺术展览馆的参观等。郭熙保等（2015）对文化消费的认识主要是以物质消费为依托，认为文化消费是人们通过各种载体享受种类多样的文化产品及服务的活动②。李剑欣和张占平（2016）认为，文化消费是对文化服务及文化产品进行消费，从而获取知识、娱乐自我、陶冶身心的行为③。

综上所述，结合本书的研究需要，笔者从直接意义上、狭义的角度去定义本书的研究主体：居民文化消费，即居民在大众消费的社会背景下，支付一定数量的金钱或时间成本，以购买商品性质的文化产品和服务质量，来满足自己的精神文化需求的过程，目的在于追求内在的精神和文化价值。关于数据方面，本书选用《中国文化及相关产业统计年鉴》中的"居民人均文化娱乐消费支出"来表示居民人均文化消费水平。

---

① 周俊敏，马海燕. 关于我国当代文化消费的伦理思考［J］. 求索，2011（5）：128-129.

② 郭熙保，储晓腾，王艺. 文化消费指标体系的设计与比较——基于时间利用的新视角［J］. 消费经济，2015（6）：44-50.

③ 李剑欣，张占平. 中国文化消费区域差异研究［M］. 北京：中国社会科学出版社，2016.

另外，并不是所有的文化消费都是付费的，有一些文化活动是消费者无须付费即可参与的。例如，参加免费的公共文化活动，包括参观博物馆，阅览室等，或在不支付文化活动费用的情况下共享的文化资源。为了将其与有偿的文化消费活动区分开来，在本书中将消费者的这种免费的文化行为称为文化参与。

二、文化消费的特征

（一）文化消费的精神性和长远性

文化消费是带有精神性的消费。文化消费与物质消费最主要的区别在于文化消费是用来满足精神层面的需求，而物质消费是用来满足人们的生存和生活需求。人们在消费过程中，实际上隐含着对精神需求的选择和决策。如人们参加音乐会、画展、影展等，不仅使人们能够从消费中体验满足感和快乐，而且能够增加消费者的愉悦感和幸福感，将个人潜在的精神需求转化为现实的精神需求。另外，文化消费还会对消费者的消费意愿起到相当大的促进作用，使消费者产生消费趣味、消费习惯和消费欲望，会让消费者念念不忘。同时，在一定条件下文化消费能同其他消费呈逆势发展。因为，文化消费能够使人身心愉悦、减轻压力，这种特殊性的消费形式对人们抵御任何人为的社会性不幸或灾难（除了战争之外）具有积极的意义。例如，新冠肺炎疫情期间人们需要化解压力，线上文化消费可以使人们增强信心，是人们放松心情的方式之一，能够使人们维持自身心态平衡，抵御各种外来压力。

文化消费在时间上具有长远性。对于个体和社会而言，文化消费具有很强的外部性。文化产品消费对个人和社会的影响不会立即结束，而是会产生更深远的影响。一方面，物质消费的功能反映在消费过程中，它的价值随着消费过程的结束而结束，或者存在的时间相对较短。文化消费的作用不仅表现在消费的当时，而且会维持到消费行为结束后，甚至对消费者的终身产生影响，这不仅体现在文化消费者受到了文化产品的熏陶和感染，而且可能体现在未来的性格、世界观、价值观、人生观等方面。另一方面，一些顺应历史发展、优秀的、脍炙人口的文化作品经过时间的洗礼成为不可替代的经典，使文化消费得以发展和延续，提高人们的科学文化素质，促进社会精神文明发展。

（二）文化消费的身份性和符号性

从理论上看，以往文化消费的研究经常反映出社会不平等的情况，这是因为文化消费的大量研究是关于社会地位较高的人群的文化消费研究，所以文化消费具有一定的身份性。从实践上看，消费者进行文化消费，表面上是一种活动，但就更深层次来看，是在向别人传递关于"自我很重要"的信息，可以反映出消费者的身份和品位。通常情况下，低层次的消费者倾向于选择娱乐型消费，而高层次的消费者倾向于选择满足精神层面上的发展型消费，如听音乐会、观看歌舞剧和现代舞蹈等。通常情况下，社会层次越高的人，得到消费信息的途径越多样，对消费信息的辨别能力也越强。例如，如果一个人要想享受艺术，他本身必须是一个具备一定艺术修养的人，就像拥有钢琴的人，通常会被赋予"高雅知性"的形象定位。因此，对于那些没有养成艺术修养，或者尝试过但不喜欢的人而言，不管文化产品的价格多低，他们也不会观看。也就是说，一个亿万富翁没有文化消费能力，并不是因为他没有钱，而可能是他没有能够实现象征性文化消费所需要的文化消费能力，例如，审美欣赏能力、知识储备能力等。所以，文化消费行为在一定程度上会表明消费者的身份、地位、文化品位和习惯等。

文化消费也是象征意义的储备库和传递者。消费者除了消费文化产品外，还消费这些产品所象征和代表的意义，也就是文化产品的符号价值被消费了。一方面，就消费品本身而言，文化产品具有客观的载体性与实体符号性，文化的传播就是以这些文化符号为媒介的，此时，文化符号作为文化传播和发展的重要工具和手段存在。另一方面，就消费行为而言，文化消费行为的符号性主要体现在消费者以社会人的身份，通过对文化符号的消费完成身份的建构来获取价值认同与群体认同，或表现自身的某种偏好与追求。"一部电影，包含了残留的物质成分，但它的价值已被完全包含在了象征意义中，这些象征意义是我们从声音、颜色、情感，以及叙述中提炼出来的。"① 伴随技术水平和服务水平的提高，文化产品和服务同质化现象越来越严重。在此背景下，文化企业依靠品牌，以广告等为依托，使文化产品蕴含更多特殊的文化意义，从而形成不同于普通物质产品的价值符号，并传递给消费者它自身的风格、身份地位等符号。所以，人们关注产品所蕴含的象征价值，而不是产品本身；也就是说更看重的常常是蕴含在产品中的符号价值。

（三）文化消费的时代性和增值性

文化消费行为具有一定的时代性。在不同时期，由于文化受到所处时代的影响，会客观地反映出时代的特征，文化消费也会不自觉地随着时代的变化而变化。例如，人们的文化消费内容，在互联网产生之前，多是依靠电视、电影、广播、报刊、图书、音像制品等传统文化载体。随着一批新技术的兴起和电子书、数字电视、第五代移动通信技术（5G）网络等新设备的诞生，人们的文化消费也增加了许多新内容。网络音乐、网络视频、网络文学、网络游戏等一系列网络文化产品已经进入人们生活的方方面面，使艺术由贵族化走向大众化，大大增强了艺术的传播性，激活了人们文化消费的潜在需求。

---

① 克里斯·比尔顿. 创意与管理：从创意产业到创意管理［M］. 向勇，译. 北京：新世界出版社，2010.

文化消费的增值性有两个方面：一方面，文化产品自身价值在文化消费过程中得到增加，如艺术品、古玩和古董等文化产品实现价值的增值性；另一方面，消费者对典型文化产品消费的满意度可能会逐渐提高。比如，人们在消费某种文化商品时可能一开始并不喜欢它了，但是经过反复研究、揣摩，或者受到别人的影响之后可能就喜欢上它了。以看电影为例，一开始不想看某部电影，但后来发现观看这部电影的人越来越多时，也会想去看，而且看了这部电影得到的满足感也会更大。然而，并非所有文化商品的边际效用都在增加。在文化商品中，知识含量较低或处于需求水平低端的产品的边际效用仍在递减①。另外，人们通过进行发展型的文化消费，如读书看报、进行商业培训、参观文化艺术展、参加学术会议及学术论坛等方式可以进行知识、文化的学习与交流，从而促使消费者更多地积累文化资本，实现自身素养的提升与自我价值的增值，有助于个人的全面发展。另外，在文化消费过程中，消费者可以结合自身的需求与个性，历经学习、吸收的过程发明创造出别具新意的创意性文化产品，并反馈到文化生产服务与文化产业发展中去，这种"消费者创新"的过程实现了文化产品生产的价值增值，有利于文化创造朝着创意性、开放性、时代化、大众化的方向发展。

三、文化消费的发展趋势

近年来，在知识经济发展的大背景下，文化及相关产业的发展提供了多种类、多层次的文化产品和服务供居民进行文化消费，文化消费的载体日益多样化，人们的文化消费需求更能得到很好的满足，高科技使文化消费由以前的贵族化发展为大众化。与此同时，"80 后"和"90 后"逐渐成为中国文化消费的主力消费群体，促使整体文化

---

① 陈元刚，孙平，刘燕. 文化经济学［M］. 重庆：重庆大学出版社，2017.

消费水平提升，文化消费逐渐呈现出个性化、信息化、全球化、主流化特点。

首先，文化消费的主要趋势之一就是信息化和技术化。文化消费随着科学技术的飞速发展，展现出了空前的生命力。随着新的移动终端、5G 网络等通信技术带来的云端同步，使人们不得不重新定义出版业、视频和图像等媒体形式。3D（立体）打印、模拟仿真技术和传统文化产品的融合，继续增加文化产品的吸引力。智能家电、物联网的发展，使人们的房屋具备了"电影院"和"剧场"的功能。以数字文化消费为代表的新型文化消费模式不断发展，文化消费内容正在重塑。例如，长短视频平台的运营与线下文化机构强强联合，纷纷推出新的文化消费场景如"云演出""云观展"，包括线下演出等行业，传统的剧团、乐队、舞台艺术作品等都尝试迁移到平台开放，采用付费视频直播的新模式①。

其次，文化消费因人而异。不同人群对文化产品的需求直接影响文化产品的消费，进而影响供给。据调查数据显示，在文化产品的消费过程中，由于性别、年龄、职业特点、收入水平、文化水准、社会地位、受教育程度、性格、爱好等差异，不同的消费者对文化产品的需求和偏好也不同，并呈现出明显的个性化和多样性特点。人们逐渐愿意为实现个性化而买单，希望通过购买达到精神上的满足。因此，一些文化产品在生产、销售等环节，通过对用户数据进行分析，助力文化企业了解用户需求。文化企业也开始利用人工智能技术，建立用户和内容的匹配机制，以便能够更加精准地使企业生产的文化产品内容展现在消费者面前，实现千人千面的个性化生产。一些自制（DIY）、私人定制等文化产品开始满足不同人群的个性化文化消费需求，如企业根据客户的个性需求，推出一系列定制服务，包括书房定

---

① 孙怡，沈嘉. 文化消费新模式：助力疫后复苏的创新路径 ［EB/OL］. 互联网前沿 (2020－06－04)［2021－02－08］. https：//www. tisi. org/14581. 2020－06－04.

制，为个人和家族藏书提供数字化服务、创意与策划，打造艺术机构书房、个人书房等；出版定制，整合国内外艺术和出版资源，通过互联网创新技术及线上线下体验，将国内外艺术图书系统化推送到精准定位人群；活动定制，为个人及企业定制艺术活动，通过导流艺术家资源，策划话题性艺术事件，增加其服务人群的黏性；衍生品定制，针对客户提出的需求，为个人或企业策划、设计、定制特色艺术衍生品，满足艺术爱好者、艺术教育、艺术普及，以及艺术生活的多样化需求。

再次，文化消费的体验型和娱乐化。文化体验已经成为实体企业逐渐吸引消费者、增加消费者黏性的一种新的消费形式。从购物中心内的工作室和陶艺画廊到亲子 DIY（自己动手制作），都成为时下流行的文化消费方式。传统意义上的商品也不再是消费者的支出对象，而是变为具有经验意义的文化消费模式。通过让消费者体验，从而产生兴趣，并且最终形成多次消费。例如，北京的朝阳大悦城和 798 艺术街区都引入了手工制作的文化消费模式，这在一定程度上符合体验经济的精髓，即带给消费者"个人体验"，这也成为了大型购物中心及文创园区的新宠。

最后，随着信息技术的日新月异，文化消费的发展过程也是文化传播技术的发展历程。技术的革新，让多元文化走向全球，也让文化消费更加全球化。不论你在世界的什么地方，依托流媒体平台，都可以随时随地享受到世界各地的文化产品。

与此同时，全球化经济的运行模式，让人们不由自主地走进消费的世界中，国内文化市场的国际化将成为未来发展的必然趋势。因此，文化产品必须要顺应新的文化消费需求，通过市场力量增加有效供给，促进消费的扩大和升级，尤其是互联网的发展变化给消费带来了更好的体验；搭建文化市场信息公开平台，改善文化消费环境，进一步提高居民文化消费的便利化程度。

四、文化消费的相关理论

文化资本对于居民文化消费的影响是一个综合性的研究问题，需综合研究多项理论进行分析以提供相应的理论基础与支撑，马克思主义消费理论、供给需求理论、文化消费行为理论构成了本书研究的主要理论基础。

（一）马克思主义消费理论

消费作为整个社会经济活动的重要一环，是人类生存和发展的首要问题。马克思从人类社会历史发展的视角阐述了其丰富的消费理论，主要有以下两个方面：

1. 消费与生产的辩证关系

在生产过程中，消费与生产是统一的。生产不仅支出、消耗个人的能力，同时也对生产资料进行消费。由此，马克思指出，"生产也是直接消费"。他还强调："消费直接也是生产。"① 因为人在以这种或那种方式进行消费时，也生产和发展着自己，消费与生产相互作用。按照马克思的观点："生产生产着消费"，生产决定消费。消费的根本目的是及时满足消费者的需求。没有生产，就没有消费。从另一个方面考虑，消费创造着生产，产品的最后完成在于把它消费掉，显而易见，只有产品被消费，才可以更好地实现新的生产。因此，生产依赖着消费；相反，消费同样依赖着生产，消费对生产的发展具有促进作用，是生产发展的原动力②。

2. 适度、公平、绿色消费观

马克思反对抑制消费，同时主张适度消费。他指出，消费一定要

---

① 中央宣传部，中央编译局. 马列主义经典著作选编（党员干部读本）［M］. 北京：党建读物出版社，2011.
② 丁堡骏. 论坚持和发展马克思主义政治经济学［M］. 北京：中国社会科学出版社，2016.

与生产力的发展相适应；要符合生产力发展的客观要求。消费的公平性是马克思关注的另一个重点。马克思认为，严重的不公平消费现象，存在于资产阶级与工人阶级之间。马克思还提出了绿色循环和可持续消费的概念，并且指出：消费要与人类本性的自然需求相适应；要与生态环境的承载能力相适应；要与自然资源的循环和持续利用相适应①。根据马克思社会再生产理论，社会再生产是生产消费和生活消费的统一。消费是社会生产中不可缺少的环节，物质消费是这样，文化消费同样如此。文化消费不单是精神上的满足，它还能促使人们更加关注有价值的事物，满足消费者未来自身价值的实现。

由此可见，文化消费是消费的一部分，文化生产为文化消费提供消费对象，并且只有生产出文化产品才能进行消费；反之，文化消费又能够刺激产生新的文化产品和服务，没有文化消费，也就谈不上文化产品的再生产，那么文化活动的创造和生产就失去了意义。文化消费也促进了消费者的文化创造力和艺术欣赏力，提高了人们的审美能力。作为生产的直接目的，文化消费质量的高低反映了文化产品生产水平的高低，也侧面反映出了文化消费者综合素质的高低和整体文化环境是否优化。通过优化文化资源配置，有效利用各种文化生产要素，不断提高文化产品质量，从而为形成文化生产与文化消费的良性循环创造条件。因此，马克思消费理论为本书研究提供了重要的理论支撑，也对于引导公众养成良好的生活方式、建立正确的消费观具有重要意义。

（二）供给需求理论

与文化资本对居民文化消费影响问题直接相关的另一个重要的理论是供需理论。任何社会形态的经济活动都是一个供求运动的过程②。

①　王秋．马克思消费思想及其当代价值研究［J］．理论学刊，2018（1）：10 - 15.
②　程恩富．劳动价值论若干前沿和疑难问题——海派经济学第 8 ~ 10 次研讨概要［J］．海派经济学，2006（1）：164 - 200.

传统古典经济学认为，供给会自动创造需求①。经济学家让·巴蒂斯特·萨伊（Jean - Baptiste Say，1815）认为，产品的效用决定着人们对产品的需求，效用和价值对需求的决定也是通过供给来实现的。生产成本决定供给，生产成本通过供给规定了产品价值的最低价格，该价值取决于效用的大小。约翰·梅纳德·凯恩斯（John Maynard Keynes，1936）拒绝了古典学派的基本假设，把"需求"摆在首位，提出了有效需求的理论，力求从需求入手去促成均衡。他认为，有效需求能否实现，主要取决于人们的购买能力。此外，西方经济学家还分析了市场关系和其影响因素，如生产要素的价格、替代品的价格等②。因此，在"滞胀"的情况下，供给学派认为供给居于主导地位，试图从供给方面解决问题，而凯恩斯则认为矛盾的主要方面在于需求，着重从需求方面解决问题。

总体来看，供需理论为理解供给与需求、政府与市场等关系提供了系统的学理性支撑。从宏观方面看，本书中的文化资本是一种资本化的文化资源，它通过文化资源的优化配置融入文化产品中，而文化产品具有商品的一般特征，并遵从一般性产品的供需规律。文化生产者决定了"供"的大小，文化消费者决定"求"的大小。从文化产品供给侧来看，文化资本存在着区域性、历史性等差异，影响着文化产品供给总量和结构。同时，文化消费者决定的"求"是影响文化生产者决定的"供"的主要因素。从文化产品需求侧来看，消费者自身文化资本水平的高低会影响文化消费需求产生的大小。可以说，文化资本与文化消费供求关系的复杂性也决定了两者供求平衡的难易程度。因此，对西方经济学供需理论进行梳理分析，有助于更加清晰地阐述本书的研究思路，也有助于应用供需理论解决文化消费发展中

① 任红梅. 马克思经济学与西方经济学供给需求理论的比较研究［J］. 西安财经学院学报，2016（6）：10 - 15.
② 张灏瀚，张明之. 供给如何引导和创造需求［J］. 江苏社会科学，2017（1）：12 - 16.

的问题。

（三）文化消费行为理论

文化消费行为理论是本书从微观上研究个人文化资本对文化消费需求影响的重要理论基础之一。

1. 布迪厄的文化消费理论

皮埃尔·布迪厄从阶级的角度出发，将消费置于场域、策略、资本的视角下进行研究，指出消费是行动者为表达自身社会认同而采取的一种策略。他认为文化资本作为一种重要的地位资源，在社会的各个领域都有体现，尤其是在消费领域中发挥着重要作用。文化资本在布迪厄的理论中，通过一种特定的方式转化为个人的品位和消费行为，即经历一个"解码"的过程，从而影响消费习惯，导致习惯作为品味和消费行为的构建能力，在许多商品和活动类别中有所体现，即消费领域是分层的，但这与经济资本的作用有着很大的区别。经济资本是以消费的交换价值为基础组织起来的品位和消费行为，通过消费商品、资源的稀缺和投入的奢侈品的活动来表现的。而文化资本是通过鉴赏、认知体验和艺术风格的消费来表达的，这种审美和优雅的风格符合文化精英的感觉，在社会上是罕见的。因此，像高雅艺术这样需要大量文化资本才能理解和欣赏的文化对象，需要相应的文化资本与之适应。只有具备感知和理解艺术作品的能力，并以他们期望的方式对其进行"解码"，我们才能实现真正意义上的对审美的满足和愉悦，并进一步增强文化消费的欲望。

所以，皮埃尔·布迪厄认为，文化商品和活动的类别取决于成功消费它们所需的文化资本水平。正如马克思所说："对于没有音乐感的耳朵来说，最美的音乐也毫无意义。①"由此可见，经济因素对文

---

① 马克思. 马克思1844年经济学哲学手稿［M］. 中共中央马克思恩格斯列宁斯大林著作编译局，译. 北京：人民出版社，2002.

化消费水平能够产生重要的影响，但并不是起决定性的影响。布迪厄的文化消费理论综合了"经济"与"文化"的维度，能够深入分析居民收入水平不断提高但文化消费水平依然偏低的问题。这一理论对于本文从微观角度研究文化资本对居民文化消费的影响具有十分重要的意义。

2. 理性成瘾理论

国外文化消费的研究绝大多数是从消费者个体出发，研究其消费偏好和品味，关注某一文化产品或类型，具有鲜明的微观指向。美国经济学家加里·S. 贝克尔（Gary S Becker, 1976）从经济学的角度创立的"理性成瘾"理论。该理论假定消费者的偏好是稳定的，并且不同的消费者的文化偏好是相似的，那么最终影响消费者未来消费的不是个人偏好而是该消费者过去的消费经历。即个人体验对消费有着举足轻重的作用[1]。由此，提出了著名的贝克尔－墨菲（Becker－Murphy）理性成瘾模型，理性成瘾理论最核心的理论表达：简单地说，就是在任何时间点上，效用不仅取决于所消费的不同商品，还取决于该点上个人资本和社会资本的存量。

$$ut = u(xt, \ yt, \ zt, \ pt, \ st) \qquad\qquad (2-1)$$

式（2-1）中，u 代表使用某商品的总体的效用，x、y、z 分别代表不同的商品，p 代表个人资本，s 代表社会资本，t 代表任意点。经过一系列的推导，最后证明了理性成瘾理论：成瘾是人在经过理性的思考后做出选择，这个选择是对自己效用的最大化。

消费者的偏好是除商品本身的价格外，影响商品需求最重要的因素之一。效用是用来刻画消费者从所消费商品中获得满足的程度，效用与消费者对某种商品的个人偏好呈正相关。消费者对文化产品有消费成瘾效应。就一般商品来讲，如果商品消费数量增加，其边际效用将呈现下降趋势。对于文化产品而言，消费者的偏好有其特殊性，其

---

① 陈元刚，孙平，刘燕. 文化经济学 ［M］. 重庆：重庆大学出版社，2017.

边际效用会随着欣赏文化产品的能力提升而增加，而且增加幅度会越来越大，这是因为消费者积累的关于该商品的知识和信息越多，消费者从中获得的文化效用也就越大①，但这种影响有限并受制于人们生活的社会环境。不同的个体因为文化效用的差异具有内在的文化偏好，这种文化偏好将深刻影响个体的文化消费。所以，消费者过去的文化消费体验影响文化消费品位，这种文化消费品位构成文化资本，体现为文化消费能力或文化消费技术，能够提高将来文化消费的"生产率"。综上所述，人们愿意用更多的时间进行文化消费，以获得更多的文化资本存量，从而提高文化消费能力，增加未来的文化消费意愿。

理性成瘾理论对成瘾性行为具有一定的解释能力，但也有一定的缺陷。苏拉诺维奇等人对理性成瘾理论做了一定的改进。他们提出的模型特点在于：对理性成瘾理论中的理性人假设做了一些修正，即假设消费者会考虑现在对成瘾性物品的消费在未来的影响，但不会去计算复杂的最优消费路径，而只决定当期的消费量。

3. 马斯洛需求层次理论

需求属于人的一种心理状态，通常以欲望、意向的形式表现出来。人类需求具有多样性与层次性，按照需求性质划分，人类需求可分为物质需求和精神需求；按照需求层次划分，又可分为较低层次及基础性需求和较高层次发展性需求，且发展性需求的产生是以基础性需求得到基本满足为前提的，因此呈现由低级向高级发展的基本态势。恩格斯（Engels，1891）最早揭示了需求的层次性规律，他认为人类需求可以划分为三个等级：生存需求、享受需求和发展需求。在人类温饱得以满足、生存根基得到夯实的基础上，自然需要被打上了社会和精神的烙印，产生了更高层次的享受需要和发展需要。

---

① 阎韶宁.政府行为视角下如何创新文化消费模式——以山东省文化惠民消费季为例［J］.人文天下，2019（14）：52－56.

在此基础之上，美国人本主义心理学家马斯洛（Maslow）提出的"需求层次理论"是具有代表性的，按照需求产生的强度与先后顺序，将人类需求划分为生理需求、安全需求、社会需求、尊重需求、自我实现需求五个层次，后又在尊重需求与自我实现需求之间补充了求知需求和审美需求。马斯洛还将需求层次分为了两个部分：一部分是"基本需求"或称"匮乏性需求"，包括生理、安全、归属、自尊需求，这部分需求相对层次较低，也是最先需求满足的；另一部分是"成长性需求"，包括认知需求、审美需求、自我实现需求，这部分是在低层次的基本需求得到满足后出现的高层次的心理需求。他认为，人的内部动机系统的激发是创造力和潜能激发的根本，人的动机是沿着从初级到高级、从生存到发展、从基本物质需求到高级精神需求的过程发展的。只有未被满足的需求才会影响人的行为，因此必须特别关注。笔者认为，人具有多种需求，对附属内驱力产生的动力大小各异。自古以来，消费便于人类需求紧密相连，是满足人类多样性需求的重要手段，同时，消费需求产生购买动机进而支配消费行为，因此需求层次理论在消费行为研究领域有着重要的意义。文化消费行为表现为一种较高层次的精神追求，是在物质条件得到一定满足的基础上催生的高阶需求的外在体现。消费主体是行为的发出者，按照心理学规律，消费需求是产生行动的基础。从消费需求的视角出发，根据需求层次理论可知，文化消费是在物质需求、安全需求得到较大程度满足的基础上产生的较高层次需求的外在体现。人们的文化消费需求丰富多样，可表现为休闲娱乐、求知、社交和自尊、审美、自我实现等多个层次。

第一，休闲娱乐需求。现代社会快节奏的生活往往给人们带来诸多学习、工作方面的压力，人们可以通过唱歌、跳舞、看电影、听戏曲等通俗性、生活型的文化活动获得感官和身体上的享受，起到放松情绪、消除疲劳、排解压力的积极效果，从而保持身心健康。

第二，求知需求。我国著名消费经济学家尹世杰教授曾经提出：

"文化教育消费力是第一消费力。[①]"由此可以看出，知识和教育在人类发展中的重要地位。求知需求主导的文化消费，如读书、培训、参加会展、咨询服务等可以帮助消费者学习和探索知识、拓宽视野、积累文化资本，实现素质的提升与全面发展。

第三，社交与自尊需求。随着消费社会的发展，文化消费行为已不再仅仅作为享受文化产品和服务本身价值的一种经济现象，而是逐渐作为一种符号消费被赋予了浓厚的社会学气息，成为满足消费者获得自尊、威望、地位与群体身份认同的主要方式。这也是美国社会学家凡勃伦、德国社会学家齐美尔最早将文化消费称为"炫耀性消费"和"时尚消费"的原因。社会学视角下的文化消费被视为满足人们社交需求、展现自我价值、获得身份认同和群体归属感的重要手段，社会模仿和阶层区别的机制因此产生。此时，文化消费远不是满足消费者单纯的物质需求或精神需求，而是一种系统化的符号操作。

第四，审美需求。高雅的文化产品可以为消费者带来"美"的体验，是一种精神与心灵的享受，也是一种情感的寄托。消费者基于审美需求的文化消费行为有利于提升生活情趣和文化品位[②]。从根本上讲符合了人类精神体的进化、发展与超越。自我实现需求。健康的文化消费会散发"人类崇高的精神之光"，它可以开拓智力，培养人们高尚的道德和高雅的情操，提升人们的综合素养，促进人们的身心健康和全面可持续发展，为满足人们最高层次的自我实现需求奠定基础。[③] 因此，需求层次理论解释了居民文化消费行为产生的可能性与合理性，为本研究提供重要理论依据。

4. 计划行为理论

继阿耶兹（Ajzen，1975）和菲什拜因（Fishbein，1980）共同提

[①] 尹世杰. 文化教育是第一消费力 [J]. 消费经济，1992 (5)：13 - 19.

[②] 邵天品. 城市居民文化消费行为影响因素研究——以天津市为例 [D]. 天津：天津大学，2015.

[③] 资树荣. 消费者的文化资本研究 [J]. 湘潭大学学报（哲学社会科学版），2014 (4)：38 - 41.

出了理性行为理论（theory of reasoned action，TRA），阿耶兹（1988、1991）提出了计划行为理论（theory of planned behavior，TPB）。计划行为理论通过增加"行为控制认知"因素对理性行为理论进行了补充与完善，对于解释和改变人的行为模式有着重要意义。计划行为理论涵盖态度、主观规范、直觉行为控制、意向、行为五个因素，阿耶兹认为，所有可能的因素都要经过行为意向（即意愿）来影响行为，并且态度、主观规范、知觉行为控制是决定意向的主要因素。此外，计划行为理论指出，并非所有的行为都受个人意志的完全控制，同时还受客观条件与外部环境的制约，如个人能力与环境资源与机会等。它们共同直接或间接地影响着人们的意向与行为。因此，在文化消费行为的研究中，计划行为理论在文化消费意向或意愿方面的主要表现直接影响居民的文化消费行为，同时，文化消费意愿与行为也受到消费者客观消费能力与外部消费环境的制约，如金钱支付能力、文化水平、文化环境等。计划行为理论进一步证明了文化消费的精神性和长远性特点，为本书研究居民的文化消费行为提供了重要理论依据。

第三节　文化资本对居民文化消费的影响机制

本节运用生产与消费的关系理论、供给与需求的关系理论和"理性成瘾"等理论，结合文化资本所具有的功能属性特点，从宏观上分析社会结构意义上的四种不同形式的文化资本对居民文化消费的作用机理。下面分别阐述它们对于居民文化消费的影响。

一、固体的文化资本的资源效应

固体的文化资本是指被赋予文化意义、不可移动的文化资源，主要包括历史遗迹、建筑物、艺术品、文物等具有文化价值的物质性的文化财富①。这一部分文化资本是一种资源禀赋，具有较高的知名度和美誉度，为促进文化消费提供了必要的文化资源，丰富了文化消费的内容。

首先，固体的文化资本是人类文化发展的凝结和产物，通常具有审美、文化、科研，以及经济价值，可以在妥善保护的前提下进行有效利用，为文化消费提供活动空间。最重要的固体的文化资本存量是文化遗产，文化遗产不仅具有资本的特性，还具有时间上的延续性。例如，历史文化遗产作为一种文化资本，是不可再生的宝贵资源，当它所承载的历史功能与当代所需社会功能完美重合时将具有强大的吸引力，对其进行合理开发，可以使文化遗产焕发新的活力，能够更好地满足人们的文化消费需求。如建于公元 2 世纪的土耳其潘菲利亚的阿斯潘多斯剧场，是迄今为止世界上保存最为完整的古罗马剧场遗址之一。虽然已有两千多年的历史，但是和现代剧场比起来，它的音响效果丝毫不逊于现代科技。每年夏天都会举行阿斯潘多斯国际戏剧芭蕾舞节，届时会有世界各地的艺术演出团体进行演出，没有使用任何扩音设备，观众坐在两千年前搭建的石阶上欣赏完美的音响效果，这既为遗产保护传承得益，也可以吸引民众、满足他们的文化需求。

其次，固体的文化资本可以衍生出文化商品和服务，将会极大地提高其娱乐性、参与性与趣味性，使其价值得到充分体现，为文化消费提供了丰富的内容。例如，文化文物单位馆藏的各类文化资源，经过文化创意设计开发制作，进行创造与提升，成为适应现代生活需求的文化创意产品，满足多样化的消费需求。其中，故宫博物院文创产品开发就是一个成功的案例。一些当下最流行的网红产品，如台北故宫博物院的纸胶带——"朕知道了"、翠玉白菜晴雨伞，北京故宫的

① 周云波，武鹏，高连水．文化资本的内涵及其估计方案［J］．中央财经大学学报，2009（8）：91-96.

朝珠耳机、PS（Adobe Photoshop）版要宝卖萌的雍正皇帝、VR（虚拟现实）版的《清明上河图》。总之，从紫金服饰到家居陈设，再到故宫彩妆，各式各样，琳琅满目，充满着皇家气息的文创产品让人目不暇接。这些深受消费者喜爱的故宫文化产品，既蕴含着故宫的文化内涵，展现了鲜明的时代特点，又贴近于大众的实际需求，为文化资本有效利用寻找到正确的方向，这种创造新的文化产品的过程也是增加文化资本存量的过程。

最后，固体的文化资本在进行保护的前提下，被重新定义、设计和改造，不断衍生出新的文化形态，开始承担更多样的文化消费功能。如一些百年老建筑，随着都市的发展、生产和消费模式的改变，不再是静置的建筑物，而是被重新定义。在设计和改造中，一些建筑遗址已经成为各种文化消费空间的集合，如画廊、艺术家工作室、会展中心、书屋和酒吧等。例如，北京朝阳区大山子地区原来有一个国有的"798工厂"和其他电子产业的旧厂区，经过功能重组，现已成为北京最具活力的文化艺术创意产业园区、最受欢迎的画廊和工作室，与过去老工厂斑驳的墙壁混杂在一起，透露出了时尚流行的元素。其中，分布着小型图书馆、博物馆、艺术画廊和电影院，丰富了文化服务内容。除此之外，还有上海的"1933老场坊"，它从曾经"亚洲最大"的屠宰场转变为创意园区，成为时尚达人聚集的场所，提升了消费体验，扩展了消费者的消费空间。

二、产品的文化资本的供给效应

产品的文化资本是经过人们思维创造出来、可用于文化商品生产并依附于一定物质形态的文化资源①。产品的文化资本增加了文化商

---

① 李沛新. 文化资本论——关于文化资本运营的理论与实务研究［D］. 北京：中央民族大学，2006.

品和服务的供给，从而有利于提升消费者的消费意愿，产生更多的社会价值和文化价值。

产品的文化资本由文化产品和文化企业两方面来衡量。文化产品是文化消费的前提和对象，文化产品供给的规模和质量直接影响着居民文化消费水平；根据马克思主义消费理论，生产决定消费，文化消费实现的前提是有可以消费的文化产品。所以文化产品供给是文化消费的重要影响变量之一，文化产品和服务是文化消费的触发点。否则，无论消费者有多强的消费能力、多高的消费意愿，其有效消费都无法实现①。同时，在市场经济背景下，文化消费的供给由文化企业承担，文化资源是创造文化产品的"基础原料"，文化企业向文化消费者提供文化商品和服务，没有文化企业的生产与开发，再丰富的文化资源也难以开发成文化产品。根据供求关系理论，文化企业数量越多，生产的文化产品样式越多、内容越丰富，供人们消费的选择范围就越大。大量的文化企业能够极大地丰富当地的文化产品和服务，进而文化产品和服务的价格会下降，并且通过创意、生产而形成新的产品供给来提升体验价值、增强消费意愿。

在文化消费中，购买特定文化产品和服务时，主要分为五个阶段，分别是需求识别阶段、信息收集阶段、比较与评估阶段、购买决策阶段和购后评价阶段。而购买意愿是在经过比较、评估形成特定购买倾向时产生的文化消费意愿，它在很大程度上受到居民以往对文化消费体验价值感知状况的影响，如果居民在文化消费过程中感到的体验价值较高，则会极大增强其消费意愿；反之，其消费热情就会受到很大打击，消费意愿也会受到削弱②。所以，居民文化消费行为形成的先决条件是文化意愿的产生。

---

① 吴静寅. 文化消费的影响因素及其促进机制 [J]. 山东社会科学，2019（6）：94 - 99.

② 张梁梁，林章悦. 我国居民文化消费影响因素研究——兼论文化消费的时空滞后性 [J]. 经济问题探索，2016（8）：56 - 64.

目前，很多影院推出了 4D（视觉、听觉、触觉、嗅觉）电影，消费者坐在影院特制的椅子里，就能根据电影进程随之震动、摇摆，让观影有了身临其境的感受。与此同时，选择弹幕影厅就可以边看边发观点，喜欢的演员、感动的节点，或是受不了的吐槽，都可以发送出来，而且发送内容会实时显示在屏幕两侧的墙上。在剧院，很多剧目为了增加消费者的文化体验感，会在剧院大厅将道具、戏服摆放出来，供消费者参观或合影。剧中涉及的关键物品也会被做成背板，供观众拍照，涉及的道具也会被开发成手工艺品出售，可以第一时间体验剧中道具的触感。可以说，与以往被动式观看的文化产品不同，企业提供的互动、体验式文化产品可以激发消费者的求知欲，刺激二次消费，许多消费者是从偶然参观转变为计划体验、多次体验。因此，产品的文化资本越丰富越促进文化消费的增长。

三、能力化文化资本的环境效应

能力化的文化资本是由皮埃尔·布迪厄提出的"文化能力"引申出来的，在社会结构方面是指区域社会经济发展中逐渐形成的、具有竞争力的文化潜能，主要体现为一个地区的文化教育水平①。文化教育在人们的主观意识中起着非常重要的作用，它不仅影响着人们的思想感情、行为习惯，还为树立正确的文化价值观，传播、扩散文化正能量发挥着重要的作用。所以，文化资本是人们的价值观、信仰观点和思维方式等的总和，人的需求和消费理念会跟着这些因素变化而发生变化。能力化的文化资本作为一种特殊的价值观体系，其传播和营造具有环境效应，能够优化文化环境，而文化环境对人类活动的制约影响作用是长期的、潜移默化的，能够影响经济主体的行为，对文

---

① 周云波，武鹏，高连水．文化资本的内涵及其估计方案［J］．中央财经大学学报，2009（8）：91－96.

化消费行为产生影响，从而促进居民文化消费水平的提高。

首先，从个人的角度看，个体通过家庭教育和学校教育形成的能力化文化资本可以影响个体的文化消费习惯。文化消费作为一种生活方式，体现出较强的偏好与品味差异，这是由个人的兴趣、爱好、价值观念、生活方式、文化欣赏类型等因素的差异造成的，这也决定了个人对文化产品和服务的选择受到自身文化素养、知识结构、教育水平的制约。通常来讲，文化素养较高的人能够通过学习、吸收、创新，实现自我的完善与进步，而且能够对文化产品、文化消费方式、消费环境做出正确的取舍，对文化类商品也具有较强的辨别力，能够选择出适合自己的优秀商品，避免产生冲动消费、炫耀性与奢侈性消费等不健康的消费行为。另外，文化资本高的个人能够更好地理解所消费的内容，具备有一定的知识水平才能很好地完成文化消费行为。

其次，从家庭方面来看，个人文化资本的多少不仅会影响到个人的消费观念，而且会影响到整个家庭的消费习惯。文化消费具有不同于物质需求的"黏性"特点。一般认为，物质需求是刚性的，而精神文化需求是弹性的，而文化需求一旦产生，就会形成持续性的、"黏性"的习惯效应，如人们常说的戏迷、网瘾、粉丝、追星族等。这种习惯效应一旦产生，就很难在短期内发生显著的改变，并会由此产生较强的消费路径依赖。父母是孩子最好的老师，家庭教育是伴随人一生的教育，与学校教育相比，家庭教育更加具有连续性，对孩子的影响也起着至关重要的作用。通常情况下，家长知识面广，家里拥有许多书籍，或者一些乐器、工艺品，通常这样的家庭有很好的文化底蕴和良好的文化氛围。这些家长在闲暇时，更多的会进行发展性文化消费，而不是享受性文化消费，他们会带孩子去购买书籍、纪念性商品或者是带孩子去听音乐会、参观文化园区等。家长的文化消费在潜移默化中影响着孩子。同时，家庭居室的装修布置风格也能够影响孩子的品位，使孩子耳濡目染，感受到文化的气息。因此，家长自身的消费观念和消费习惯都会影响到孩子的价值取向，"文化资本"沉淀于家庭的日常活动中，并反过来指导消费实践活动。

最后，从学校和社会教育来看。文化消费的产生受外界文化环境和社会文化意识影响，是一种心理需求，是人格自我完善的标志，也是个人综合素质的体现。

个人除受到家庭教育的影响外，还受到学校和社会的影响。学校是文化传承的场所，学校教育是个人一生中所受教育最重要的组成部分，它不但提高个人的知识水平，而且直接或间接地影响着个人的思想、情感、心理、行为和价值观，而这些都是文化资本的体现，对个人以后树立正确的文化消费观、最终形成良好的文化消费习惯具有长远的意义。随着现代化社会的发展，社会教育已成为重要的教育趋势，并与家庭教育和学校教育共同构成了教育的大环境，它可以让个人得到家庭和学校教育所得不到的教育内容，更具有补偿性。人们在图书馆、展览馆、博物馆等公益性的各种机构所进行的文化教育活动，都是以良好的环境在潜移默化地熏陶着人们的思想，所以说社会教育也具有重要的作用。总的来说，社会文化风貌的一个重要体现就是居民的文化消费，只有个人受到文化环境的感染、熏陶，才会衍生出相应的文化消费活动。

四、制度化文化资本的政策效应

制度化的文化资本直接表现为文化管理体制，是政府对文化发展的支持力度、管理体系及能力①，它为文化消费的发展提供制度性保障和政策性支持。政府主要采取对文化领域的合理产业化政策来调整两者的结构，进而形成文化发展的最优动力。

---

① 李沛新. 文化资本论——关于文化资本运营的理论与实务研究 [D]. 北京：中央民族大学，2006.

首先，政府文化政策对促进文化消费发展起到了至关重要的作用。文化政策是一国对于文化艺术、新闻出版、广播影视、文物博物等领域进行行政管理所采取的一整套制度性规定、规范、原则和要求的总称，是区别于科技政策、教育政策等其他领域政策的一种政策形态。文化领域的管理政策体现为以调控、干预文化产业各要素为目的的各种政策手段，一般包括财政政策、产业政策、人才政策、货币政策，以及企业改革政策等。文化政策直接作用的对象是文化产品供给者与文化市场微观管理者。对文化产品供给者而言，政策调整影响其生产及经营决策，还可能影响供给的水平、价格、质量与结构，如生产符合社会效益评价的文化产品及服务。文化市场微观管理者会依据政策要求，调整管理与监管的内容、方向、强度与重点，依照不同的管理导向，形成新的市场管理与监管特征。在诸多的政策手段中，最直接的表现就是在文化领域的资金投入。例如，天津市财政局在扩大文化消费试点期间，仅在"文惠卡"项目上2年共计支持金额达9200万元，2019年设立数百万元"繁荣演出市场专项资金"用于补贴剧场，促进居民文化消费的发展。

其次，文化市场管理影响文化消费环境进而影响文化消费主体与文化消费客体结合的效率与效果，从而影响文化消费的数量、结构、质量与满意度。例如，政府加强市场环境监管，要求生产者披露更为详细的信息，因而消费者就可以更加便捷地选择适合的产品，如文化消费中的电影分级制度提高了消费者的选择效率①。此外，不同类型文化企业的协调发展需要政府管理部门的统筹，通过有效管理促进文化资源在文化企业之间有序流通，从而提升文化产品质量，有效激发消费者的文化消费需求。

最后，文化管理机构及人员的完善是促进文化市场健康发展的保

---

① 毛中根，叶胥. 文化体制改革的文化消费效应研究：经验事实、理论逻辑及政策取向［J］. 江苏行政学院学报，2020（4）：41－48.

证。文化管理机构通过加强文化市场管理，维护文化市场管理秩序，保护公民、法人和其他组织的合法权益，从而促进文化市场健康发展。通过建立统一的文化市场管理机构，形成了一种统一、有序的文化市场管理体制，对于保护消费者合法权益，维护消费市场的秩序与公平，营造良好的文化消费氛围有促进作用。文化管理机构人员队伍的扩大、综合素质的提升，能提升文化市场的监管与调控能力，为文化经营者的规范经营提供全面、完备的保障，也为消费者进行科学的文化消费提供尽可能的支持和便利。

综上所述，文化资本在积累和利用过程中产生了资源效应、供给效应、环境效应、社会效应，文化内容的丰富、文化消费意愿的提升、文化消费习惯的培养，以及文化消费环境的营造都离不开这四种效应的影响。文化资本对文化消费的影响机制如图 2 - 1 所示。文化资本是文化消费发展的内在动力，是文化生产和消费的重要影响因素，也是我国文化经济发展的基础。

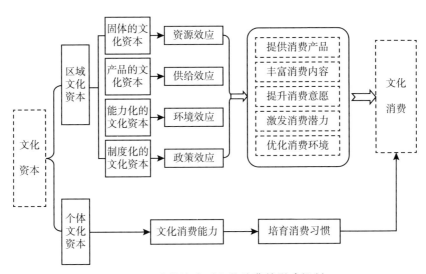

图 2 - 1　文化资本对文化消费的影响机制

资料来源：笔者根据资料绘制。

第四节　本章小结

本章主要对文化资本和文化消费的理论基础进行分析和阐释，探讨了文化资本的概念内涵、基本属性、表现形式、积累方式和相关理论，界定和梳理了文化消费的内涵与特征，发展趋势及相关理论，还重点剖析了文化资本对文化消费的作用机理。

首先，本书定义的"文化资本"概念是使用"文化经济学创始人"戴维·思罗斯比对文化资本的解释，即"文化资本"是以财富的形式积累起来的文化价值，其中，文化价值的积累是其具体的表现形式。按照所属主体不同，文化资本可以分为两个维度：一方面，是社会结构意义上的文化资本。根据已有文献研究，文化资本可以分为固体的文化资本、产品的文化资本、能力化的文化资本、制度化的文化资本四种形式。另一方面，是个体行为意义上的文化资本，是个体获得和拥有的文化资本，它是以财富形式表现出来的一种个人文化能力。文化资本作为一种特殊的资本形式，提供了一种描述文化现象的方式，可以将有形与无形的文化详细解释为价值的永续储存手段，以及个人利益与社会利益的提供者。文化资本不仅涵盖了文化的特征、资本的特征，还有自身的独特属性，如双重性、人本性、长期性和多样性，这些特性为正确认识文化资本、把握文化资本的发展方向提供了理论基础。

文化资本与文化资源既有联系又有区别，文化资本总是与文化资源一起存在的。文化资本以文化资源为前提、基础和来源，文化资源在一定条件下可以转化为文化资本。与文化资产相比，文化资本也可以转化为文化资产，文化资本是体现文化价值的资产。在一些研究领域，有学者将人力资本与文化资本视为相同的概念。但实际上，文化资本与人力资本在概念来源、获取途径和投资方式上是有区别的。文化资本与社会资本也有着区别，且有相互强化的关系。而社会结构意义上的文化资本主要有以下三种积累方式：第一，历史进程中的长期积累；第二，文化商品的供给（包括文化产业的供给）；第三，文化体制和制度供给。个体行为意义上的文化资本主要有两种积累方式：一是教育，包括家庭教育、学校教育和社会教育；二是文化活动。

其次，通过对文化消费内涵的梳理，厘清了学者对文化消费的界定，马克思主义消费理论、供给需求理论、文化消费行为理论为分析文化资本对文化消费的影响提供了比较成熟的理论框架。在前人研究的基础之上，本书将文化消费定义为居民通过支付一定数量的金钱或时间，来满足其精神和文化需求而购买具有商品性质的文化产品和服务的过程。在界定概念的基础上，分析了文化消费的精神性和长远性、身份性和符号性，以及时代性和增值性等特征。结合现实情况，总结了当前文化消费的发展趋势，随着需求层次的不断提高，人们的文化消费也呈现出个性化、信息化、多样化、全球化、主流化等趋势。

最后，本章基于文化资本的两个维度和四种不同的形式，阐述了文化资本对居民文化消费的影响，即认为固体的文化资本丰富文化消费内容，产品的文化资本提升文化消费意愿，能力化的文化资本激发文化消费潜力，制度化的文化资本优化文化消费环境，并做了相应的理论假设，这部分的论述为实证研究分析文化资本对居民文化消费的影响做了理论铺垫。

第三章

文化资本与居民文化消费的现状分析

第一节　文化资本的现状分析

文化资本是以财富的形式积累起来的文化价值，是一种存量上的文化资本，由固体的文化资本、产品的文化资本、能力化的文化资本和制度化的文化资本构成。科学地估算文化资本是量化分析文化资本的重要内容，这需要在界定文化资本概念和内涵的基础上，依靠真实、权威的数据，构建文化资本估算指标体系并进行测算。因此，本书在构建综合性指标体系估算我国省域文化资本时，采用数理统计和空间统计方法分析文化资本的区域差异，以透视我国区域文化资本水平的非均衡性。

一、文化资本的测度体系

（一）现有文化资本指标体系述评

文化资本存量是指某一指定的时点上，过去生产与积累起来的有形文化资本和无形文化资本的结存数量。由于文化资本的概念较为抽象、外延较为宽泛，如何量化测算文化资本，是需要学术界探讨的一个难题。

在现有研究成果中，学者们从不同角度提出了文化资本的测算方法，综合起来有两类方法：一类是基于文化资本中资本的经济属性，从"投入—产出"的视角估算文化资本存量。其中，永续盘存法是具体的核算方法之一，该方法利用产业部门的无形资产投资额数据，根据资产的增加和减少情况估算文化资本，如思罗斯比运用"成本—收益"的方法对于文化遗产的维护和市场收益进行评估[1]；王云（2012）采用永续盘存法从产业角度测算省域文化资本，研究结论验证了我国省域文化资本存在着明显的正向空间相关性[2]。张梁梁（2018）采用永续盘存法估算出省际文化资本存量，发现省际文化资本存在明显的空间集聚[3]。国民收入核算方法是另一种运用得较多的方法，该方法着眼于全社会层面，从文化消费、文化投资与政府支出三个方面核算文化资本量，即文化资本的投入为三者的总和。如李娟伟（2014）在测算传统文化资本和市场文化资本的基础上，分析两类文化资本对区域经济增长方式的影响[4]；杨友才（2018）采用国民收入核算法估算省域文化资本存量，分析了文化资本和创新对经济增长的影响[5]。另一类是基于系统评估的视角，在构建多层次、多要素的指标体系的基础上，对文化资本进行综合估算。如周云波（2009）在分析戴维·思罗斯比关于文化资本估算模型的基础上，对比联合国教科文组织和新西兰政府提出的文化指标，构建了估算文化资本的指标体系[6]；金相郁（2009）设计了由 12 个指标组成的省域

① 戴维·思罗斯比. 什么是文化资本？［J］. 潘飞，译. 马克思主义与现实，2004（1）：50－55.
② 王云，龙志和，陈青青. 中国省级文化资本与经济增长关系的空间计量分析［J］. 南方经济，2012（7）：69－77.
③ 张梁梁，袁凯华. 省际文化资本存量估算与经济增长效应研究［J］. 统计与信息论坛，2018（5）：39－49.
④ 李娟伟，任保平，刚翠翠. 异质型文化资本与中国经济增长方式转变［J］. 中国经济问题，2014（2）：16－25.
⑤ 杨友才，王希，陈耀文. 文化资本与创新影响经济增长的时空差异性研究［J］. 山东大学学报（哲学社会科学版），2018（6）：53－62.
⑥ 周云波，武鹏，高连水. 文化资本的内涵及其估计方案［J］. 中央财经大学学报，2009（8）：91－96.

文化资本测算指标体系①；梁君（2012）构建了由 12 个指标组成的
省域文化资本估计指标体系②；刘改芳（2017）构建了由 2 个层次、
6 个指标构成的文化资本估计指标体系③。为进一步明晰文化资本指
标体系的指标构成，本书梳理了主要核心期刊中关于文化资本指标体
系的情况（见表 3 – 1）

表 3 – 1　我国 CSSCI 来源期刊关于文化资本指标体系划分汇总

序号	文献名	发表期刊	作者	一级指标	二级指标
1	文化资本的内涵及其估计方案	《中央财经大学学报》（2009）	周云波等	固体的、产品的、身体化、制度化 4 个	文化设施、文化教育等 12 个指标
2	文化资本与区域经济发展的关系研究	《统计研究》（2009）	金相郁等	固体的、产品的、身体化、制度化 4 个	文化遗产、文化藏品等 12 个指标
3	文化资本的界定与测度	《统计与决策》（2010）	孙维	新文化产品、文化服务、固体文化资本、文化氛围 4 个	非物质文化遗产、重点文物数等 12 个指标
4	我国文化资本与经济发展的协调性研究	《厦门大学学报》（2011）	徐明生	有形的文化资本和无形的文化资本 2 个	演出观看、专利申请等 9 个指标
5	文化资本与区域文化产业发展关系研究	《广西社会科学》（2012）	梁君	精神文化资本、物质文化资本和制度文化资本 3 个	文化产业、物质文化遗产等 12 个指标
6	文化资本对我国经济增长的影响——基于扩展 MRW 模型	《软科学》（2013）	王云等	创意资本、品牌资本、版权资本 3 个	图书出版投入、音像制品投入等 8 个指标

① 金相郁，武鹏. 文化资本与区域经济发展的关系研究 ［J］. 统计研究，2009（2）：
28 – 34.
② 梁君. 文化资本与区域文化产业发展关系研究 ［J］. 广西社会科学，2012（3）：
170 – 174.
③ 刘改芳，杨威，李亚茹. 文化资本对地区旅游经济贡献的实证研究 ［J］. 东岳论
丛，2017（2）：127 – 134.

序号	文献名	发表期刊	作者	一级指标	二级指标
7	城市文化资本对城市居民生活水平的影响	《北京理工大学学报（哲社版）》（2015）	廖青虎等	历史人文资本、文化人才资本、文化创新资本、文化产品、居民的文化价值观5个	文化产业从业人员数、文化产品的收入等11个指标
8	文化资本对地区旅游经济贡献的实证研究	《东岳论丛》（2017）	刘改芳等	固定的、产品的和精神的文化资本3个	重点文物、文物藏品等6个指标
9	文化资本、制度环境对区域金融中心的影响	《经济地理》（2018）	邹小芃等	有形的文化资本和无形的文化资本2个	剧场、剧院数、主要文化机构数等9个指标
10	我国省域文化资估算及空间差异——基于2007～2017年省域面板数据的研究	《山东大学学报（哲社版）》（2019）	周建新等	固体的文化资本，产品的文化资本、能力化的文化资本和制度化的文化资本4个	文化创新、文化管理等14个指标

资料来源：笔者根据相关资料自行整理绘制。

总体而言，国内学者对文化资本的指标体系做了诸多有益的探索，构建了众多指标体系，这为本书的研究思路和指标的建立提供了借鉴与启示。由于可以看出，基于对文化资本不同角度的理解，文化资本的测算方法也出现了较大的差异。采用资产评估方法，如永续盘存法、国民收入核算法等，是从衡量文化资本经济价值的角度出发。此外，永续盘存法没有考虑家庭居民对文化资本的投资，且在统计范围上也有遗漏，没有将传统文化资本纳入其中[①]。

综上所述，文化资本构成要素是一个复杂的体系，从构成要素的复杂性角度考虑，采用指标体系进行评价是一种较为恰当的方法，适用于测算文化资本的存量和评估文化资本的发展水平。从表3-1中可以看

① 李娟伟，任保平，刚翠翠. 异质型文化资本与中国经济增长方式转变［J］. 中国经济问题，2014（2）：16-25.

出，尽管文化资本指标体系的研究成果较为丰富，但仍存在指标体系不系统、指标数据来源不权威的问题，难以刻画文化资本的多重属性问题；同时，构建指标体系的出发点不同，应用也会局限在特定的范围。

（二）文化资本指标体系构建

文化资本是由众多要素构成的复杂体系，多目标复杂问题的决策分析适合于对体系化的文化资本进行估算。事实上，一个全面且量化的评估方法几乎是不存在的，原因在于任何价值评估方法都仅能关注到文化资本的某些侧面，仅能评估出部分。因此，本书在借鉴已有研究成果的基础上，采用层次分析法（AHP）构建文化资本估算指标体系。该指标体系由目标、准则、方案、指标四个层次构成，目标层为文化资本，预定的目标文化资本的估算值。区别于个人和家庭文化资本，文化资本在准则的维度上划分要考虑到文化资本的构成状况，这与个体或家庭文化资本划分方法有着明显的差别。

本书参考表 3 – 1 中的文化资本构成形式的分类方法，将社会结构意义上的文化资本划分为固体的文化资本、产品的文化资本、能力化的文化资本、制度化的文化资本共四个维度。在前文界定文化资本范畴的基础上，参考国内外关于文化资本测算的研究成果，依据本书的研究需要并吸收相关专家的审阅意见，共选取 10 个二级指标。具体指标是衡量方案的计算单位，指标的设置一方面要涵盖方案的主要内容，另一方面要保证指标数据的权威性和可获得性。依据文化综合评估指标体系中的数据公开性、权威性的基本原则①，具体计算单位在参考已有研究成果的基础上，数据来源优先选择各相关统计年鉴、统计公报等权威渠道的指标，从而构成了 3 个层次、12 个具体指标的指标体系（见表 3 – 2）。

---

① 丁未，张弈. 文化统计与中国城市文化指标体系建构［J］. 福建论坛（人文社会科学版），2017（6）：162 – 168.

表 3 – 2 　　　　　　　　文化资本估算指标体系

目标	一级指标	二级指标	指标说明（单位）	参考文献
文化资本	固体的文化资本	文化遗产	全国重点文物单位（处）X_1	梁君等（2012）、周建新等（2019）
			文化藏品总数（件）X_2	金相郁等（2009）
		文化设施	人均文化设施建筑面积（平方米/人）X_3	梁君（2012）
	产品的文化资本	文化企业	文化及相关产业法人单位数（个）X_4	高莉莉（2019）
			艺术表演团体演出场次（万场次）X_5	徐明生（2011）
		文化产品	出版物总印数（万册）X_6	UNESCO 的文化指标（1997）
	能力化的文化资本	文化教育	人均受教育年限（年）X_7	周云波等（2009）
		文化交流	涉外文化交流人次数（人次）X_8	金相郁等（2009）、周云波等（2009）
		文化创新	文化及相关产业专利授权数（项）X_9	徐明生（2011）、梁君（2012）
	制度化的文化资本	文化管理	每万人文化管理机构人员数（人/万人）X_{10}	金相郁等（2009）、周云波等（2009）
		文化投资	文化及相关产业固定资产投资额（万元）X_{11}	周建新等（2019）
		文化政策	政府工作报告中"文化"提及频次（次）X_{12}	王胜鹏等（2020）

资料来源：笔者根据相关资料整理绘制。

二、省域文化资本的估算

（一）数据来源

2012 年，为了适应我国文化产业发展的新情况、新变化，国家统计局参考了《2009 年联合国教科文组织文化统计框架》，根据《国民经济行业分类》（GB/T 4754—2011）对文化产业分类进行修订完善，形成了《文化及相关产业分类（2012）》，使分类更加切合发展需要。《文化及相关产业分类（2012）》对文化及相关产业统计范围做出了新的规定，因而文化产业的统计标准与统计口径在 2012 年之后发生了新的变化。2018 年国家统计局又颁布了新修订的《文化及相关产业分类（2018）》，此次修订主要是对文化及相关产业分类方法和类别结构进行了调整，统计数据保持了连贯性，并从 2017 年统计年报开始实施[①]。因此，基于数据统计口径的一致性，并考虑到数据时间序列分析的相对完整性，本书数据来源于中国 31 个省（区、市，不含港澳台，后面不再赘述）2013～2019 年的各项统计数据。

在区域文化资本估算指标体系中，指标 X_1 数据源于国务院公布的第 1～7 批全国重点文物保护单位名录。指标 X_2、X_3、X_5、X_8 的数据来源于《中国文化文物统计年鉴》（2014～2018 年）和《中国文化和旅游统计年鉴》（2019～2020 年），指标 X_4、X_6、X_9、X_{11} 的数据来源于《中国文化及相关产业统计年鉴》（2014～2020 年），指标 X_7 的数据源于各省（区、市）的统计年鉴，各省总人口为历年常住人口总数。对于指标 X_{10} 的数值，是在《中国文化文物统计年鉴》（2014～2018 年）与《中国文化和旅游统计年鉴》（2019～2020 年）中收集的"文化管理机构人员"数据，并通过计算得出。指标 X_7 的数据以各省统计年鉴中和人口统计公报为基础，采用计算的方法得出[②]。指标 X_{12} 中的政府工作报告以各省的政府部门所发布的为准，历年政府工作报告全文源自政府部门的官方网站。对于年鉴中个别指

[①]　国家统计局.解读《文化及相关产业分类（2018）》［EB/OL］.（2018－04－23）［2021－06－30］.http：//www.gov.cn/zhengce/2018－04/23/content_5285149.htm.
[②]　人均受教育年限计算公式为：（接受大专及以上人口数量×16＋接受高中教育人口数量×12＋接受初中教育人口数量×9＋接受小学教育人口数量×6)/6 岁及以上人口数量。

标存在个别年份数据不全的情况，采用移动平均方法进行计算。

（二）文化资本估算指标权重计算

各指标权重的确定是文化资本估算的关键问题。常用的指标权重确定方法有两种：一是主观赋权法，比如层次分析法、环比评分法等；二是客观赋权法，比如主成分分析法、熵值法等。这两类方法各有优缺点，主观赋权法的主要缺点是受评价主体的主观影响较大，从而造成权重值的主观性强；客观赋权法的主要缺陷是完全依赖数学公式、未考虑指标属性的差异，从而导致结果与真实状况有可能相背离。组合赋权法将主观赋权法与客观赋权法相结合，是一种综合的方法，它综合了主观、客观赋权法的优点，也在一定程度上避免了两种方法的缺点，从而使结果更具科学性[①]。基于此，本书使用组合赋权法计算文化资本估算体系的指标权重，即将层次分析法与熵值法相结合计算权重。

在构建文化资本估算指标体系的基础上，层次分析法计算权重的主要步骤如下：首先，用三标度法对具体计算指标进行两两比较，确定合适的标度，建立一个比较矩阵，并计算出各指标重要性的排序指数，重要程度通常分为五个等级，用相应的数值表示。其次，用极差法将比较矩阵转换为判断矩阵，运用专家评价法进行赋值，最终得到判断矩阵表格。再次，利用和积法将判断矩阵每一列归一化，然后将归一化的数据按行求和，进而计算特征向量近似值。最后，得到评价指标的权重[②]。使用临界比值（CR 值）一致性进行检验分析，当 CR 值小于 0.1，则表明判断矩阵通过了一致性建议，通常运用 Yaahp 软件进行检验运算。

---

① 山成菊，董增川，樊孔明，等．组合赋权法在河流健康评价权重计算中的应用[J]．河海大学学报（自然科学版），2012（6）：622-628.
② 周建新，刘宇．我国省域文化资本估算及其空间差异——基于 2007—2017 年省域面板数据的研究[J]．山东大学学报（哲学社会科学版），2019（5）：72-83.

熵值法直接对决策矩阵中的数据进行数学计算，使计算结果更为客观，这是该方法最大的优点。具体计算过程和计算公式如下：

$$P_{ij} = x_{ij} / \sum_{i=1}^{m} x_{ij} \qquad (3-1)$$

$$E_j = -K \sum_{i=1}^{m} P_{ij} \ln(P_{ij}) \qquad (3-2)$$

$$W_j = d_j / \sum_{j=1}^{n} d_j, \quad d_j = 1 - E_j \qquad (3-3)$$

第一步，利用式（3-1）计算各估算指标数值的比重，P_{ij} 为第 i 个指标中第 j 个指标占该项指标的比重，x_{ij} 为指标 i 的第 j 个指标的标准化后数值，m 为样本数量。第二步，利用式（3-2）计算各指标的熵值，其中，E_j 为第 j 个指标的熵值，常数 $K = 1/\ln(m)$。当某类指标中各指标值的贡献度趋于一致时，E_j 无穷接近于 1；当某类指标值全相等时，权重为 0。第三步，利用式（3-3）计算各指标的权重，其中，W_j 为第 j 个指标的权重，n 为 12，d_j 为第 j 个指标下样本指标值贡献度的一致性程度[1]。

依据层次分析法的操作步骤，一方面，根据表 3-2 中的估算指标体系制作打分表，选取国内高校和相关科研机构从事文化研究的 5 位专家，通过邮件形式分别给专家发放打分表并附上赋值说明，各专家独立进行赋值，填写完毕后反馈打分表。在第一轮打分的基础上，根据相关反馈情况进行第二轮打分，进而依步骤计算出各估算指标的权重。另一方面，使用熵值法计算指标的权重，指标的数值采用统计数据的原始数据；其原因在于，无量纲化后的数据可能在一定程度上消除了差异特征[2]。寻找最小化组合权重，将不同权重之间的偏差降

---

[1]　刘宇，周建新．公共文化服务与文化产业的协调发展分析——基于 31 个省域面板数据的实证［J］．江西社会科学，2020（3）：72-84.
[2]　王会，郭超艺．线性无量纲化方法对熵值法指标权重的影响研究［J］．中国人口资源与环境，2017（S2）：95-98.

到最低限度，是组合赋权法的主要特征。参考相关文献的基础上[①]，本书采用的组合赋权法权重计算公式如下：

$$w_j = \alpha w_{1j} + (1 - \alpha) w_{2j} \qquad (3-4)$$

式（3-4）中，w_j 表示第 j 个指标的组合权重；w_{1j} 为主观赋权法得出的第 j 个指标的权重，w_{2j} 为采用客观赋权法计算出的第 j 个指标的权重；$0 \leq \alpha \leq 1$，代表不同赋权方法的偏好程度，α 为 0 表示完全采用主观权重，α 为 1 表示完全采用客观权重。通常情况下，α 取值为 0.5。根据层次分析法和熵值法计算出的权重结果，采用式（3-4）进行计算，得出的权重值如表 3-3 所示。

表 3-3　　　　　　　　　文化资本估算指标权重

指标	权重值		
	层次分析法	熵值法	组合赋权法
全国重点文物单位（处）X_1	0.0397	0.0595	0.0496
文化藏品总数（件）X_2	0.0611	0.0718	0.0665
人均文化设施建筑面积（平方米/人）X_3	0.0754	0.0877	0.0816
文化及相关产业法人单位数（个）X_4	0.1432	0.0841	0.1137
艺术表演团体演出场次（万场次）X_5	0.0761	0.0576	0.0669
出版物总印数（万册）X_6	0.0913	0.1102	0.1008
人均受教育年限（年）X_7	0.1612	0.0983	0.1298
涉外文化交流人次数（人）X_8	0.0588	0.0711	0.0650
文化及相关产业专利授权数（项）X_9	0.0977	0.1206	0.1092
每万人文化管理机构人员数（人/万人）X_{10}	0.0531	0.0802	0.0667
文化及相关产业固定资产投资额（万元）X_{11}	0.1015	0.0714	0.0865
政府工作报告中"文化"提及频次（次）X_{12}	0.0409	0.0875	0.0642

资料来源：笔者根据计算结果绘制。

[①] 张卫行，孙玉豹，孙永涛，等. 组合赋权法确定多元热流体腐蚀评价指标权重[J]. 腐蚀与防护，2018（3）：235-238.

（三）统计数据标准化处理

12 个指标在属性上存在巨大差别，统计单位也各不相同。因此，需要对指标的数值做标准化处理，消除不同指标间纲量的差异。数据标准化处理的方法有很多种，代表性的有：极差变换法、线性比例变换法、向量归一法和均值化法等，每种方法都有相应的适用范围；当评价指标均为正向指标，同时指标数值均为正数时，采用均值化法是恰当的①。在参考现有相关研究成果的基础上，本书采用均值化法对估算指标的原始值进行标准化处理，处理后的标准值较真实地反映原指标值之间的关系，即令：

$$y_{ij} = \frac{x_{ij}}{\bar{x}_j} \qquad (3-5)$$

均值化后各指标的均值都为 1，其方差为：

$$\mathrm{var}(y_j) = E\left[(y_j - 1)^2\right] = \frac{E(x_j - \bar{x}_j)^2}{\bar{x}_j^2} = \frac{\mathrm{var}(x_j)}{\bar{x}_j^2} = \left[\frac{\sigma_j}{\bar{x}_j}\right]^2 \qquad (3-6)$$

需要说明的是，在后续模型分析过程中，涉及与文化资本估算值有关的变量，如被解释变量、控制变量等，其来自各相关统计年鉴或统计公报的原始数据，采用均值法进行标准化处理。

（四）文化资本估算结果

在计算权重和指标数据标准化的基础上，计算文化资本的估算值。设 x_1、x_2、x_3、$\cdots$、x_{12} 为计算指标中各指标的标准化值，对应的权重分别由 w_1、w_2、w_3、$\cdots$、w_{12} 表示，文化资本（CC）的估算值公式为：

$$CC = x_1w_1 + x_2w_2 + x_3w_3 + x_4w_4 + \cdots + x_{12}w_{12} \qquad (3-7)$$

采用式（3-7）计算 2013~2019 年我国 31 省（区、市）的文化资本，结果如表 3-4 所示。

---

① 陈国宏，李美娟. 基于方法集的综合评价方法集化研究 [J]. 中国管理科学，2004（1）：101-105.

表 3 – 4　　　　2013～2019 年我国省域文化资本估算值与历年均值

省（区、市）	2013 年	2014 年	2015 年	2016 年	2017 年	2018 年	2019 年	均值
北京	2.0979	2.0162	2.1035	2.1267	2.1377	2.1637	2.1767	2.1175
天津	1.2153	1.2246	1.1103	1.1436	1.0963	1.1122	1.1471	1.1499
河北	0.9372	0.9037	0.9207	0.9184	0.9201	0.9352	0.9226	0.9225
山西	0.7761	0.8185	0.8494	0.8410	0.8324	0.9243	0.9498	0.8559
内蒙古	0.8227	0.8125	0.8199	0.8169	0.7512	0.6962	0.7002	0.7742
辽宁	0.9779	0.9832	0.9954	0.8666	0.8110	0.7906	0.7822	0.8867
吉林	0.6260	0.6243	0.6210	0.6121	0.6247	0.6179	0.6099	0.6194
黑龙江	0.7018	0.6786	0.6267	0.5928	0.6230	0.6430	0.6045	0.6386
上海	1.9174	1.8922	1.9178	1.9787	1.9599	2.0528	2.1407	1.9799
江苏	1.8033	1.7966	1.8833	1.9194	1.8081	1.7185	1.7358	1.8093
浙江	1.8509	1.7977	1.8020	1.8031	1.8818	1.7985	1.8159	1.8214
安徽	0.9239	0.9033	0.9148	0.9342	0.9373	0.9483	0.9098	0.9245
福建	1.2225	1.1820	1.2036	1.0979	1.0982	1.0693	1.0749	1.1355
江西	0.8284	0.8310	0.8270	0.8011	0.7777	0.7217	0.7110	0.7854
山东	1.1720	1.1813	1.2018	1.1695	1.2363	1.0968	1.1506	1.1726
河南	1.0722	1.0425	0.9686	0.9380	1.1287	1.0242	0.9531	1.0182
湖北	0.9931	0.9853	0.9661	0.9341	0.9741	1.0009	1.0105	0.9806
湖南	0.9649	1.0087	0.9861	0.9963	1.0042	1.0056	1.1031	1.0098
广东	1.5766	1.6156	1.6152	1.7795	1.8109	1.7806	1.7619	1.7057
广西	0.7303	0.7394	0.7175	0.6575	0.6320	0.6263	0.5953	0.6712
海南	0.6577	0.6082	0.6301	0.5910	0.5953	0.6819	0.6518	0.6309
重庆	0.8894	0.9666	0.9372	0.9219	1.0041	1.0542	1.0797	0.9790
四川	1.0158	1.0367	0.9934	1.1899	1.0080	1.0427	1.0911	1.0539
贵州	0.6018	0.6156	0.5887	0.6011	0.6363	0.6032	0.5906	0.6054
云南	0.8025	0.8283	0.7936	0.7892	0.6981	0.7288	0.7336	0.7678
西藏	0.4898	0.5803	0.7495	0.5726	0.5937	0.7857	0.6509	0.6318
陕西	0.9614	0.9972	0.9649	1.0612	1.0946	1.0587	1.0417	1.0257
甘肃	0.5816	0.5861	0.5892	0.6089	0.6061	0.5950	0.5881	0.5936

续表

省（区、市）	2013 年	2014 年	2015 年	2016 年	2017 年	2018 年	2019 年	均值
青海	0.5267	0.5568	0.5028	0.5195	0.5223	0.5029	0.5065	0.5197
宁夏	0.5910	0.5838	0.5593	0.5954	0.6135	0.6147	0.6182	0.5966
新疆	0.6718	0.6030	0.6404	0.6218	0.5821	0.6052	0.5917	0.6166

资料来源：笔者根据计算结果绘制。

从表 3 - 4 中可以看出，各省（区、市）文化资本估算值在年际上处于波动状态，估算值的排名也处于变化之中。为了更好地对文化资本估算值进行比较，采用 2013～2019 年平均值进行省际横向比较，结果如图 3 - 1 所示。

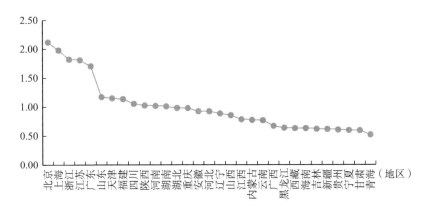

图 3 - 1　2013～2019 年省域文化资本估算值的年平均值排名

资料来源：笔者根据计算结果绘制。

从图 3 - 1 可以看出，北京市、上海市、浙江省、江苏省、广东省 5 个省（市）的文化资本量处于第一方阵，远高于其他省（区、市）。在文化资本排在前 10 位的省级行政区中，除了四川省和河南省外，其余省份均位于东部经济发达地区。文化资本值排在后 10 位的省级行政区中，除东部地区的海南省和东北地区的黑龙江省、吉林省外，其余均位于西部经济欠发达地区。这一结果也表明，我国省域文化文资本存在明显差异，省域文化资本与经济发展水平具有较强的相关性。需要说明的是，与已有研究成果相比，基于不同的研究目的，文化资本的估算指标体系也不尽相同，其估算结果也存在差异。

三、文化资本的区域差异

社会经济发展水平的区域不平衡是较常见的现象。作为社会经济环境的有机组成部分，文化资本也存在着区域差异。已有研究发现，文化资本存量水平在省级区域层面的分布上存在着较大的差异[①]，1993～2013 年我国省域文化资本存量存在显著的空间自相关特征[②]。本书以基尼系数和泰尔指数为基础，结合探索性空间数据挖掘分析（ESDA）方法，分析我国文化资本的区域差异，从而深入揭示我国省域文化资本的空间特征。

（一）数理统计分析

传统的统计指标以绝对差异和相对差异来描述区域差异的程度，常用的统计指标是标准差和变异系数，但变异系数不能用来分解引起差异的因素，基尼系数和泰尔指数可以进一步用来计算，对区域文化资本差异进行测算与分解。考虑到我国社会经济发展存在东部、中部、西部地区间不平衡的现象，本书除了从全国范围考察省域文化资本区域差异外，还从三大地区[③]考察省域文化资本的地区内差异。

---

① 金相郁，武鹏. 文化资本与区域经济发展的关系研究［J］. 统计研究，2009（2）：28－34.

② 张梁梁，袁凯华. 省际文化资本存量估算与经济增长效应研究［J］. 统计与信息论坛，2018（5）：39－49.

③ 三大地区具体划分如下：东部地区包括北京市、天津市、河北省、辽宁省、上海市、江苏省、浙江省、福建省、山东省、广东省、海南省，中部地区包括吉林省、黑龙江省、山西省、安徽省、江西省、河南省、湖北省、湖南省，西部地区包括内蒙古自治区、陕西省、甘肃省、青海省、宁夏回族自治区、新疆维吾尔自治区、广西壮族自治区、四川省、重庆市、云南省、贵州省、西藏自治区。

基尼系数通常被用于衡量一个国家或地区居民收入差距，也是测定一组数据内部差异程度的常用指标。

$$G = 1 - \frac{1}{n}\left(2\sum_{i=1}^{n-1} W_i + 1\right) \qquad (3-8)$$

式（3-8）中：G 为基尼系数；n 为省域单元总数（$n=31$）；W_i 为从第 1 省域到第 i 省的省域文化资本占全部省域文化资本总数的百分比（见图 3-2）。

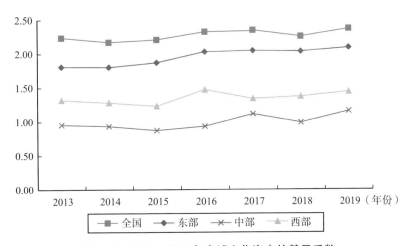

图 3-2　2013~2019 年省域文化资本的基尼系数

资料来源：笔者根据计算结果绘制。

从图 3-2 中可以看出，全国省域文化资本基尼系数虽高于 0.2，但未超过 0.25，这说明 2013~2019 年省域文化资本的差异不大。在三大区域中，东部地区的省域文化资本最高，西部地区次之，中部地区最低。从年际变化情况看，基尼系数呈波动增长趋势，东部地区的增长趋势较为明显。

泰尔指数是衡量地区间收入差距（或称不平等度）的主要指标之一，具有可分解性。泰尔指数的优势在于，它可以判断整体差异水平，还可以区分数据的组内差异和组间差异。泰尔指数计算公式如下：

$$T = \frac{1}{n} \sum_{i=1}^{n} \frac{y_i}{\bar{y}} \log\left(\frac{y_i}{\bar{y}}\right) \qquad (3-9)$$

式（3-9）中，T 为泰尔指数，n 为省域单元总数（$n=31$），y_i 为第 i 个省域文化资本估算值，$\bar{y}$ 为第 i 个省域文化资本的平均值。泰尔指数越大，文化资本的省际差异程度越大。运用式（3-9）进行计算，结果如图 3-3 所示。

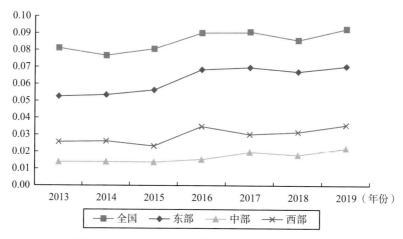

图 3-3　2013～2019 年省域文化资本的泰尔指数

资料来源：笔者根据计算结果绘制。

从图 3-3 可以看出，7 年间全国及三大地区省域文化资本泰尔指数均低于 0.1，这说明省域文化资本存在差异，但差异程度不高。从年际变化来看，省域文化资本泰尔指数呈波动增长趋势，这表明文化资本的省际差异在微弱增大。在三大地区中，东部地区文化资本省际差异的泰尔指数最高，西部地区次之，中部地区最低。将图 3-2 和图 3-3 进行比较，可以发现省域文化资本的基尼系数与泰尔指数具有共同性，即年际变化呈波动增长趋势，东部地区各省域间的文化资本差异最大，且与全国的变化趋势基本一致，这表明东部地区的内部差异是导致我国文化资本省际差异的主要原因。

（二）空间统计分析

地理要素具有描述性属性，将传统的统计分析方法（如标准差、变异系数、泰尔指数等）应用于与地理位置相关的数据分析时，很难解释社会经济要素的空间特性、关联模式及其空间格局演变规律[①]。因此，本书采用 ESDA 方法分析。

1. 全局空间自相关分析

探索性空间数据分析（ESDA）是空间统计分析的基本方法，用于检测一种现象是否与其相邻单元的现象显著相关。ESDA 主要包括全局空间自相关和局部空间自相关分析，通过描述和可视化事物或现象的空间分布模式，探索空间集聚和空间自相关的强度，从而解释社会经济要素之间的空间相互作用机制。

空间自相关是指某个属性值在某个区域与周边区域的相关性程度。省域文化资本空间统计分析的核心是通过空间位置建立资本估算值间的统计关系，探讨某个省域与周边省域在文化资本量上的空间相关性。本书采用莫兰（Moran）指数测度全局空间自相关，即测度文化资本是否存在聚集特性，其计算公式如下：

$$I = \frac{n \times \sum\limits_{i=1}^{n} \sum\limits_{j \neq 1}^{n} W_{ij}(x_i - \bar{x})(x_j - \bar{x})}{\left(\sum\limits_{i=1}^{n} \sum\limits_{j=1}^{n} W_{ij}\right) \times \sum\limits_{i=1}^{n}(x_i - \bar{x})^2} \qquad (3-10)$$

式（3-10）中，I 为 Moran 指数，n 为区域单元的数量（$n = 31$），x_i、x_j 分别表示在省域 i 和 j 的文化资本估算值，$\bar{x}$ 表示 31 个省域文化资本估算值的平均值，$(x_i - \bar{x})(x_j - \bar{x})$ 则表示省域 i 和 j 的文化资本估算值的相似性，W_{ij} 为省域单元 i 和 j 的位置权重矩阵。

---

①　孙盼盼，戴学锋. 中国区域旅游经济差异的空间统计分析 ［J］. 旅游科学，2014（2）：35-48.

Moran's Ⅰ取值范围在 -1～1 之间，当莫兰指数大于 0 时，表示省域文化资本存在正相关，即相似的高值区或低值区趋于空间集聚，正的莫兰指数值越大，空间正相关性越强；当莫兰指数小于 0 时，表示省域文化资本存在负相关性，即高值区与其邻近空间单元的变化相反，负的莫兰指数值越小，空间差异越大；当莫兰指数等于 0 时，表示文化资本高值区和低值区相互独立，随机分布。运用 ArcGIS 和 GeoDa 软件进行全局空间自相关分析，结果如表 3 – 5 所示。

表 3 – 5　　　　2013～2019 年我国省域文化资本 Moran's Ⅰ指数

年份	Moran's Ⅰ指数	P 值	Z 值
2013	0.2178	0.0069	3.0164
2014	0.1962	0.0115	2.7912
2015	0.2014	0.0099	2.8307
2016	0.1406	0.0311	2.1487
2017	0.1584	0.0223	2.3431
2018	0.1197	0.0416	1.9852
2019	0.1146	0.0477	1.8191

资料来源：笔者根据计算结果绘制。

从表 3 – 5 中可以看出，2013～2019 年的 Z 值均大于 1.65，P 值均小于 0.05，表明通过了显著性检验。莫兰指数均为正值，表明我国省域文化资本存在正向空间相关性，在空间上存在文化资本高的省份空间集聚和文化资本低的省份空间集聚现象，即文化资本高的省域，其周边省域的文化资本也高，文化资本低的省域，其周边省域的文化资本也低。莫兰指数值整体偏低，表明这种空间集聚现象不够明显。从年际变化来看，莫兰指数整体呈波动降低的趋势，但变化幅度较小，这表明正的空间相关性逐渐减弱，也就是文化资本高或低的省级行政区在空间上的集聚特征趋于不明显。

2. 局部空间自相关分析

局部空间自相关可以度量每个地理单元与周边地理单元之间的空间关联和差异程度，这是全局空间自相关所不具备的特点。局部空间自相关除了得出局部莫兰指数外，还能生成莫兰（Moran）散点图，能够直接反映某个地理单元与其"邻居"之间的空间关系。空间联系局部指标（LISA）是描述某个地理单元与其近邻地理单元空间集聚程度的指标，与莫兰散点图相结合可以对局部空间的聚集性进行显著性检验，并可以通过地图直观地展示。本书采用莫兰散点图与LISA 集聚图相结合的方式，分析省域文化资本的集聚特征。局部莫兰指数计算公式如下：

$$I_i = \frac{(x_i - \overline{x})}{m_0} \sum_j W_{ij}(x_j - \overline{x}) \qquad (3-11)$$

式（3-11）中，x_i 和 $\overline{x}$ 分别为第 i 个省域的文化资本估算值、31 个省域文化资本估算值的均值；对 j 求和包括了省域 i 的所有邻居，当省域 j 和 i 相邻近时，W_{ij} 取值为 1，其他情况取值为 0。I_i 为莫兰指数，当莫兰指数为正值时，表示文化资本的高值省域或是低值省域在空间上的集聚；当莫兰指数为负值时，表示文化资本的高值省域与低值省域在空间上的集聚。

莫兰散点图由横坐标和纵坐标构成，横轴为变量 z，纵轴为空间滞后因子 Wz。根据横轴和纵轴数值的高低，莫兰散点图可以划分为 4 个象限，分别对应某个地理单元与其近邻地理单元之间四种局域空间关联形式：第一象限为高高（H–H）集聚区，它表示文化资本高的省域与周边文化资本高的省域在空间上集聚，形成高值区与高值区相近邻的空间联系形态；第二象限为低高（L–H）集聚区，它表示文化资本低的省域与周边文化资本高的省域在空间上集聚，形成低值区与高值区相近邻的空间联系形态；第三象限为低低（L–L）集聚区，它表示文化资本低的省域与周边文化资本低的省域在空间上集聚，形成低值区与低值区相近邻的空间联系形态；第四象限为高低（H–L）

集聚区，它表示文化资本高的省域与周边文化资本低的省域在空间上集聚，形成高值区与低值区相近邻的空间联系形态。利用 GeoDa 软件进行分析，散点图统计结果如表 3-6 所示。

表 3-6　　　　2013~2019 年省域文化资本莫兰散点图数据统计

年份	第一象限（H-H）	第二象限（L-H）	第三象限（L-L）	第四象限（H-L）
2013	津、鲁、浙、苏、闽、豫、沪	蒙、黑、吉、辽、冀、晋、徽、赣	藏、新、青、甘、宁、陕、鄂、渝、湘、贵、滇、桂、琼	京、川、粤
2014	津、鲁、浙、苏、闽、豫、沪	蒙、黑、吉、辽、冀、晋、徽、赣	藏、新、青、甘、宁、陕、鄂、渝、贵、滇、桂、琼	京、川、粤、湘
2015	津、鲁、浙、苏、闽、沪	蒙、黑、吉、辽、冀、晋、徽、赣、豫	藏、新、青、甘、宁、陕、鄂、渝、湘、贵、滇、桂、琼	京、川、粤
2016	津、鲁、浙、苏、闽、沪	蒙、黑、吉、辽、冀、晋、徽、赣、豫	藏、新、青、甘、宁、鄂、渝、湘、贵、滇、桂、琼	京、川、粤、陕
2017	津、鲁、浙、苏、闽、豫、沪	蒙、黑、吉、辽、冀、晋、徽、赣	藏、新、青、甘、宁、鄂、渝、贵、滇、桂、琼	京、川、粤、陕、湘
2018	津、鲁、浙、苏、闽、豫、沪	蒙、黑、吉、辽、冀、晋、徽、赣	藏、新、青、甘、宁、陕、鄂、湘、贵、滇、桂、琼	京、川、粤、渝、陕
2019	津、鲁、浙、苏、闽、豫、沪	蒙、黑、辽、吉、冀、晋、徽、赣	藏、新、青、甘、宁、滇、贵、桂、琼	京、川、粤、渝、陕、鄂、湘

资料来源：笔者根据 GeoDa 软件分析结果绘制。

从表 3-6 可以看出，高高（H-H）集聚区的范围很集中，除了中部地区的河南省，其他均为东部沿海地区的省域，包括天津市、山东省、上海市、浙江省、江苏省、福建省等，这些省域自身的文化资本值较高，周边省域的文化资本值也较高。低高（L-H）集聚区则较为分散，包括东北地区的辽宁省、吉林省、黑龙江省，中部地区的山西省、安徽省、江西省，西部地区的内蒙古自治区和东部地区的河北省，这些省域的文化资本值偏低，而周边省域的文化资本值较高。低低（L－L）集聚区也较为集中，主要是西部地区的西藏自治区、新疆维吾尔自治区、青海省、甘肃省、宁夏回族自治区、重庆市、贵州省、广西壮族自治区、云南省，还有中部地区的湖北省及东部地区的海南省，这些省域的文化资本值偏低，周边多数地区的文化资本值也偏低。高低（H－L）集聚区的数量最少，东部地区是北京市与广东省，中部地区是湖南省，西部地区是四川省与陕西省，在空间格局上表现为孤立状，这些省域的文化资本远高于周边地区。

　　从整体上看，我国省域文化资本呈现"东高西低"的空间格局，年际间变化较小；近 20 个省（区、市）分布在"低—高"（L－H）区和"低—低"（L－L）区，空间依赖关系以"低—低"集聚为主。将莫兰（Moran）散点图与空间联系局部指标（LISA）相结合，进行集聚性的显著性检验，本书采用 GeoDa 软件进行分析，生成 LISA 集聚图。

　　结果显示，"低—低""低—高""高—高"三类集聚模式均通过 LISA 显著性检验，而"高—低"集聚仅在 2013 年通过了 LISA 显著性检验。在 2013 年 LISA 集聚图中，"低—低"集聚区为新疆维吾尔自治区、西藏自治区、青海省，"高—低"集聚区为四川省，"低—高"集聚区为安徽省，高高集聚区为山东省、江苏省、浙江省、福建省。在 2015 年 LISA 集聚图中，"低—低"集聚区为新疆维吾尔自治区、西藏自治区、青海省，"低—高"集聚区为安徽省，"高—高"集聚区为山东省、江苏省、浙江省、福建省。在 2017 年 LISA 集聚图中，"低—低"集聚区为新疆维吾尔自治区、西藏自治区、青海省，"低—高"集聚区为安徽省，"高—高"集聚区为山东省、江苏省、福建省。在 2019 年 LISA 集聚图中，"低—低"集聚区为新疆维吾尔自治区、西藏自治区、青海省，"低—高"集聚区为安徽省，"高—高"集聚区为山东省、江苏省、福建省。

由 4 个年份的 LISA 集聚图可以看出"低—低"区域呈连片状态，主要是西北地区的新疆维吾尔自治区、青海省、西藏自治区；随着时间的推移，"低—低"集聚区范围保持稳定，表明新疆维吾尔自治区、青海省与西藏自治区的文化资本存量增长缓慢，仍处于低值区。"低—高"集聚区呈孤立状，以安徽省为典型；安徽省的文化资本值偏低，周边省（区、市）的文化资本值均高于安徽省，特别是山东省、江苏省、浙江省的文化资本值远高于安徽省，从而呈现出"低—高"格局。"高—高"集聚区在东部沿海地区呈带状分布，从南至北分别为山东省、江苏省、上海市、浙江省、福建省。这些省（区、市）社会经济发展水平高、文化资源丰富、文化产业的发展也具有较高的水平，文化资本存量明显高于周边中部地区省域，从而形成"高—高"集聚连片区。从 LISA 集聚图的结果来看，我国省域文化资本在东部地区与西部地区上的差异较为显著，并呈现东部、中部、西部的梯度差异。

第二节　居民文化消费的现状分析

文化消费作为居民消费的有机组成部分，在满足人民群众日益增长的美好需要方面具有举足轻重的作用，是调整经济结构、拉动经济增长的重要载体[①]。当前，在多重因素的综合作用下，我国居民文化消费快速发展，总体规模也在不断扩大，在居民消费结构中所占的比例也正在迅速增加。在文化消费结构上，呈现出多层次、多样化的特

[①] 聂正彦，苗红川. 我国城镇居民文化消费影响因素及其区域差异研究［J］. 西北师大学报（社会科学版），2014，51（5）：139－144.

点；文化消费模式也正在悄然发生变化，从线下消费延伸到线上消费；城镇居民文化消费不断增长的同时，乡村居民的文化消费水平也在稳步提升，文化消费市场呈现出一片兴旺发达的态势。总体而言，我国文化消费市场增长的空间巨大，但是随着文化消费规模扩张的同时，也存在文化消费占收入比重低、消费结构不合理、区域及城乡差异大等诸多现实问题①。

一、居民文化消费水平的总体分析

（一）文化消费整体规模扩大，人均消费水平稳步增长

改革开放以来，我国社会经济高速发展，特别是进入 21 世纪以来，党中央、国务院坚持全面深化改革开放，极大地促进了国内消费市场的发展。人们的文化消费能力和文化消费意愿也在不断地增强和提升，我国居民的文化消费支出也呈现逐年增长的趋势。2013～2019 年，我国城乡居民文化消费支出情况如图 3 - 4 所示。

从图 3 - 4 可以看出，无论是城镇居民还是农村居民，文化消费水平都有了稳步提高。从人均规模来看，2013～2019 年，城镇居民年均文化消费额由 945.7 元/人增至 1290.6 元/人，增加了约 0.36 倍；农村居民年均文化消费额由 174.8 元/人增至 289.1 元/人，增加了约 0.65 倍。可以看出，农村居民文化消费支出呈现出较强的增长态势。但与城镇居民年均文化消费相比，还是有很大的差距。从增长速度来看，2013～2019 年，城镇、农村居民文化消费年平均增长率分别为 5.6% 和 8.6%。农村居民文化消费年增长幅度明显高于城镇

---

① 刘宇，周建新. 我国居民文化消费空间差异及驱动因素研究 [J]. 统计与决策，2020 (13)：90 - 93.

居民文化消费，这也表明了我国农村居民文化消费的增速快、潜力大的特征。但同期城镇、农村居民平均收入增长率分别为8.2%和9.3%，可见文化消费增长率明显低于收入增长率，反映出这一段时期内，城镇和农村居民人均文化消费与收入增长的不协调性，城镇和农村居民的文化消费水平还有很大的发展空间。从增长趋势来看，城镇居民人均年文化消费除了在2018年增长率为负外，其余增长率都为正，而农村居民文化消费增长率一直为正，体现出农村居民文化消费基数相对较低、稳步增长的特点。

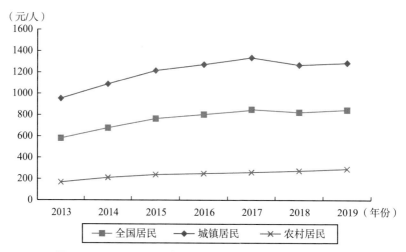

图 3 - 4　2013～2019 年我国居民人均文化消费支出情况

资料来源：笔者根据《中国文化及文化产业统计年鉴》（2013～2019 年）数据绘制。

（二）文化消费占总消费比重较低，具有巨大的发展空间

文化消费是居民消费的组成部分，文化消费支出占居民消费总支出的比例直接反映了文化消费的整体水平。对居民人均文化消费支出与人均消费支出进行统计并计算，结果如表 3 - 7 所示。

表 3 - 7　　2013 ~ 2019 年我国居民人均文化消费支出与人均消费支出情况

项目	2013 年	2014 年	2015 年	2016 年	2017 年	2018 年	2019 年
人均文化消费支出（元/人）	576.7	671.5	760.1	800.0	849.6	827.4	848.6
人均消费支出（元/人）	13220.4	14491.4	15712.4	17110.7	18322.1	19853.1	21558.9
占比（%）	4.4	4.6	4.8	4.7	4.6	4.2	3.9

资料来源：笔者根据国家统计局统计数据整理绘制。

从表 3 - 7 中可以发现，人均文化消费支出金额持续增长，但在消费支出中比例增长缓慢。2013 年，居民人均文化消费支出为 576.7 元/人，2019 年已增至 848.6 元/人，年均增长率为 4.46%。居民人均文化消费占其总消费的支出比例从 2013 ~ 2015 年呈稳步上升趋势，但绝对水平依然较低，增长幅度较小，远低于发达国家的一般水平。城镇居民和农村居民文化消费支出百分比在"十二五"期间出现了增长的态势，而在随后"十三五"期间却出现了下降趋势，并且文化消费支出占总消费中的支出比例始终不高。这说明随着我国居民人均收入水平的提高，文化消费支出虽有所增加，支出增长比例却出现了高低波动的情形，增加的幅度远不如其他消费支出增加的幅度大。可见，我国居民文化消费总量仍然处在偏低的水平，居民文化消费水平的提高仍有很大的上升空间。如何促进文化消费的发展，既是学术界需要关注的焦点问题，也是政府在文化领域的重点工作之一。

二、居民文化消费的结构层次分析

居民文化消费结构是指各类文化消费品、文化消费支出在文化消费中所占的比例关系，能够反映出人民的文化消费水平、文化消费质量，以及文化消费需求的满足程度。消费结构合理化是消费合理化的核心问题。文化消费结构的合理化是在文化消费水平逐步提高的基础上，居民的文化消费质量不断提高，文化消费领域进一步扩大，文化消费空间得到进一步提升。

近年来，随着政府实施供给侧改革和居民收入水平的不断提高，"消费升级"已成为社会经济发展的大趋势，主要表现在以下两个方面：

（一）娱乐型和发展型文化消费需求比重增大

文化消费需求结构主要是指人们为了满足文化生活需要，在文化消费过程中希望获得各种不同类型的文化产品和服务消费的比例。从文化消费需求层次的角度出发，文化消费一般可以分为基础型文化消费、娱乐型文消费和发展型文化消费三种类型（见表3－8）。

表3－8 文化消费需求层次分类内容表

类型	具体内容
基础型文化消费	看电视、看报纸、杂志、读书、听广播等人们日常生活中必需的消费
娱乐型文消费	看电影、上网、去酒吧、玩游戏、去KTV等给人们带来身心愉悦的消费
发展型文化消费	观看歌舞剧、收藏字画、参观艺术展等以提高自身素养为目的的消费

资料来源：笔者根据相关资料整理绘制。

根据马斯洛的需求层次理论，人的需求层次建立在满足上升的基础上，表现为一个从低层次到高层次的渐进过程。消费需求发展的这一梯度递进或上升的规律是经济社会发展的自然历史过程，当人们的基本需求得到满足后，必然追求身心健康、精神充实、自我完善等发展层次的精神需求。因此，随着居民收入水平的持续提高，居民文化消费需求结构的升级是必然趋势。表现在人们不仅要吃饱穿暖，还更讲究"吃出特色、穿出个性、戴出品位"，看电影、观看戏曲、歌舞等在居民精神文化生活中占有越来越重要的地位，这不仅有利于提高人的素质，促进人的全面发展；更有利于提高整个中华民族的科学文化素质和思想道德素质；有利于社会主义精神文明建设。根据《2019

年下半年全国文化消费数据报告》显示：在文化消费类型中，参观文化古迹、文艺演出、观影赏剧、非遗活动的占比最大，分别为45.22%、36.81%、35.22%和31.63%[①]。由此可以看出，选择休闲娱乐、影院观影、欣赏音乐、观看戏剧等已是文化消费市场上的新热点，也成为当前居民文化娱乐消费的重要组成部分。与此同时，当前国内居民夜间文化消费潜力正在持续释放。相关调查显示，居民周末夜间文化消费占比为25.87%，占周末全天文化消费的40%。居民工作日夜间文化消费也占到工作日全天文化消费的23%。24小时书店、剧院剧场、文化园区等夜间产品不断充实着居民的精神生活。因此，文化消费需求结构的升级反映了居民追求从较低生活质量标准向较高生活质量标准的演变，也是居民文化消费从基础型向娱乐型、发展型转变的过程。从长期来看，真正决定经济运行方向和增长速度的是居民消费需求结构的变动，文化消费结构变动对整个经济增长和文化产业结构变化起着始发性、基础性的作用。因此，文化消费结构合理化可为经济发展开拓更宽的领域和更大的空间。

（二）"线上"和"线下"多层次发展

文化消费升级象征着大众生活品质的提高。随着微电子技术、通信技术、网络技术等现代信息技术的发展，线上文化消费保持着较快增长，以数字文化消费为典型代表的文化消费新模式不断壮大。

数字文化消费打破了传统的文化消费模式，消费者文化消费的方式出现了前所未有的深刻变革。网络文学、网络电视应运而生，沉浸式展览、互联网直播、多媒体游戏动漫、云阅读、云购书等新的文化消费产品层出不穷。截至2020年3月，中国已经拥有8.5亿个网络视频（含短视频）用户，7.3亿个网络新闻用户，6.3亿个网络音乐

---

① 中国旅游研究院.2019下半年全国文化消费数据报告［EB/OL］.（2020－02－25）［2021－06－30］. https：//www.mct.gov.cn/whzx/zsdw/zglyyjy/20200225_851265.htm.

用户，5.5 亿个网络直播用户，以及 4.5 亿个网络文学用户，在网民中的占比均超过一半。另外，根据中国互联网络信息中心（CNNIC）统计数据显示，2016～2019 年，网民每周平均上网时长从 26.4 小时增至 27.9 小时①，呈缓慢增长且趋于稳定的发展态势。与此同时，对于线下传统文化产业而言，线上消费常常被视为"第二消费空间"，是具有伴生性的"补充消费模式"，其消费潜力并未被有效挖掘。随着线上消费体验的日益完善和新基建的发展，有望产生更贴近于线下的体验。例如，VR 提供沉浸感体验、竖屏直拍等。有望线上文化消费与线下互为补充、互相促进②。

由此可以看出，文化消费结构随着时代的进步逐渐呈现出优化的发展过程。数字文化消费推动了文化消费渠道和场景的变革，创新了文化消费体验和观念，促进了文化产品的多样性和丰富性，也极大地促进了居民文化消费从基础型向娱乐型、发展型转变。

三、居民文化消费水平的区域差异分析

近年来，各地区文化消费总量不断上升，文化消费在拉动经济和改善消费结构方面作用日益显现。虽然文化消费总体水平在不断增长，但其本身在发展过程中也存在着一些问题，如城乡间、区域内部、区域间等差异明显，而且这些差距还在逐渐扩大，拉动内需刺激消费的作用未得到充分发挥，内在潜力有待进一步挖掘。

（一）城乡居民文化消费差异及特征分析

1. 城乡二元结构特征明显

运用《中国文化及文化产业统计年鉴》中的数据，对 2013～

---

① 中国互联网络信息中心. 第 45 次中国互联网络发展状况统计报告 [EB/OL]. (2020 – 04 – 28) [2020 – 06 – 30]. http://www.gov.cn/xinwen/2020 – 04/28/content_5506903.htm.
② 孙怡，沈嘉. 文化消费走向如何？一文读懂四大关键趋势 [EB/OL]. 互联网前沿. (2020 – 06 – 04) [2021 – 02 – 08]. https://www.tisi.org/14581htm.

2019 年城镇居民、农村居民人均文化消费支出占总支出的比重进行计算，绘制成折线图（见图 3 - 5）。可以看出，7 年间城镇居民人均文化消费支出占总支出的比重总体呈现先升后降的趋势，2013 ~ 2015 年稳步增长；2015 年后呈下降态势。农村居民人均文化消费支出占总支出的比重也总体呈现出先升后降的趋势，即从 2015 年的 2.6% 下降到 2019 年的 2.2%。同时，农村居民人均文化消费支出占总支出的比重显著低于城镇居民人均文化消费支出占总支出的比重，这也能够证明文化消费的需求特性，只有当基本的物质需求被充分满足后，文化消费的潜力才能充分释放。另外，也从侧面反映出现阶段城乡经济差距较大，而且在广大农村地区向现代化社会转型的漫长历史进程中，这种城乡之间的差距必然长期存在，并且在短时期内难以缩小。因此，如何在现有情况下提高农村地区居民的消费水平，成为一个亟待解决的现实问题。

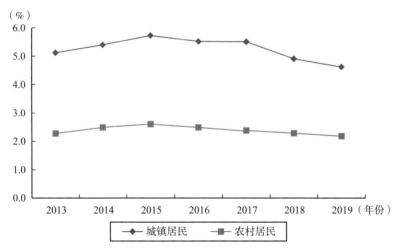

图 3 - 5　2013 ~ 2019 年城镇、农村居民人均文化消费支出占总支出的比重

资料来源：笔者根据《中国文化及文化产业统计年鉴》（2013 ~ 2019 年）数据绘制。

2. 城乡人均文化消费的差距正在逐步缩小

对于各地区之间的差异，多以"地区比"这一指标来衡量。地区比的理想状态为 1，即各地区之间的文化消费不存在差异，地区比高于 1 或者低于 1 都被认为是发展不平衡的表现①。2013～2019 年，我国城乡居民人均文化消费比如图 3-6 所示。从图 3-6 中可以看出，7 年间我国城乡比均大于 1，这表明我国城乡居民文化消费存在着较大差距。但总体上看，城乡比呈下降趋势，由 2013 年的 5.41 下降至 2019 年的 4.46，这在一定程度上表明在 2013～2019 年这段时期，我国人均文化消费的城乡差距在逐步缩小。

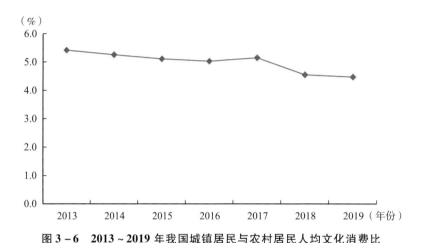

图 3-6　2013～2019 年我国城镇居民与农村居民人均文化消费比

资料来源：笔者根据《中国文化及文化产业统计年鉴》（2013～2019 年）数据绘制。

（二）城镇居民文化消费区域差异及特征分析

1. 城镇居民文化消费总体水平上升，但区域内差别较大

近年来，我国城镇居民文化消费总体水平在不断上升。2019 年，城镇居民人均文化消费增长至 1290.6 元，7 年内人均文化消费绝对增量为 344.9 元。2019 年，超半数以上省（区、市）城镇居民人均文化消费超过 1000 元（见图 3-7）。上海地区居民人均文化消费则

---

① 毛中根. 中国文化消费提升研究 [M]. 北京：科学出版社，2018.

突破 3000 元，即自 2013 年的 1999.7 元/人增至 2019 年的 3156.3 元/人，7 年内涨幅最快，是同属东部地区的海南省居民人均文化消费的 4.3 倍。总体上看，除江苏省外，2013 年与 2019 年相比，城镇居民人均文化消费呈增长上升的趋势；除北京市和上海市 2019 年的城镇居民人均文化消费达到 2500 元以上外，其他绝大多数省（区、市）城镇居民人均文化消费水平相对较低。

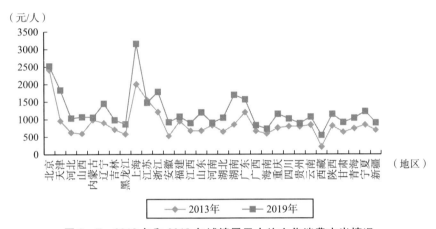

图 3 - 7　2013 年和 2019 年城镇居民人均文化消费支出情况

资料来源：笔者根据《中国文化及文化产业统计年鉴》（2013 年、2019 年）数据绘制。

在我国社会经济发展区域差异研究中，通常按照经济发展水平将我国划分为东部、中部、西部三大地区。具体来看，2013 ～ 2019 年我国城镇居民人均文化消费支出情况，如表 3 - 9 所示。

表 3 - 9　　　　　　　　2013 ～ 2019 年 31 个省（区、市）城镇

居民人均文化消费支出情况　　　　　　　　单位：元/人

省（区、市）	2013 年	2014 年	2015 年	2016 年	2017 年	2018 年	2019 年
北京	2409.4	2633	2926.3	2634.8	2687	2441.1	2523.1
天津	958.9	1150.3	1278.3	1352.1	1539.7	1766.5	1834.3

省（区、市）	2013 年	2014 年	2015 年	2016 年	2017 年	2018 年	2019 年
河北	626.2	723.0	919.3	910.9	999.1	991.6	1032.1
山西	592.9	800.0	886.7	893.2	1050.2	996.2	1068.2
内蒙古	979.7	1043.1	1240.8	1277.7	1364.6	1066.0	1054.6
辽宁	898.6	1101.3	1154.2	1340.3	1393.4	1517.8	1448.6
吉林	707.6	858.5	916.0	968.5	966.6	1003.7	980.4
黑龙江	577.6	641.0	708.2	743.5	817.8	869.8	862.0
上海	1999.7	2359.1	2593.2	2898.1	3298.1	3038.8	3156.3
江苏	1550.9	1636.2	1700.0	1733.6	1852.2	1431.3	1474.1
浙江	1209.1	1272.2	1462.9	1636.3	1608.6	1652.1	1781.7
安徽	520.4	570.7	661.9	847.2	882.4	829.1	918.8
福建	949.6	1016.8	1162.8	1114.6	1042.7	1050.2	1075.0
江西	673.6	833.3	921.9	887.8	946.4	1064.7	895.0
山东	678.8	846.2	1007.1	1098.8	1003.2	1097.6	1196.8
河南	833.4	902.1	1038.6	937.2	960.0	865.0	901.9
湖北	649.7	754.9	823.9	897.3	1033.5	989.8	1045.5
湖南	850.2	1095.1	1244.3	1514.1	1826.0	1870.2	1694.4
广东	1202.9	1387.8	1550.3	1542.4	1601.6	1410.5	1565.2
广西	667.7	733.4	836.1	800.6	805.5	914.8	830.3
海南	586.9	577.8	589.0	622.9	669.4	768.9	730.2
重庆	759.0	891.3	1002.0	1025.7	1154.8	1133.6	1151.5
四川	798.6	968.1	1087.1	1159.4	1297.2	1131.2	1017.6
贵州	797.6	1067.0	1126.6	1129.7	1161.3	916.6	884.2
云南	840.0	1009.0	1168.4	1147.3	1266.6	1101.3	1071.9
西藏	212.5	376.2	478.8	512.4	493.1	582.9	542.8
陕西	814.4	893.0	973.6	1171.5	1133.8	1169.7	1148.1
甘肃	634.6	714.1	880.2	1001.8	1071.1	1025.7	914.7
青海	740.8	1068.2	1076.6	1120.4	1234.6	1025.8	1036.7
宁夏	845.0	877.6	992.1	1064.0	1019.0	1215.0	1226.0
新疆	691.2	792.8	875.3	1017.5	921.3	1013.5	903.1

资料来源：笔者根据《中国文化及相关产业统计年鉴》（2014～2020 年）数据整理。

从表 3-9 中可以看出，2019 年，城镇居民人均文化消费额最高的地区为上海市，北京市次之。自 2017 年起，上海市城镇居民人均文化消费额已经连续 3 年超过 3000 元，北京市连续 7 年稳定在 2500 元左右。东部地区除天津市、浙江省、广东省城镇居民人均文化消费在 1500 元以上外，河北省和福建省城镇居民人均文化消费额都在 1000 元以上，人均文化消费最高的上海市与最低的海南省相差 2426.1 元，区域内两极分化较为明显。在中部地区，2013 年只有河南和湖南两省城镇居民人均文化消费支出超过 800 元，其余省份大部分在 500 元左右，最高与最低相差 329.8 元；2019 年，湖南省的城镇居民人均文化消费额在中部地区一直排在首位，其城镇居民人均文化消费支出达到 1694.4 元，与最低的黑龙江省相差 832.4 元，区域内差距明显在扩大。在西部地区，2013 年内蒙古自治区城镇居民人均文化消费支出为 979.7 元，为西部地区最高；2019 年，除西藏自治区外，其余 10 个省（区、市）都在 800~1200 元之间，表明西部地区城镇居民人均文化消费支出水平差异逐步缩小。

2. 区域间发展不平衡，中部、西部地区潜力有待释放

2013 年与 2019 年相比，东部、中部、西部地区人均文化消费的绝对值存在较为明显的差距（见图 3-8）。从图 3-8 可以看出，东部地区明显高于中西部地区，中部、西部地区差异相对较小。2013 年，东部地区分别高出中部、西部地区 512.5 元和 456.4 元，差距较为明显。中部与西部地区相差 56.1 元，相对差异较小。2019 年，东部地区分别高出中部、西部地区 574.0 元和 638.0 元。由此可以看出，东部与中部地区 2019 年地区差异在扩大，东部与西部地区的差异也呈扩大趋势；中部地区、西部地区也呈拉大趋势，两地区相差 64.0 元。可以看出，我国居民文化消费支出总体增长，区域发展不平衡表现突出。

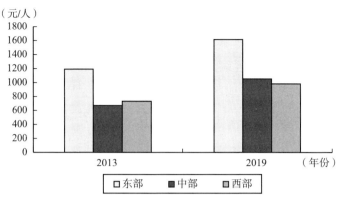

图 3-8　2013 年与 2019 年东部、中部、西部地区
城镇居民人均文化消费支出情况

资料来源：笔者根据《中国文化及文化产业统计年鉴》（2013 年、2019 年）数据绘制。

通过对比各省（区、市）城镇居民人均文化消费年均增长幅度发现，2019 年有 9 个省、市年均增长幅度高于全国平均增长水平，湖南省增长最快，7 年增速接近 1 倍；中部地区从 2013 年的人均文化消费 675.7 元增加到 2019 年的 1045.8 元，增加了 370.1 元，年增长率为 7.8%，高于全国平均水平 1.1 个百分点；东部地区从 2013 年的人均文化消费 1188.2 元增加到 2019 年的 1619.8 元，增加了 436.1 元，年均增长率为 5.2%，但低于全国平均水平 1.5 个百分点；西部地区从 2013 年的人均文化消费 731.8 元增加到 2019 年的 1024.7 元，增加了 575.3 元，年均增长率接近全国平均水平。总体而言，中部、西部地区各地整体人均文化消费水平偶有波动，但总体上发展势头良好，文化消费潜力有待进一步释放。

（三）农村居民文化消费区域差异及特征分析

进入 21 世纪，随着我国社会经济的快速发展，农村居民收入不断增长，消费结构中的衣食住等生存资料的比重正在下降，精神文化生活的消费比重正日益增加，其消费结构正处于重要转型时期①。同时，随着政府在农村基础教育和公共文化服务领域的投入不断加大，农村居民的文化生活日益丰富，文化素质也有所提高，激发了农村居民文化消费的热情。

1. 各省、市农村居民人均文化消费持续上升

2013～2019 年，农村居民人均文化消费从 174.8 元增长到 289.1 元。从表 3-10 可以看出，2013 年农村人均文化消费支出超过 200 元的省份只有 9 个；2016 年排在前 20 名的省（区、市）农村人均文化消费支出已经全部超过 200 元，其中，江苏省和北京市农村人均文化消费支出超过了 500 元。2019 年超过 500 元的省、市有 3 个，其中，上海市和广东省增速迅猛。整体来看，全国农村人均文化消费支出持续上升，个别省（区、市）增长势头明显。

表 3-10　　2013 年、2016 年、2019 年各省（区、市）农村
居民人均文化消费支出排名情况

排名	2013 年		2016 年		2019 年	
	省（区、市）	人均文化消费（元）	省（区、市）	人均文化消费（元）	省（区、市）	人均文化消费（元）
1	江苏	465.9	江苏	556.9	北京	672.1
2	北京	378.6	北京	546.3	上海	654.3
3	天津	337.1	浙江	441.1	浙江	559.0
4	浙江	328.1	上海	429.0	广东	442.4
5	上海	313.7	湖南	374.3	江苏	433.1
6	福建	247.8	天津	346.9	湖南	378.5
7	吉林	216.4	广东	321.4	天津	369.5

---

① 陆立新. 农村居民文化消费影响因素的区域差异及动态效应分析 [J]. 统计与决策，2009（9）：81-83.

排名	2013 年		2016 年		2019 年	
	省（区、市）	人均文化消费（元）	省（区、市）	人均文化消费（元）	省（区、市）	人均文化消费（元）
8	广东	202.5	辽宁	289.1	湖北	333.8
9	内蒙古	202.2	吉林	283.0	福建	329.2
10	辽宁	190.0	山东	258.9	四川	313.0
11	宁夏	179.4	黑龙江	253.8	安徽	296.9
12	黑龙江	178.6	福建	253.4	辽宁	281.7
13	湖南	168.7	内蒙古	248.3	内蒙古	275.5
14	山东	167.1	河北	230.3	河北	271.0
15	河南	166.5	河南	230.0	吉林	268.1
16	湖北	163.0	湖北	222.9	黑龙江	260.1
17	河北	160.8	江西	212.4	山东	259.0
18	陕西	143.3	安徽	208.5	江西	251.3
19	四川	141.3	宁夏	208.2	海南	241.8
20	重庆	136.1	陕西	206.2	重庆	238.0

资料来源：笔者根据《中国文化及相关产业统计年鉴》（2014~2020 年）数据整理。

2. 东部地区差异较大，中部、西部地区发展需要加强

借鉴相关研究成果，采用的地区差指标是衡量不同区域间居民文化消费的差异方法①。地区差即以全国人均文化消费的标准值作为标准来衡量各地区的文化消费的人均值，无论各地区的人均文化消费值高于还是低于平均值都被视为偏离平均水平；地区差的理想值为1，即各地区之间的文化消费人均值等于全国人均文化消费的绝对值，表

---

① 李蕊. 中国居民文化消费：地区差距、结构性差异及其改进 [J]. 财贸经济，2013（7）：95－104.

明各地区间无差异①。2019 年各省（区、市）农村居民人均文化消
费地区差如表 3 – 11 所示。从表中可以看出，东部地区的地区差最
大，各省、市之间的农村文化消费的差异也较为悬殊。其中，安徽省
的地区差最接近全国平均水平，北京市的地区差是全国农村人均文化
消费最高的地区。西部和中部地区农村居民文化消费水平差距较小，
东部地区的人均文化消费明显高于中部、西部地区。

表 3 – 11　　　　2019 年各省（区、市）农村居民人均文化消费地区差

序号	东部地区	地区差	中部地区	地区差	西部地区	地区差
1	北京	2.29	山西	0.69	广西	0.72
2	天津	1.26	吉林	0.91	内蒙古	0.94
3	河北	0.92	黑龙江	0.89	重庆	0.81
4	辽宁	0.96	安徽	1.01	四川	1.07
5	上海	2.23	江西	0.86	贵州	0.71
6	江苏	1.47	河南	0.79	云南	0.59
7	浙江	1.90	湖北	1.14	西藏	0.25
8	福建	1.12	湖南	1.29	陕西	0.68
9	山东	0.88	—	—	甘肃	0.51
10	广东	1.51	—	—	青海	0.61
11	海南	0.82	—	—	宁夏	0.79
12	—	—	—	—	新疆	0.40

资料来源：笔者根据相关资料整理。

3. 西部地区增速快于东部地区，区域特色明显

农村居民文化消费支出增长率的省际差异明显（见图 3 – 9）。
2013 ~ 2019 年，增幅高的省份大部分位于西部地区，其中，西藏自
治区的增速十分显著，增幅达到 0.29%；增幅低的省份绝大部分属

---

① 毛中根. 中国文化消费提升研究 ［M］. 北京：科学出版社，2018：70.

于东部、中部地区，以江苏省最为典型。从各省（区、市）农村人均文化消费年均增长幅度比较可以看出，16 个省（区、市）年均增长幅度高于全国平均水平，按增幅高低排列，排在前几位的依次为西藏自治区、湖南省、安徽省、广东省、四川省、上海市、湖北省，其中，西藏自治区的年均增长率远远高于其他省份；河北省和重庆市两省年均增长率与全国农村居民文化消费支出增长率水平持平，其余15 个省份年均增长幅度低于全国平均水平。

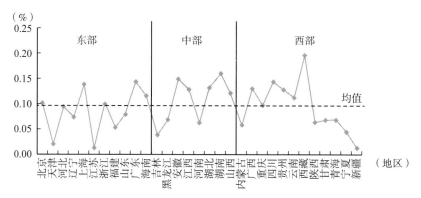

图 3 - 9 2013 ~ 2019 年 31 个省（区、市）农村居民文化消费年均增长速度

资料来源：笔者根据《中国文化及文化产业统计年鉴》（2013 ~ 2019 年）数据绘制。

在已有研究中，国内学者普遍认为，收入水平与消费习惯是影响农村居民文化消费的基础性因素①。根据以上分析可以看出，中部、西部地区农村文化消费水平发展趋势良好，增长率高于东部地区，但发展基数过于偏小，经济发展状况影响显著，文化消费受到经济发展水平制约。

综上所述，从增长绝对值和增长趋势来看，我国居民人均文化消费水平存在不断提高的趋势，但增长幅度与经济发展水平并不一致，

---

① 文立杰，张杰，李少多. 农村居民文化消费支出及其影响因素分析——基于个体因素视角和对应分析模型［J］. 湖南农业大学学报：社会科学版，2017，18（3）：1 - 6.

在城乡间、区域间，以及各区域内表现出明显的差距。

第三节　本章小结

　　本章运用统计数据，对我国文化资本与文化消费的现状进行量化分析。一方面，在参考国内外关于文化资本测算研究成果的基础上，构建了 3 个层次、12 个指标的估算指标体系，对 2013～2019 年 31 个省（区、市）文化资本进行了估算，并运用数理统计方法和空间统计分析方法探讨了省域文化资本的空间差异；另一方面，基于我国文化消费现实，对我国文化消费支出总量、文化消费结构、文化消费方式、文化消费水平的区域差异进行总体分析。

　　通过研究发现，我国省域文化资本存量存在较为明显的差异，年际变化呈波动增长趋势，东部地区的内部差异是导致我国文化资本省际差异的主要原因。省域文化资本存在正向空间相关性，在空间上存在文化资本高的省份空间集聚和文化资本低的省份空间集聚现象。莫兰（Moran）指数整体呈波动降低的趋势，但变化幅度较小，文化资本高或低的省级行政区在空间上的集聚特征趋于不显著。省域文化资本的空间依赖关系以低低集聚为主，在东部地区与西部地区上的差异较为显著，并呈现东部、中部、西部的梯度差异。

　　从我国居民文化消费发展现状来看，虽然文化消费总体规模不断扩大，但还存在文化消费总量偏小、文化消费占收入比重低、区域间及城乡差异大等诸多现实问题。从文化消费结构上看，文化消费在居民消费结构中所占的比例正稳步增加，拉动经济增长的作用日益显现。文化消费层次由基础型向娱乐型和发展型升级，文化消费结构随着时代的进步逐渐呈优化的过程。从地区文化消费水平整体情况来看，由于各地区在文化资源禀赋、经济发展水平、风俗习惯等方面存在差异，文化消费水平也呈现出明显的不均衡性，包括区域间和区域内的不均衡。具体而言，东部地区发达省份始终排在前列，与经济发展水平、居民收入水平增速相吻合，但中西部省份的增速较快，农村文化消费内部动力强劲，并日趋旺盛。

总体来说，我国文化消费增长空间大、后劲足，引领作用日益增强，发展潜力巨大。面对我国文化消费未来巨大的发展空间，如何促进文化消费发展、提升文化消费水平，是需要深入研究的问题，也是本书研究的重点内容之一。

省域文化资本对居民文化消费的影响

影响居民文化消费水平的因素众多，国内外学者们已经从不同层面、不同角度对文化消费的影响因素进行了探析。总体而言，影响我国居民文化消费的因素可以归纳为个体因素和社会因素两个层面，个体层面主要包括了居民收入、受教育水平、人口结构与年龄段等个体特征，社会层面则主要包括经济发展水平、文化消费产品与设施供给、社会保障程度等宏观因素①。而文化资本和文化消费与其有着密切的联系。文化资本包含着丰富的文化资源及文化产品与服务，为居民提供了广阔的文化消费空间，营造了良好的文化消费氛围。一般来说，文化资本越丰富，文化商品或服务消费增加的可能性就越大；文化商品或服务的消费越多，文化氛围就越有可能被营造出来，从而为社会带来的外部性就越强，促进更多文化消费活动的发生②。因此，从宏观的角度研究文化资本对居民文化消费的影响，是系统、全面地探讨居民文化消费提升的基础。本章在估算文化资本的基础上，从省域层面对文化资本影响居民文化消费进行实证分析。

---

① 刘宇，周建新. 我国居民文化消费空间差异及驱动因素研究 [J]. 统计与决策，2020（13）：90－93.
② 高莉莉. 文化消费存在自我强化机制吗——基于文化资本视角的分析 [J]. 文化产业研究，2017（2）：54－65.

第一节　变量选取与数据来源

一、变量说明

（一）被解释变量

对于被解释变量的指标选取，本书参考赵卫军和张爱英（2018）[①]、孙豪和毛中根（2018）[②]、车树林和顾江（2018）[③] 等的研究成果，选用人均文化消费支出（per capita cultural consumption，PC）作为被解释变量，代表我国居民的文化消费水平，量化指标为 2013～2019年 31 个省（区、市）居民人均文化消费支出。需要指出的是，教育、体育、旅游与文化有着紧密的联系，一些统计数据将教育和旅游支出也统计在居民文化消费支出中，但教育、体育与文化不属于同一部门，2018 年之前文化和旅游也分属不同部门，各自统计的口径不一致。因此，本书所指的居民文化消费支出指代居民在文化和娱乐方面的支出，不包括体育、教育和旅游方面的支出，数据主要来源于2014～2020 年《中国文化及相关产业统计年鉴》。

（二）核心解释变量

核心解释变量为文化资本（CC），由固体的文化资本（CC_1）、

---

① 赵卫军，张爱英，Muhammad Waqas Akbar. 中国文化消费影响因素分析和水平预测——基于误差修正与历史趋势外推模型 [J]. 经济问题，2018（7）：59-66.
② 孙豪，毛中根. 居民收入结构对文化消费增长的影响研究 [J]. 财贸研究，2018（5）：34-42.
③ 车树林，顾江. 收入和城市化对城镇居民文化消费的影响——来自首批 26 个国家文化消费试点城市的证据 [J]. 山东大学学报（哲学社会科学版），2018（1）：84-91.

产品的文化资本（CC_2）、能力化的文化资本（CC_3）和制度化的文化资本（CC_4）共同构成（见图4－1）。文化资本的四种形式由相应的要素和指标构成，具体指标体系如表3－2所示。在实证分析中，文化资本对应的地理单元是省域。

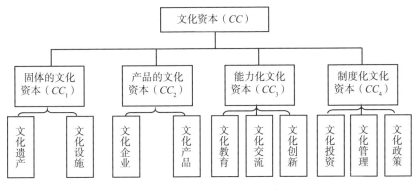

图4－1　文化资本构成要素

资料来源：笔者根据实证研究绘制。

1. 固体的文化资本

固体的文化资本（CC_1）包含两个方面的指标，一是文化遗产，二是文化设施。本书选取国家级重点文物保护单位数（*number*）和文化藏品数量（*relic*）来度量文化遗产的丰裕度。一般而言，一个地区的文物古迹和文化藏品数量越多，说明该地区文化底蕴越丰厚，人文环境越好，文化资本越丰富，文化消费也会随之受到影响[1]。文化设施是居民文化消费活动的场所之一，这里选取人均公共文化设施面积（*pubservice*）度量文化设施的建设水平。公共文化设施人均面积越大，公众就能享受更便利和更丰富的公共文化服务，从而提高其自身文化素养，激发消费文化产品的欲望。

---

[1]　高莉莉. 中国文化消费水平提升的问题研究［M］. 北京：经济科学出版社，2019.

2. 产品的文化资本

产品的文化资本（CC_2）包含文化企业（enterprises）与文化产品（product）两方面的指标。首先，一般而言，文化市场中的企业经营主体数量越多，文化市场越活跃，在一定时期内向市场提供的文化商品和服务越丰富、文化氛围越浓，因而本书以文化及相关产业法人单位数来代表该地区的文化企业发展水平。其次，文化产品是吸引消费者的重要方面，文化产品的多寡和质量的好坏对文化消费有着重要的影响作用。文化产品包含的范围十分广泛，包括图书、杂志、多媒体产品、文艺演出、电影、视听节目、手工艺品等，本书采用艺术演出场次（show）和出版物数量（publication）衡量文化产品的供给状况。图书、杂志等出版物是最传统的文化产品，出版物的消费过程是一个文化选择与接受过程，享用出版物是读者对出版物所含知识内容进行体会、领悟与吸收的过程。近年来，文化演出市场日渐繁荣，欣赏音乐剧、话剧、音乐会等成为人们文化消费的重要选择。从供给侧来看，目前居民面临着国家或文化企业提供的多艺术类型和多场次的消费选择。因而，考虑到数据的可获得性，采用艺术表演团体演出和出版物来代表该地区文化产品的多寡，这两个因素属于供给侧指标，代表一个地区文化产品的供给情况。

3. 能力化的文化资本

能力化的文化资本（CC_3）包含三个方面的指标，分别是文化教育（education）、文化交流（communication）和文化创新（innovation）。文化消费者的消费活动与其他消费者的消费活动相比，其区别并不仅在于个人的经济资本总量，更多地还取决于一个人的文化教育程度和一个地区的文化教育水平。因此，本书将文化教育作为二级指标，其可量化的替代性指标是人均受教育年限。人均受教育年限反映了某一地区公众受教育的水平情况。一般而言，教育水平高的地区，接受过教育的文化群体相对更多，其对文化消费的需求也相对更高；教育水平落后的地区，接受过教育的文化群体相对较少，文化消费需求相对较低，二者存在正向关系。文化交流可以满足人们不同的文化需求，为人们带来观念的更新和视野的拓展，从而获取更多的信息，积累文化资本，促进文化消费。因此，以文化交流作为二级指标，以每万人涉外文化交流次数来衡量该地区的文化交流程度。文化产品的创新可以丰富文化产品的类型、提高文化产品的质量，进而直接影响居民文化消费。因而，选取文化创新作为二级指标，其可量化的替代性指标为每百万人文化及相关产业专利授权数，它在代表了文化产业的创新能力。

4. 制度化的文化资本

制度化的文化资本（CC_4）直接表现为文化管理制度，是为了促进文化产业发展提供的制度保障和政策支持，通常指代政府对文化发展的支持力度、文化行政管理体系及管理能力。政府对文化发展的支持力度主要表现为对文化领域的资金支持、有效的文化管理、文化政策的制定与落实。因此，制度化的文化资本二级指标选取文化投资（investment）、文化管理（management）和文化政策（policy）3 个指标。其中，固定资产投资是社会固定资产再生产的主要手段，本书以文化及相关产业固定资产投资额来衡量一个地区在文化领域的投资水平。文化管理可量化的替代性指标为每万人文化管理机构人员数，该指标的数值越高，表明政府在文化领域的管理力度越大。政府的文化政策对文化发展具有导向性作用，但政府的文化政策难以量化。在已有研究成果，有学者以政府工作报告中提及"旅游"的频次来衡量政府对旅游业的重视程度①。故本书以政府工作报告中提及"文化"的次数作为文化政策可量化的替代性指标，"文化"在政府工作报告中出现的频次越高，表明政府对文化支持的力度越大。

---

① 王胜鹏，冯娟，谢双玉，等. 中国旅游业发展效率时空分异及影响因素研究 [J]. 华中师范大学学报（自然科学版），2020（2）：279 - 290.

（三）控制变量

为了检验模型及估计结果的稳健性，需要在模型中加入控制变量，这些变量对被解释变量产生不同程度的影响。在参考相关文献的基础上，本书选择经济发展水平、居民收入水平、政府文化事业经费投入、互联网普及率和城镇化率作为控制变量。

1. 经济发展水平

区域经济发展水平通常用人均国内生产总值（GDP）来衡量，它是衡量某一地区经济发展水平的公认标准。区域经济发展水平代表着一个地方的经济环境，不同的经济环境会造成人们不同的消费习惯、产生不同的文化消费需求。相关研究显示，居民消费总额与国内生产总值之间的关系十分密切，存在长期动态均衡关系[①]；文化消费与经济增长之间有着密切联系，二者之间存在协整关系[②]。

2. 居民收入水平

通常情况下，居民收入水平（$inco$）直接决定了居民的生活水平，也代表了居民消费支出的水平；随着居民收入水平的提升，在满足物质需求后，就会转向更高层次的精神需求，而文化消费则是满足精神需求的重要内容。在文化消费的相关研究中，可支配收入一直被认为是影响着居民文化消费的最关键因素[③]。因此，本书选取人均可支配收入作为度量当地居民的生活水平和消费能力的指标。

3. 文化事业经费

政府在文化事业方面的各项投入，为文化的发展提供了直接动力；

---

① 朱江，田映华，孙全. 我国居民消费与 GDP 的误差修正模型研究 [J]. 数理统计与管理，2003（2）：18-21.
② 梁君，陈显军. 公共文化消费与 GDP 关系的协整检验 [J]. 商业时代，2012（13）：10-11.
③ 聂正彦，苗红川. 我国城镇居民文化消费影响因素及其区域差异研究 [J]. 西北师大学报（社会科学版），2014（5）：139-144.

政府在文化领域的直接投资，会产生挤入效应①。可以预见，文化事业经费（gov）投入越多，对居民文化消费的促进作用将越显著。因此，本书选择人均文化事业经费作为政府在文化领域投入水平的衡量指标。

4. 互联网普及率

近年来，随着现代信息技术的迅速发展和政府"互联网＋"战略的持续推行，互联网已成为激活文化消费的新引擎。一方面，互联网的发展使文化消费活动超越区域和人群的障碍，对文化消费的普及和升级起着重要的推动作用；另一方面，网络文化产品的出现对理性的文化消费者形成了冲击，使人们养成了免费使用网上文化消费品和服务的习惯，在某种程度上不利于促进文化消费。本书以互联网普及率（inter）作为衡量互联网发展水平的指标。

5. 城镇化率

目前，我国农村居民的文化消费支出虽然在稳步提升，但是城镇居民一直是文化消费的主力军。已有研究结果表明，区域城镇化率（urban）越高，意味着具有较高消费能力的城镇居民群体越庞大，进而城镇化水平对文化消费具有一定的促进作用②。城镇化率一般采用人口统计学指标，即城镇人口占总人口（包括农业与非农业）的比重。

二、数据来源

本书中的分析数据来源于我国 31 个省、自治区、直辖市（港澳台除外）2013～2019 年的各项统计数据。被解释变量（居民文化消费支出）的数据源于 2014～2020 年《中国文化及相关产业统计年鉴》的"人均文化娱乐消费支出"。作为解释变量的省域文化资本数

---

① 张冲，刘已筠. 中国农村居民文化消费影响因素的地区差异研究——基于东中西部地区面板数据［J］. 农村经济，2016（7）：65－71.
② 陈珍珍. 城镇化与城乡居民文化消费差异实证研究——基于我国 31 个省级单位面板数据的实证分析［J］. 农村经济与科技，2016（6）：96－97.

值，直接采用本书第三章的估算结果。控制变量中的人均 GDP、人均可支配收入、城镇化率的数据均来源于历年《中国统计年鉴》和各省（区、市）统计年鉴，人均文化事业经费来源于《中国文化文物统计年鉴》（2014 ~ 2018 年）和《中国文化和旅游统计年鉴》（2019 ~ 2020 年），互联网普及率数据源于《中国互联网络发展状况统计报告》。考虑到文化资本估算中使用均值法对数据进行标准化处理，在模型分析过程中，对被解释变量、控制变量的原始数据，采用均值法进行标准化处理。

第二节　模型设定

一、模型的构建

计量模型的设定是从宏观层面考察省域文化资本及四种形式的文化资本对居民文化消费的影响程度。根据前文理论分析，参考邹小芃等（2018）[①]、李江辉等（2019）[②] 的模型设计，分别建立如下模型：

$$PC_{it} = \beta_0 + \beta CC_{it} + X_{it}\lambda + u_t + \delta_i + \varepsilon_{it} \qquad (4-1)$$

$$PC_{it} = \beta_0 + \beta_1 CC_{1it} + X_{it}\lambda + u_t + \delta_i + \varepsilon_{it} \qquad (4-2)$$

$$PC_{it} = \beta_0 + \beta_2 CC_{2it} + X_{it}\lambda + u_t + \delta_i + \varepsilon_{it} \qquad (4-3)$$

$$PC_{it} = \beta_0 + \beta_3 CC_{3it} + X_{it}\lambda + u_t + \delta_i + \varepsilon_{it} \qquad (4-4)$$

$$PC_{it} = \beta_0 + \beta_4 CC_{4it} + X_{it}\lambda + u_t + \delta_i + \varepsilon_{it} \qquad (4-5)$$

式（4-1）~式（4-5）中，PC_{it} 表示第 i 个省份第 t 年的人均文

① 邹小芃，叶子涵，杨亚静. 文化资本、制度环境对区域金融中心的影响 [J]. 经济地理，2018 (4)：73 - 80.
② 李江辉，王立勇，郭蓝. 人力资本与外商直接投资：来自中国省际面板数据的经验证据 [J]. 宏观经济研究，2019 (3)：134 - 146.

化消费，CC_{1it}、CC_{2it}、CC_{3it}、CC_{4it}分别表示第i省份第t年的固体的、产品的、能力化和制度化的文化资本，β为代估参数，X_{it}为主要控制变量，λ为与控制变量相对应的一组系数向量，此外，由于不同省份的经济发展水平及不同年份的经济形势存在差异，考虑到可能存在遗漏变量风险，我们还控制了省份δ_i和年份虚拟变量u_t，ε_{it}为随机误差项。式（4-1）用于检验省域总文化资本对居民文化消费的影响，式（4-2）~式（4-5）分别用于检验四种不同形式文化资本对居民文化消费的影响。

二、描述性分析

为了保证分析数据的可靠性，考察各个变量之间是否存在共线性，需要对所有变量的有关数据进行统计性描述。本书从两个方面进行分析：一是计算各变量的统计特征及各变量间的相关系数，制作各变量之间相关系数矩阵（见表4-1）；二是进一步计算各解释变量方差膨胀因子。从表中4-1可以看出，各变量之间相关系数的最大值为0.7358，大多数系数值都低于0.6。进一步计算各解释变量方差膨胀因子，结果显示方差膨胀因子（VIF）值在1.35与4.67之间，数值在可接受范围之内。因此，通过对各变量数据的描述性分析，表明各变量之间不存在严重的多重共线性问题，可以进行进一步的分析。

表4-1　　　　　　　　主要变量的统计特征及相关系数

变量	PC	CC	CC_1	CC_2	CC_3	CC_4	GDP	gov	inco	inter	urban
PC	1	—	—	—	—	—	—	—	—	—	—
CC	0.6409	1	—	—	—	—	—	—	—	—	—
CC_1	0.5621	0.6697	1	—	—	—	—	—	—	—	—
CC_2	0.5615	0.7358	0.5626	1	—	—	—	—	—	—	—
CC_3	0.6733	0.6957	0.4879	0.6688	1	—	—	—	—	—	—

变量	PC	CC	CC_1	CC_2	CC_3	CC_4	GDP	gov	inco	inter	urban
CC_4	0.5605	0.7179	0.4895	0.6013	0.5504	1	—	—	—	—	—
GDP	0.7262	0.4756	0.5596	0.6581	0.6267	0.7265	1	—	—	—	—
gov	0.2721	0.3532	0.0160	0.1820	0.2723	0.2721	0.4486	1	—	—	—
inco	0.6871	0.5543	0.6086	0.6085	0.6876	0.6761	0.7232	0.3589	1	—	—
inter	0.6506	0.4716	0.5023	0.5222	0.6509	0.6506	0.7358	0.3315	0.6507	1	—
urban	0.6490	0.3163	0.4883	0.6362	0.6488	0.6490	0.7139	0.2590	0.7029	0.6503	1
最大值	3.6442	2.1767	0.4157	0.9096	0.8771	0.5763	2.4755	3.5973	2.3066	1.5960	1.6455
最小值	0.1205	0.5029	0.0569	0.0687	0.1168	0.0721	0.1363	0.3302	0.5325	0.7036	0.4352
标准差	0.6563	0.4336	0.0751	0.1755	0.1468	0.0837	0.5064	0.6208	0.4043	0.1983	0.2196

资料来源：笔者根据计算结果整理而得。

第三节 实证检验及结果分析

一、总体检验及结果分析

（一）实证检验

利用回归模型，对文化资本影响文化消费的程度做一个初步的分析，使用普通最小二乘计算初步的估计结果，计算结果如表 4 - 2 所示。为了便于比较，在第（1）列中给出了没有控制变量的混合最小二乘估计结果。在第（2）列中加入了控制变量进行混合最小二乘的估计，第（3）列使用固定效应回归模型，面板设定 F 检验，说明 FE 模型比混合 OLS 模型更合适。第（4）列使用随机效应回归模型，进行随机效应和固定效应的 Hausman 检验，得到 Hausman 检验 P = 0，故拒绝随机效应的面板数据模型，本书确定使用具有固定效应的面板模型。

表 4 - 2　　　　省域文化资本与文化消费支出的估计结果

变量名	被解释变量：人均文化消费支出			
	模型（1）	模型（2）OLS	模型（3）FE	模型（4）RE
CC	0.338 *** (0.197)	0.539 *** (0.235)	0.758 *** (0.252)	0.823 *** (0.261)
GDP	—	1.103 *** (0.553)	1.011 *** (0.445)	1.115 *** (0.625)
gov	—	0.301 (0.221)	0.216 (0.255)	0.259 (0.278)
inco	—	0.315 *** (0.325)	0.363 *** (0.465)	0.478 *** (0.436)
inter	—	-0.258 ** (0.081)	-0.216 ** (0.128)	-0.277 ** (0.071)
urban	—	0.227 * (0.123)	0.243 * (0.127)	0.266 * (0.422)
constant	1.013 *** (0.178)	0.716 *** (0.185)	0.863 *** (0.191)	1.119 *** (0.232)
Hausman	—	—	0.000	0.000
R - squared	0.733	0.812	0.857	0.849

注：*** 、** 、* 分别表示1%、5%、10%的显著性水平，回归系数下方的括号内为稳健性标准误。

资料来源：笔者根据回归模型进行估算的结果整理而得。

（二）结果分析

从表4-2中模型（1）的估计结果可以看出，文化资本（CC）对于文化消费水平（PC）具有显著的正效应，文化资本每变动一个单位，可以引起文化消费水平至少增长0.338个单位，且在1%的水平下显著。通过在模型中逐渐不断加入新的解释变量，文化资本对于文化消费的正效应维持在 0.5 以上的水平，表明文化资本对于文化消费增长起到了稳定的促进作用。在一定时期内，文化资本存量是文化发展的一种积淀，具有稳定性的特点，这也是文化资本属性的独特之处。对于各地区而言，要从多领域、多途径地促进文化产业发展和文化事业繁荣，不断增加文化资本的积累，从而通过增加文化资本的存量来促进文化消费的发展。

以此分析为基础，加入人均 GDP、人均文化事业经费、人均可支配收入和互联网普及率等控制变量，得到表 4 - 2 第 3 列的固定效应模型和第 4 列的随机效应模型。从模型（3）的固定效应模型的回归结果看，文化资本每增加 1 个单位会引起文化消费支出增长 0.758 个单位。加入控制变量之后，发现人均 GDP 对文化消费支出存在显著的影响，人均 GDP 每增加 1 个单位，人均文化消费支出会增长超过 1.1 个单位。人均可支配收入对文化消费的作用也十分显著，主要是居民的可支配收入是影响文化消费需求的基本因素，决定着居民的文化消费能力。众多研究已经证明，居民可支配收入越高，对文化消费品和服务的需求量越大。本书研究结果也进一步证实，地区经济发展在供给与需求两方面促进文化消费的发展。一方面，区域经济发展水平越高，文化产业发展的基础就越好，文化产品的供给也越丰富；另一方面，发达的经济条件意味着居民的收入也就越高，相应地，在文化方面的消费支出就会提高，也就越能促进文化消费的发展。

从表 4 - 2 中可以看出，人均文化事业经费对文化消费具有双重作用，一方面，政府对文化事业经费的投入，可以提高文化事业单位从事公益文化产品生产的积极性，为广大群众提供喜闻乐见、丰富多彩的文化产品，从而激发人们的文化消费欲望，具有"挤入效应"。另一方面，会对私人文化消费产生"挤出效应"，部分理性的消费者会选择免费的公益文化产品。从模型（3）的分析结果来看，显然文化事业的投入对个人文化消费在现阶段是"挤入效应"占据主导地位。

此外，互联网普及率对文化消费的作用为负，分析原因可能是因为互联网技术的广泛应用对于居民文化消费具有"挤出效应"。有调查发现，人们花费较长时间进行互联网文化产品和相关服务的消费活动，但在这方面的金钱支出却相对较少，甚至一半以上的消费者在这方面没有任何金钱的花费。这就导致了一些人养成了免费的互联网文化消费习惯，而且降低了很多文化企业进行文化产品供给创新的积极性，造成了一些高品质文化产品和服务的缺乏。因此，互联网的普及率对文化消费在现阶段表现为负向作用，但不显著。城镇化率对文化消费的影响作用显著为正，这也就进一步验证前面分析的文化消费出现的城乡差距较大的情况。因此，回归结果与经济现实是吻合的。

二、分形式检验及结果分析

为了研究四种不同形式的省域文化资本对居民人均文化消费水平的影响，分别采用固定效应模型和随机效应模型进行分析，并对其进行 Hausman 检验。检验统计量 P 值均小于为 0.1，故拒绝原假设，选择固定效应模型进行分析。下面将列出四种不同形式的文化资本对居民文化消费支出的固定效应分析结果。

（一）固体的文化资本效应

固体的文化资本（CC_1）包含两个方面的指标，即文化遗产和文化设施。使用国家级重点文物保护单位数（$number$）和文化藏品数量（$relic$）来衡量地区的文化遗产情况，同时用人均公共文化设施建筑面积（$pubservice$）来衡量文化设施的建设水平。以式（4 - 2）为基础，具体化为式（4 - 6）：

$$PC_{it} = \beta_0 + \beta_1 number_{it} + arelic_{it} + \rho pub_{it} + X_{it}\lambda + u_t + \delta_i + \varepsilon_{it} \quad (4-6)$$

基于式（4 - 6），不加控制变量，对文化遗产和文化设施对文化消费的影响进行回归，体现为表 4 – 3 模型中第（1）列～第（3）列；在此基础上，加入控制变量，得到第（4）列的固定效应模型和第（5）列的随机效应模型，通过 F 检验和 Hausman 检验，显示 P 值为 0，拒绝原假设，适合采用固定效应模型。

表 4 – 3　　　　固体的文化资本对文化消费影响的估计结果

变量名	被解释变量：人均文化消费支出				
	模型（1）	模型（2）	模型（3）	模型（4）FE	模型（5）RE
number	0.0422 ** (0.4084)	—	0.0352 ** (0.2291)	0.0343 ** (0.3265)	0.0310 ** (0.3201)
relic	0.0236 (0.0203)	—	0.0228 (0.0112)	0.0213 (0.0584)	0.0222 (0.4084)
pubservice	—	– 0.0102 (0.0018)	– 0.0211 (0.0072)	– 0.0256 (0.0112)	– 0.0289 (0.0175)
GDP	—	—	1.0014 *** (0.0424)	1.0022 *** (0.0448)	1.0031 *** (0.0529)
gov	—	—	0.2001 (0.1930)	0.2042 (0.2121)	0.2033 (0.2192)
inco	—	—	0.3577 *** (0.3982)	0.4167 *** (0.4041)	0.4792 *** (0.4228)
inter	—	—	– 0.0996 (0.0879)	– 0.1012 (0.1026)	– 0.1033 (0.1070)
urban	—	—	0.0148 * (0.1003)	0.0201 * (0.119)	0.0222 * (0.430)
constant	0.6337 *** (0.1909)	– 0.2121 *** (0.3007)	0.0121 *** (0.2067)	0.8143 *** (0.5297)	0.2135 *** (0.1238)
Hausman	—	—	—	0.0000	0.0000
R – squared	0.5659	0.5963	0.6471	0.7532	0.7813

注：***、**、*分别表示1%、5%、10%的显著性水平，括号内为稳健性标准误。
资料来源：笔者根据模型计算结果整理而得。

从模型（4）的回归结果来看，文化遗产对居民人均文化消费具有正向作用。其中，国家级重点文物保护单位的影响十分显著。国家级重点文物保护单位是当地丰富人文历史的沉淀，包括具有历史、艺术、科学价值的古文化遗址，古墓葬、古建筑、石窟寺和石刻等，是当地重要的文化财富，增强了当地文化资源的比较优势，而文化创意依赖于文化资源，它为文化产业提供"文化内容"，即文化产品的生产和提供的服务依赖于对文化资源的开发和利用。政府和企业在保证文化资源免受破坏、流失和浪费的前提下，有效保护和合理利用这些宝贵的重点文物遗产，带动文化产品数量上的丰富和服务质量上的提升，从而提高了区域的文化消费水平。文化藏品数量的丰富也是当地文化资本丰富的一个表现，但其影响效果并不大，目前大部分文化藏品被博物馆管理，而博物馆现在大多数实行免费开放。所以，对文化消费的促进作用并不显著。文化设施中，公共文化设施对个人文化消费具有双重影响，一方面，公共文化设施的不断完善，通过为文化消费者营造良好的文化环境，鼓励居民开展文化消费活动，产生"挤入效应"；另一方面，拥有良好的文化设施并不是促进文化消费的必然条件，甚至可能会产生"挤出效应"。完善的文化设施可能增加居民的文化参与度，使其更愿意参加公共文化服务，更多的享受免费的文化活动，满足最基本的文化消费需求，而不再产生额外的市场文化需求。所以，从模型（4）的分析结果来看，显然公共文化设施发展在现阶段是"挤出效应"占据主导地位。

从加入控制变量上来看，人均实际 GDP 对文化消费支出存在显著的影响，人均 GDP 每增加 1 个单位，人均文化消费支出将增加1.002 个单位；也可以看出，人均可支配收入对文化消费的作用也十分显著，这说明区域经济发展水平是提升文化消费的坚实基础。此外，本书依次加入其他影响文化消费水平的控制变量，模型参数估计结果表明：固体的文化资本对文化消费的系数没有太大的变化，说明在其他因素的影响下，固体的文化资本对文化消费的影响基本不变。

(二) 产品的文化资本的效应

产品的文化资本（CC_2）包含两方面的指标，分别是文化企业（$enterprises$）和文化产品（$product$）。以式（4-3）为基础，具体化为式（4-7）：

$$PC_{it} = \beta_0 + \beta_2 enterprises_{it} + ashow_{it} + \rho publication + X_{it}\lambda + u_t + \delta_i + \varepsilon_{it}$$

$$(4-7)$$

考察文化企业和文化产品对于文化消费的影响，根据 Hausman 检验结果表明计量模型式（4-7）更适合采用固定效应模型（FE）回归（见表 4-4）。

表 4-4　　　　产品的文化资本对文化消费影响的估计结果

变量名	被解释变量：人均文化消费支出				
	模型（1）	模型（2）	模型（3）	模型（4）FE	模型（5）RE
enterprises	0.4830 *** （0.3883）	—	0.4318 *** （0.3275）	0.3367 *** （0.2255）	0.3211 *** （0.1042）
show	—	0.5466 *** （0.4927）	0.5196 *** （0.4556）	0.5021 *** （0.4573）	0.5118 *** （0.4815）
publication	—	0.5181 *** （0.3434）	0.4377 *** （0.3372）	0.4106 *** （0.3311）	0.4001 *** （0.3147）
GDP	—	—	1.0121 *** （0.0218）	1.0013 *** （0.0106）	1.0025 *** （0.0122）
gov	—	—	0.0863 （0.0125）	0.0731 （0.0119）	0.0881 （0.0192）
inco	—	—	0.3631 *** （0.2987）	0.3427 *** （0.2031）	0.2792 *** （0.2008）
inter	—	—	−0.2567 （0.2026）	−0.2024 （0.1952）	−0.2033 （0.2670）

续表

变量名	被解释变量：人均文化消费支出				
	模型（1）	模型（2）	模型（3）	模型（4）FE	模型（5）RE
urban	—	—	0.0221 * （0.0119）	0.02891 * （0.0194）	0.02955 * （0.0230）
constant	0.6188 *** （0.4534）	0.5270 *** （0.4878）	0.4789 *** （0.4653）	0.5208 *** （0.4805）	0.5335 *** （0.4738）
Hausman	—	—	—	0.0000	0.0000
R – squared	0.5252	0.6109	0.6658	0.6989	0.6629

注：***、**、*分别表示1%、5%、10%的显著性水平，括号内为稳健性标准误。
资料来源：笔者根据模型回归结果整理而得。

表4-4中模型（1）~模型（3）列出了文化企业和文化产品对文化消费影响的结果。由回归结果发现，文化企业和文化产品均对文化消费发展具有显著的正向促进作用，从系数上看，文化产品供给比文化企业的作用更强。加入控制变量后，模型参数估计结果没有太大的变化。

从表4-4中的模型（4）回归结果看，文化企业和文化产品对文化消费支出的影响系数分别为0.3367、0.5021和0.4106，且在1%的水平上显著。文化产品供给与文化消费呈显著正相关，这一点与预料的一致，文化产品是文化消费的前提和对象，种类多样的文化商品和服务能够给消费者带来更多的选择，刺激消费者的文化消费欲望，直接影响着居民文化消费水平。大量的文化企业能够极大地丰富当地文化产品的数量和服务的质量，从而在数量规模上提升当地的文化消费水平。并且，随着当地文化企业的不断增多，企业为了能够提升自身文化产品和服务的质量和竞争力，即为提高产品和服务的附加值，企业会吸纳高素质人才，引进先进的管理理念，进行产品和服务的创新，在这种良性的竞争中，当地的文化产品和服务质量会迅速上升，从而促进当地文化消费水平的提升。值得注意的是，文化艺术表演对文化消费支出的影响十分突出。文化演出具有商品的属性，观看艺术表演需要花费一定的收入，艺术表演市场的繁荣程度与文化消费支出水平有着密切的关系。从现实情况来看，近年来，国内文化演出市场日渐繁荣，欣赏音乐剧、话剧、音乐会等成为都市人休闲娱乐的重要选择，无论演出场次、观众数量还是票房收入都非常可观①。由此得到验证，产品的文化资本能够通过文化产品和服务的供给促进居民的文化消费，两者之间有着最直接的供求关系。

（三）能力化文化资本的效应

能力化的文化资本（CC_3）包含三个方面的指标，分别是文化教育（education）、文化交流（communication）和文化创新（innovation）。以式（4-4）为基础，具体化为式（4-8）：

$$PC_{it} = \beta_0 + \beta_3 education + \alpha communication + \rho innovation + X_{it}\lambda + u_t + \delta_i + \varepsilon_{it}$$

$$(4-8)$$

表4-5列出了三个主要变量对文化消费的固定效应结果，并列出随机效应模型进行对比分析。

表4-5　　能力化文化资本对文化消费影响的估计结果

变量名	被解释变量：人均文化消费支出					
	模型（1）	模型（2）	模型（3）	模型（4）	模型（5）FE	模型（6）RE
education	0.2977***(0.2659)	—	—	0.1992***(0.1366)	0.1839***(0.1338)	0.2988***(0.1917)
communication	—	0.1381(0.0286)	—	0.1009(0.0399)	0.1099(0.0357)	0.1121(0.0343)

① 中国经济网. 文化演出消费渐成热潮［EB/OL］.（2020-03-03）［2021-06-30］. http：//www.ce.cn/culture/whcyk/hyfx/202003/03/t20200303_34386913.shtml.

变量名	被解释变量：人均文化消费支出					
	模型（1）	模型（2）	模型（3）	模型（4）	模型（5）FE	模型（6）RE
innovation	—	—	0.1396 （0.0397）	0.1386 （0.0382）	0.1291 （0.0388）	0.1267 （0.0129）
GDP	—	—	—	1.1301 *** （0.0589）	1.1001 *** （0.0621）	1.1212 *** （0.0644）
gov	—	—	—	0.1301 （0.0488）	0.0902 （0.0370）	0.0791 （0.0315）
inco	—	—	—	0.6112 *** （0.1366）	0.5071 *** （0.1366）	0.5133 *** （0.1366）
inter	—	—	—	− 0.2323 （0.0089）	− 0.1977 （0.0073）	− 0.2053 （0.0075）
urban	—	—	—	0.0132 * （0.1076）	0.0191 * （0.0958）	0.0141 * （0.1386）
constant	0.4989 *** （0.2782）	0.5051 *** （1.2992）	0.6337 *** （0.5782）	0.7575 *** （0.2885）	1.0101 *** （0.2991）	0.8166 *** （0.2566）
Hausman	—	—	—	—	0.0000	0.0000
R − squared	0.4681	0.5211	0.5872	0.6065	0.7606	0.7521

注：*** 、** 、* 分别表示 1% 、5% 、10% 的显著性水平，括号内为稳健性标准误。
资料来源：笔者根据模型计算结果整理而得。

　　根据固定效应模型（4）的系数估计值，可得到文化教育、文化交流和文化创新对文化消费支出的影响系数分别为 0.1839、0.1099 和 0.1291。其中，文化教育水平对地区文化消费具有显著的促进作用，居民受文化教育水平每增加 1 个单位，可以引起文化消费水平增长 0.183 个单位，且在 1% 的水平下显著，而文化交流及文化创新的影响力不显著。一方面，不同文化程度居民的文化消费需求存在显著差异，受教育程度高的居民通常具有更强烈的精神消费需求，因而文化消费需求更高。另一方面，消费者对文化产品和服务的欣赏、享受也是一种再生产的过程，要求他们具备由知识决定的解码能力[①]。知识是居民文化消费的重要约束条件，知识越丰富的居民，解码能力越强，文化消费能力也就越强[②]。同时，文化资本具有自我强化的能力，一旦形成就会不断强化。一个地区能力化的文化资本一旦带来文化消费的增长就会使更多的人学习和复制这种文化资本，从而持续带动大众和周边人的文化消费，激化地区文化消费潜力，形成良好的文化消费氛围，对消费者更具有吸引力。因此，只有受到文化环境的感染、熏陶，才会衍生出相应的文化消费活动，从而促进文化消费的支出。从估计结果来看，文化交流和文化创新虽然对文化消费也具有正向的作用，但是作用并不明显，结合文化交流和文化创新的占比来分析，我们会发现，这一部分的占比非常小，并不是促进文化消费的必要条件，甚至可能会对个人文化消费支出产生"挤出效应"。所以，实证结果与经验事实是基本一致的。

（四）制度化文化资本的效应

制度化的文化资本（CC_4）包含三个方面的指标，分别为文化投资（investment）、文化管理（management）和文化政策（policy）。以式（4-5）为基础，具体化为式（4-9）：

$$PC_{it} = \beta_0 + \beta_4 investment + \alpha mangement + \rho policy + X_{it}\lambda + u_t + \delta_i + \varepsilon_{it}$$

$$(4-9)$$

就制度化的文化资本单个因素对文化消费的影响而言，显示为正向，加入控制变量之后，模型经过 Hausman 检验，显示 P 值为 0，拒绝原假设，因而适合采用固定效应模型，回归结果以表 4-6 的模型

---

① 李光明，徐冬柠. 文化消费对新市民主观幸福感的影响 [J]. 城市问题，2019 (6)：4-13.
② 桂河清，孙豪. 城乡教育差距如何影响文化消费不平衡 [J]. 现代财经，2020 (5)：68-82.

（5）为准。

表4-6　　制度化文化资本对文化消费影响的估计结果

变量名	被解释变量：人均文化消费支出					
	模型（1）	模型（2）	模型（3）	模型（4）	模型（5）FE	模型（6）RE
investment	0.2311 **(0.2076)	—	—	0.2923 **(0.2434)	03114 **(0.3240)	0.2769 **(0.2011)
management	—	0.0941 *(0.0638)	—	0.0786 *(0.0586)	0.0818 *(0.0691)	0.0902 *(0.0711)
policy	—	—	0.2075 **(0.2024)	0.2123 **(0.2100)	0.2801 **(0.2904)	0.3011 **(0.2998)
GDP	—	—	—	1.0101 ***(0.0476)	1.1231 ***(0.0731)	1.1112 ***(0.0688)
gov	—	—	—	0.0998 (0.0378)	0.0503 (0.0301)	0.0733 (0.0345)
inco	—	—	—	0.5982 ***(0.1596)	0.5101 ***(0.1354)	0.5243 ***(0.1399)
inter	—	—	—	-0.3473 (0.0096)	-0.2879 (0.0045)	-0.2389 (0.0022)
urban	—	—	—	0.0262 *(0.2855)	0.0401 *(0.2851)	0.0547 *(0.4310)
constant	1.9864 ***(0.3134)	1.7860 ***(0.2980)	2.3135 ***(0.2890)	2.0496 ***(0.2901)	2.6720 ***(0.2987)	1.4566 ***(0.2384)
Hausman	—	—	—	—	0.0000	0.0000
R-squared	0.4956	0.6891	0.7356	0.8035	0.8061	0.8001

注：***、**、*分别表示1%、5%、10%的显著性水平，括号内为稳健性标准误。
资料来源：笔者根据模型回归结果整理而得。

从表4-6中模型（5）的计算结果可以看出，制度化文化资本中文化投资、文化管理和文化政策都对居民文化消费存在着显著的正向影响，文化投资对文化消费的影响程度最大。就当前实际情况来看，投资仍是推动文化产业发展的主要动力，投资主体多元化趋势明显，政府直接投资是文化领域投资的重要组成部分。首先，政府投资在文化领域通常能起到较好的效果，如政府财政资金的调拨、实施税收减免等优惠措施，都有利于文化企业的发展，进而带动文化产品和服务数量丰富及质量的提升，提高了区域的文化消费水平。其次，政府的政策扶持能够引导文化产业的发展方向，优化文化产业结构，规范文化市场经营行为和市场秩序，能够为文化企业发展提供有力的支撑，从而创造和满足消费者新的文化需求；在文化产业发展扶持政策的引导下，社会资本进入文化产业的步伐不断加快，投资规模的持续扩大将推动文化产业快速发展；政府实施的文化人才政策也有利于推动文化产品和业态的创新，从而提高当地文化产业的效率，促进当地居民文化消费水平的提升。最后，政府在文化领域加大管理力度，能够有效引导文化行业发展方向，规范文化市场的运行，为文化企业的运营提供良好外部环境，从而间接地促进文化消费的发展。

第四节　本章小结

　　利用 2013～2019 年省域面板数据，运用固定效应模型考察省域文化资本及固体的、产品的、能力化和制度化四种不同形式的文化资本对居民文化消费水平的影响。通过实证分析，得出以下主要结论：

　　第一，总体上看，省域文化资本对居民文化消费存在显著的正向影响。在四种不同形式的文化资本中（见表4-7），产品的文化资本对居民文化消费的影响是最显著的，主要体现在文化产品的供给能力上。产品的文化资本由文化产品和文化企业两方面衡量，文化产品是文化消费的对象，文化产品供给的规模和质量直接影响居民的文化消费水平；同时，文化企业是文化产品的生产者，文化资源是创造文化产品的"基础原料"，没有文化企业的生产与开发，再丰富的文化资源也难以开发成文化产品。因此，产品的文化资本对居民文化消费支出具有重要的影响作用。

表4-7　　　四种不同形式的文化资本对文化消费影响的估计汇总

变量名	被解释变量：人均文化消费支出			
	模型（4）FE	模型（4）FE	模型（5）FE	模型（5）FE
number	0.0343 ** （0.3265）	—	—	—
relic	0.0213 （0.0584）	—	—	—
pubservice	-0.0256 （0.0112）	—	—	—
enterprises	—	0.3367 *** （0.2255）	—	—
show	—	0.5021 *** （0.4573）	—	—
publication	—	0.4106 *** （0.3311）	—	—
education	—	—	0.1839 *** （0.1338）	—
communication	—	—	0.1099 （0.0357）	—
innovation	—	—	0.1291 （0.0388）	—
investment	—	—	—	0.3114 ** （0.3240）
management	—	—	—	0.0818 * （0.0691）

续表

变量名	被解释变量：人均文化消费支出			
	模型（4）FE	模型（4）FE	模型（5）FE	模型（5）FE
policy	—	—	—	0.2801** (0.2904)
constant	0.8143*** (0.5297)	0.5208*** (0.4805)	1.0101*** (0.2991)	2.6720*** (0.2987)
Hausman	0.0000	0.0000	0.0000	0.0000
R-squared	0.7532	0.6989	0.7606	0.8061

注：***、**、*分别表示1%、5%、10%的显著性水平，括号内为稳健性标准误。
资料来源：笔者根据计算结果整理而得。

第二，制度化的文化资本对居民文化消费也存在显著的积极影响。主要表现为，政府在文化企业和文化产业发展中给予的一系列政策支持，投资规模的持续扩大强劲地推动了文化产业快速发展。文化产业发展与文化投资、文化政策是息息相关的，文化投资奠定文化产业发展的物质基础，文化政策引领文化发展方向、引导文化需求，对文化企业调整发展战略、转变发展方式、抢抓市场成长起着重要的影响。因此，制度化文化资本对于文化企业优化资源配置、提高文化产品质量具有促进作用，从而进一步促进居民的文化消费。

第三，宏观层面的能力化文化资本对居民文化消费的影响主要体现在文化教育上。通常来说，受教育水平高的地区，接受过教育的文化群体相对更多，其对文化消费的需求也相对更高。特别是高学历人群，他们具有较高文化知识水平和良好的文化综合素质，是文化消费的主力群体。此外，一个地区能力化的文化资本一旦带来文化消费的增长，就会使更多的人学习和复制这种文化资本，从而持续带动大众和周边人的文化消费，激化地区文化消费潜力，从而促进文化消费的支出。文化交流和文化创新对文化消费也具有正向的促进作用，但是作用并不显著，这与经验事实是一致的。

　　第四，固体的文化资本中，文化遗产能够显著地促进居民文化消费支出。文化遗产作为固体的文化资本的重要组成部分，对于文化消费的影响主要体现在可以衍生出文化商品和服务，这将会极大地提高其娱乐性、参与性与趣味性，使其价值得到充分体现，为文化消费提供丰富的内容，可以承担更多样的文化消费功能。但固体的文化资本对居民文化消费的促进作用没有产品的和制度化的文化资本显著，可能是因为与前两者相比，固体的文化资本有许多内容还未有效地转化为具有特色的文化商品和服务。

第五章

省域文化资本对居民文化消费影响的空间差异

第一节　理论分析与研究假设

区域社会经济差异既是一种非均衡发展的地理现象，也是一种普遍存在的经济现象。纵观国内外社会经济发展过程，不难发现社会经济发展水平的区域差异是客观存在的，经济发展水平高的地区对周边经济水平低的地区能产生示范、激励和传导效应，但差异程度过大会导致经济发展整体水平的降低。从区域差异上看，中国各地区资源禀赋差异较大，社会经济发展不平衡，这是中国国情的基本特征之一，也是我国社会发展中需要面对的客观现实。如前所述，省域文化资本存量有明显的省际差异，且存在正向空间相关性。国内生产总值、物质资本、人力资本与文化资本存在密切的联系，这些要素均呈现显著的空间相关性，文化资本对经济增长的贡献更大①。对于文化资本的区域差异而言，文化资本存量高的地区对存量低的地区也产生示范效应，促进文化资本存量低的地区加强文化资本积累，从而提升整体文化资本存量的水平，但区域差距的过度扩大会影响文化资本存量的整体水平。

---

① 王云，龙志和，陈青青. 中国省级文化资本与经济增长关系的空间计量分析 [J]. 南方经济，2012（7）：69 – 77.

　　文化资本与经济活动有着密切的联系，众多实证研究发现，文化资本对经济活动的影响十分显著，且影响程度存在空间差异。李娟伟等（2014）研究发现，市场文化资本会形成技术进步效应，异质型文化资本会形成制度效应，这两种效应对经济增长有着重要的影响，且存在空间差异性；制度效应在西部地区的影响程度更深，而技术进步效应在东部和中部地区的影响更为显著①。才国伟和刘继楠（2016）研究发现，文化与经济具有高度相关性，文化程度高的地区经济发展水平也较高②。张梁梁和袁凯华（2018）研究发现，文化资本对经济增长有正向作用，并存在区域差异性，就影响程度的区域差异而言，中部地区最为显著，西部地区次之，而在东部地区的影响不显著③。

　　空间异质性是生态学过程和格局在空间分布上的不均匀性和复杂性，是空间统计学中最重要的特性之一。相关实证研究发现，区域文化资本存在显著的空间差异，且不同地区文化资本存量对旅游经济发展的影响具有差异④。在分析区域文化资本对文化消费的影响中，需要充分考虑空间异质性这一因素。文化资本与文化消费之间是相互作用、相互影响的动态关系⑤。在已有研究成果中，在分析文化资本与文化消费关系时，还未考虑到文化资本对居民文化消费影响的空间差异，即区域文化资本对居民文化消费的影响程度在不同的区域上存在着差异。笔者根据上述判断认为，经济发达地区的文化资本对文化消费影响更强，经济落后地区的文化资本对文化消费的影响偏弱。如前面所述，我国省域文化资本水平存在明显的空间差异，居民文化消费水平也存在显著的省际差异，具有东部、中部、西部地区梯度差异的

　　① 李娟伟，任保平，刚翠翠. 异质型文化资本与中国经济增长方式转变［J］. 中国经济问题，2014（2）：16-25.
　　② 才国伟，刘继楠. 文化：经济增长的源泉［J］. 中山大学学报（社会科学版），2016（5）：201-212.
　　③ 张梁梁，袁凯华. 省际文化资本存量估算与经济增长效应研究［J］. 统计与信息论坛，2018（5）：39-49.
　　④ 王韵迪. 文化资本存量时空差异及其对广东省旅游经济发展影响分析［D］. 广州：华南理工大学，2018.
　　⑤ 高莉莉. 文化资本视角下我国文化消费水平提升研究［D］. 南京：南京大学，2014.

特征。基于此分析，提出本章的假设。

假设：不同区域的文化资本对居民文化消费的影响程度不同，东部地区的文化资本对居民的文化消费影响程度强，西部地区的文化资本对居民文化消费的影响程度弱。

■ 第二节　模 型 设 定

对于社会经济现象中表现出的空间效应特征问题的识别估计，空间计量经济学提供了一系列有效的理论和实证分析方法，常用的方法包括常系数的空间滞后模型（spatial lag model，SLM）与空间误差模型（spatial error model，SEM）、变系数的地理加权回归模型（geographical weighted regression，GWR）。当空间异质性与空间相关性同时存在时，不适合采用经典的计量经济学估计方法。地理加权回归（GWR）模型用于探索研究对象在某一尺度下的空间变化及相关驱动因素，可以量化地理事物的空间异质性，能直观地探测因地理位置不同而导致变量间关系或结构的差异[1]。GWR 模型将数据的空间特性纳入模型中，扩展了传统回归，容许局部参数随着空间位置变化，探索影响因素在不同地理位置的空间变异特征及规律，是处理空间异质性的一种良好的估计方法。

一、变量说明

本书选取人均文化消费支出（PC）作为被解释变量，以省域文化资本（CC）、省域人均国内生产总值（gdp）、人均文化事业经费

---

① 覃文忠，王建梅，刘妙龙. 混合地理加权回归模型算法研究 [J]. 武汉大学学报（信息科学版），2007（2）：115–119.

（*gov*）、人均可支配收入（*inco*）、互联网普及率（*inter*）、城镇化率（*urban*）作为解释变量，其中，文化资本（*CC*）为核心解释变量。

二、被解释变量空间自相关分析

将空间依赖性考虑进来以后，在建立模型进行分析之前，一般必须先进行空间相关性的预检验。因此，检验被解释变量（人均文化消费支出）是否存在空间自相关性，是构建 GWR 模型的首要步骤和前提条件。空间相关性检验最常用的指标有 Moran's Ⅰ、Geary's C、Getis 指数等。本书采用全局 Moran's Ⅰ 指数检验被解释变量的空间自相关性。运用 ArcGIS 10.2 软件对省域居民人均文化消费支出进行全局空间自相关分析，结果如表 5 – 1 所示。

表 5 – 1　　　2013～2019 年省域居民文化消费水平的 Moran's Ⅰ 指数

年份	Moran's Ⅰ 指数	Z 值	P 值
2013	0.3055	3.1636	0.0016
2014	0.2835	2.9596	0.0031
2015	0.2938	3.0630	0.0022
2016	0.3114	3.2073	0.0013
2017	0.2994	3.1490	0.0016
2018	0.2891	2.9915	0.0028
2019	0.2133	2.5708	0.0047

资料来源：笔者根据 ArcGIS 10.2 软件分析结果整理所得。

从表 5 – 1 中可以看出，7 个年份的 Moran's Ⅰ 指数皆大于 0，Z 值均大于 1.65，P 值均小于 0.01，表明通过了显著性检验。从 Moran's Ⅰ 指数的数值可以推断，我国居民文化消费水平存在正向空间相关性，即文化消费水平高的省份在空间上相邻，文化消费水平低的省份在空间上相邻，这一结果表明被解释变量适合进行 GWR 回归模型分析，也与本书第三章第二节的分析结论相符。从时间过程来看，虽然 7 年间 Moran's Ⅰ 指数有变动，但波动幅度较小，这表明我国居民文化消费水平省际差异的年际变化不大。

三、模型设定

GWR 模型弥补了传统的 OLS 模型没有将空间权重因素纳入考虑的缺点，在回归参数中加入了数据的空间地理信息，根据地理空间位置不断发生变化的参数估计值进行回归分析[①]。GWR 模型如下：

$$y_i = \beta_0(u_i, v_i) + \sum_{j=1}^{i} \beta_j(u_i, v_i) x_{ij} + \varepsilon_i \qquad (5-1)$$

在式（5-1）中，y_i 为观测值；(u_i, v_i) 是第 i 个样本的空间坐标；$\beta_0(u_i, v_i)$ 为 i 点回归常数；$\beta_j(u_i, v_i)$ 是 i 点上的第 j 个回归参数，是地理位置的函数；j（$j=1, 2, 3, \cdots, n$）是变量 x_{ij} 在空间位置 (u_i, v_i) 处的局部系数；ε_i 为随机误差。在估计采样点 i 的回归参数时，对其他观测点的变量按照重要性进行加权处理，即距离 i 点越近的观测值重要性越大，越远的观测值重要性越小。在这种情况下，生成了新的样本数据，然后根据这些新的数据进行回归估计，随着空间中样本地理位置的变化，估计参数也会发生相应的变化，通常采用加权最小二乘法确定估计参数。

空间权重矩阵是地理加权回归模型的核心内容，权函数是影响空间插值精度的重要因素之一，空间权函数与数据空间关系有着密切的联系。空间权函数的选择对于地理加权回归系数的正确估计至关重要，最常用的空间权函数为 Gauss 函数法，其函数形式如下：

$$W_{ij} = e^{\left(-\frac{d_{ij}}{b}\right)^2} \qquad (5-2)$$

---

① Fotheringham A S, Brunsdon C, Charlton M. Geographically Weighted Regression: the analysis of spatially varying relationships [M]. Chichester: Wiley, 2002.

式（5-2）中，W_{ij} 是空间权重矩阵，d_{ij} 是数据点 j 到回归点 i 的距离；b 为带宽，是描述权重与距离之间函数关系的非负衰减函数。b 值越大，权重随距离增加衰减得越慢；b 值越小，权重随距离增加衰减得越快。当带宽为 0 时，观测点 i 的权重值为 1，其他观测点的权重接近于 0；当带宽趋于无穷大时，所有观测点的权重都接近于 1，就是一般回归模型①。因此，带宽的选择至关重要，它直接决定了空间权重的大小。目前，交叉确认法（CV）和赤池信息准则（AIC）是确定带宽值的两种主要方法，CV 是通过交叉验证法来决定最佳带宽，AIC 通过最小信息准则来决定最佳带宽，可以较好地克服过拟合现象。本书选择 AIC 法来确定带宽，以确保达到较好的拟合度。

按照上述要求建立地理加权回归模型，采用 ArcGIS 10.2 软件进行运算，输出 GWR 拟合结果。GWR 回归模型运行后生成辅助表和全要素表，其中，Sigma 是残差的估计标准差，Sigma 值越小，表明模型的拟合度越好；AICc 用于判断模型的优度，值越小的模型会越符合已观测的数据；R^2 是度量模型拟合度的数值，其值大于 0 小于 1，值越大表明模型的拟合度越好；Coefficient 表示解释变量对被解释变量的贡献度和影响关系，正值表示正相关，负值表示负相关，系数的绝对值越大，表明该解释变量对被解释变量的影响程度越大。

第三节　实证检验

一、OLS 模型分析

普通最小二乘法（OLS）也是最常用的空间回归方法之一，它可

---

① 刘卫东，刘红光，范晓梅，等. 地区间贸易流量的产业—空间模型构建与应用 [J]. 地理学报，2012（2）：147-156.

以确保 GWR 模型的准确性，是 GWR 模型分析的前序必要步骤①。普通最小二乘法（OLS）不考虑空间异质性的条件，使用解释变量与被解释变量进行普通 OLS 估计。因此，利用 ArcGIS 10.2 中空间统计工具的"普通最小二乘法"进行运算，输入解释变量（CC）和被解释变量（PC）的数据，分析结果如表 5 - 2 所示。

表 5 - 2　　　　　　　　　解释变量 CC 的 OLS 回归结果

年份	系数	t 值	P 值	标准差	R^2	AICc
2013	1.4707	9.2584	0.0000	0.2771	0.7385	31.9492
2014	1.4050	8.3501	0.0000	0.2923	0.6961	33.5979
2015	1.3329	8.4970	0.0000	0.2743	0.7036	31.2216
2016	1.1987	8.4326	0.0000	0.2366	0.7003	28.6176
2017	1.1724	7.2039	0.0000	0.2647	0.6292	37.1309
2018	1.1093	7.2163	0.0000	0.2385	0.6300	32.2085
2019	1.1639	8.5242	0.0000	0.2191	0.7049	27.2268

资料来源：笔者根据 ArcGIS 10.2 软件分析结果整理所得。

　　分析结果表中主要有系数、P 值、标准差等，并以此对模型的统计显著性进行判断。系数代表了每个解释变量对被解释变量的贡献度和关系类型，系数为正表示正相关，系数为负表示负相关，系数的绝对值越大，表示解释变量对被解释变量的影响程度越高。当 P 值（概率）小于 0.05 时，表示该模型具有统计显著性。从表 5 - 2 中可以看出，7 个年份的 P 值均为 0.0000，表明模型通过了显著性检验。文化资本对文化消费的影响系数均为正值，表明文化资本对文化消费具有正向影响，文化资本的积累会提高居民的文化消费支出水平，这与前面分析结果一致。从系数值来看，在不考虑其他变量的情况下，

---

① 李晶晶，闫庆武，胡苗苗. 基于地理加权回归模型的能源"金三角"地区植被时空演变及主导因素分析 [J]. 生态与农村环境学报，2018（8）：700 - 708.

文化资本每增加1个单位，文化消费支出至少增加1.1个单位，影响系数的值高于固定效应模型的分析结果。从年际变化过程来看，系数值处于逐渐降低的趋势，这说明文化资本存量的增加对文化消费水平的提升程度在减弱。

在 OLS 回归模型中，当两个或多个变量具有多重共线性时，所得出的结果是不可靠的，需要剔除相关变量。因此，在模型分析结果中，通过了方差膨胀因子（VIF）检验的解释变量，适合进行下一步的 GWR 模型分析。以文化消费支出（PC）为被解释变量，除核心解释变量（CC）外，将另外5个解释变量（gdp、gov、$inco$、$inter$、$urban$）逐一加入 OLS 模型，利用 ArcGIS 10.2 软件进行运算，结果发现仅有省域文化资本（CC）、人均文化事业经费（gov）、城镇化率（$urban$）3个解释变量的组合共同通过了显著性检验，结果如表 5 - 3 所示。

表 5 - 3　　　　解释变量 CC、gov、$urban$ 的 OLS 回归结果

年份	变量	系数	t 值	P 值	标准差	VIF（c）	其他参数
2013	截距	-1.2257	-6.8081	0.0000	0.2270	—	R^2 = 0.8959 AICc = 6.6899
	CC	0.8278	5.2643	0.0000	0.2005	2.4615	
	gov	0.3500	4.3737	0.0002	0.0861	1.2146	
	$urban$	1.0480	3.8197	0.0007	0.3189	2.6473	
2014	截距	-1.3477	-6.4331	0.0000	0.2866	—	R^2 = 0.8617 AICc = 12.4925
	CC	0.7128	4.0775	0.0004	0.1950	2.3715	
	gov	0.2493	3.2376	0.0032	0.0797	1.0725	
	$urban$	1.3856	4.5506	0.0001	0.3512	2.4303	
2015	截距	-1.3508	-6.1227	0.0000	0.3053	—	R^2 = 0.8589 AICc = 11.5097
	CC	0.6849	4.2735	0.0002	0.1773	2.1925	
	gov	0.2178	2.7793	0.0098	0.0873	1.0974	
	$urban$	1.4481	4.7687	0.0001	0.3625	2.1929	

年份	变量	系数	t 值	P 值	标准差	VIF（c）	其他参数
2016	截距	-1.3215	-6.0618	0.0000	0.3041	—	R² = 0.8714 AICc = 5.6833
	CC	0.5910	4.2371	0.0002	0.1285	2.2440	
	gov	0.2195	3.2906	0.0028	0.0814	1.0755	
	urban	1.5109	5.1161	0.0000	0.3553	2.2415	
2017	截距	-1.5566	-5.5021	0.0000	0.3873	—	R² = 0.8222 AICc = 17.6347
	CC	0.4956	2.9472	0.0065	0.1491	2.2265	
	gov	0.2269	2.7801	0.0098	0.0915	1.0587	
	urban	1.8342	4.8794	0.0000	0.4107	2.2108	
2018	截距	-1.6403	-6.2185	0.0000	0.3232	—	R² = 0.8425 AICc = 9.0266
	CC	0.3369	2.1488	0.0408	0.1210	2.4438	
	gov	0.1855	2.6375	0.0137	0.0731	1.1472	
	urban	2.1179	6.2137	0.0000	0.3112	2.2291	
2019	截距	-1.6750	-7.1699	0.0000	0.2606	—	R² = 0.8953 AICc = 8.7145
	CC	0.4098	3.1162	0.0043	0.1130	2.6151	
	gov	0.2333	3.9760	0.0005	0.0710	1.1490	
	urban	2.0319	6.6256	0.0000	0.2536	2.3965	

资料来源：笔者根据 ArcGIS 10.2 软件分析结果整理所得。

从表 5-3 的回归结果来看，联合卡方统计量 P 值均小于 0.05，该模型具有显著性；R^2 均大于 0.8，说明 OLS 模型具有较好的拟合度；3 个解释变量的方差膨胀因子（VIF）均远小于 3，表示未出现变量冗余，因而不存在多重共线性问题。从回归结果中可以看出，省域文化资本、人均文化事业经费、城镇化率与文化消费水平呈正相关关系。省域文化资本对文化消费的影响系数保持在 0.3 以上，也就是说文化资本每增长 1 个单位，居民文化消费支出会增长至少 0.3369 个单位。从时间过程上看，文化资本对文化消费的影响呈减弱的趋势，2013 年的影响系数为 0.8278，2019 年的影响系数已降至 0.4098；

其中，2018 年的系数为 0.3369，为历年最低值。人均文化事业经费对文化消费的影响系数保持在 0.18 以上，表明人均文化事业经费每增长 1 个单位，居民文化消费支出会增长至少 0.1855 个单位。从时间过程上看，文化事业经费对文化消费的影响也呈减弱的趋势，2013 年的影响系数为 0.35，2019 年的影响系数已降至 0.2333。城镇化率对居民文化消费的影响最为显著，影响系数均高于 1，表明城镇化率每提高 1 个单位，居民文化消费支出会增长至少 1.048 个单位。从时间过程上看，城镇化率对文化消费的影响呈逐渐增强的趋势，2013 年的影响系数仅为 1.048，2019 年的影响系数达 2.0319，增长了将近 1 倍。

二、GWR 模型分析

1. 模型总体分析

采用 ArcGIS 10.2 软件中空间统计工具的"地理加权回归"进行运算，选择 AIC 法来确定带宽，得出 GWR 模型的相关参数如表 5 - 4 所示。依据 Fortheringham 提出的 GWR 模型适用性判断标准，可以判定该模型具有良好的拟合性和有效性，较低 AICc 值的局部回归模型（GWR）比全局模型（OLS）更优越。同时，GWR 模型的 R^2 均在 0.85 以上，且 7 个年份的调整拟合优度均高于 OLS 模型，表明 GWR 模型得出的结果比 OLS 模型更好。综合以上结果，可以做出判断，GWR 模型可以降低模型中可能存在的空间自相关特性，得出的结果更为准确。

GWR 模型的参数估计结果见表 5 - 5。在参数估计结果中，各解释变量对被解释变量影响程度分为 5 个段位，分别为最大值、最小值、上四分位值、下四分位值和中位值（不含平均值），即五分位统计。由此可以看出，3 个解释变量的回归系数均为正数，数值范围变动幅度较为明显，说明各回归系数具有明显的空间差异，即解释变量对被解释变量的影响存在空间异质性。同时，中位值与平均值的数值均为正值，且数值差异小，从而可以判断各解释变量回归结果在空间范围内的影响性质是趋同的。

表 5 – 4　　　　　　　　OLS 模型与 GWR 模型回归结果对比

参数	2013 年		2014 年		2015 年		2016 年		2017 年		2018 年		2019 年	
	OLS	GWR	OLS	GWR	OLS	GWR	OLS	GWR	OLS	GWR	OLS	GWR	OLS	GWR
AICc	6.6899	5.7115	12.4925	12.3018	11.5097	9.7382	5.6833	4.2953	17.6347	17.1151	9.0266	8.7525	8.7144	7.8526
R^2	0.8959	0.9249	0.8617	0.8837	0.8589	0.9010	0.8714	0.9079	0.8222	0.8584	0.8425	0.8692	0.8953	0.9293

资料来源：笔者根据 ArcGIS 10.2 软件分析结果整理所得。

表 5 – 5　　　　　　　　GWR 模型回归系数统计

年份	变量	平均值	最大值	最小值	中位值	上四分位值	下四分位值
2013	CC	0.8515	0.9176	0.8041	0.8498	0.8233	0.8755
	gov	0.4095	0.5333	0.2444	0.4238	0.3535	0.4672
	urban	0.8749	1.1534	0.7456	0.8486	0.8116	0.9077
2014	CC	0.7267	0.7634	0.7009	0.7251	0.7160	0.7364
	gov	0.2665	0.3106	0.2122	0.2711	0.2503	0.2834
	urban	1.3318	1.4047	1.2879	1.3271	1.3162	1.3421
2015	CC	0.7222	0.8472	0.5839	0.7174	0.6762	0.7640
	gov	0.2842	0.4152	0.1085	0.2963	0.2351	0.3421
	urban	1.2250	1.5903	0.9821	1.1821	1.1355	1.2962
2016	CC	0.6131	0.6527	0.5261	0.6141	0.6068	0.6293
	gov	0.2768	0.3721	0.1180	0.2850	0.2368	0.3297
	urban	1.3121	1.5444	1.2004	1.3022	1.2482	1.3549
2017	CC	0.5074	0.5259	0.4936	0.5058	0.5009	0.5153
	gov	0.2602	0.3336	0.1493	0.2673	0.2341	0.2951
	urban	1.7280	1.7503	1.6795	1.7304	1.7221	1.7398

年份	变量	平均值	最大值	最小值	中位值	上四分位值	下四分位值
2018	*CC*	0.3385	0.3626	0.3219	0.3387	0.3310	0.3434
	gov	0.1992	0.2315	0.1397	0.2019	0.1868	0.2171
	urban	2.0824	2.1336	1.9938	2.0917	2.0592	2.1082
2019	*CC*	0.4066	0.4675	0.3418	0.4050	0.3754	0.4461
	gov	0.2741	0.3851	0.1230	0.2872	0.2410	0.3189
	urban	1.8778	2.1487	1.5644	1.8816	1.7898	1.9724

资料来源：笔者根据 GWR 模型的参数估计结果整理而得。

2. 模型的影响因子回归系数分析

在 GWR 模型分析结果中，每一个地理单元都有一个相应的回归系数，正的系数值越大，表明文化资本对文化消费的影响程度越强。从表5-5可以看出，文化资本对文化消费的影响系数在 0.3385 以上，系数值呈逐年降低的趋势。各地理单元回归系数的数值不相同，数值间的差异则反映出该解释变量对被解释变量影响程度的差异。运用 ArcGIS 10.2 软件将 GWR 模型结果进行处理，生成各影响因子回归系数的分级图，以便更直观地展现省域文化资本（*CC*）、人均文化事业经费（*gov*）、城镇化率（*urban*）对文化消费影响程度的空间差异性。

分析结果显示，2013～2019年文化资本、人均文化事业经费、城镇化率的回归系数均为正值，且存在着显著的省际差异的地区差异。为便于比较和分析，分别对2013年和2019年分级图中的数据进行统计计算，分别得到东部、中部和西部地区的影响因子回归系数（见表5-6）。

（1）省域文化资本（*CC*）的回归结果分析。

从表5-6可以看出，省域文化资本（*CC*）回归系数存在着显著的区域差异；这表明省域文化资本积累对居民文化消费起正向促进作用，不同省域文化资本对文化消费水平的影响程度不同。如前所述，东部沿海地区省份的文化资本水平高，西部地区省份的文化资本水平普遍偏低。从回归系数分级图上看，西北地区文化资本对文化消费影响程度最强，东南沿海地区文化资本对文化消费影响最弱，省域文化资本对文化消费发展影响强度呈现出"东低西高、中间均衡"的格局。随着时间推移，西部地区回归系数值高的省份数量在增加，但东部地区与西部地区影响程度的差异越来越小，回归系数的最高值由 0.91 降至 0.47。这表明，在西部地区的文化资本积累更能够促进居民文化消费水平的提升，东部地区的文化资本的积累对居民文化消费提升的影响程度相对较弱，这一结论在一定程度上拒绝了上文提出的假设。

表 5–6　　　　2013 年和 2019 年分地区 GWR 模型的影响因子回归系数值

年份	文化资本（CC）			文化事业经费（gov）			城镇化率（urban）		
	东部	中部	西部	东部	中部	西部	东部	中部	西部
2013	0.8033	0.8345	0.8871	0.4487	0.4146	0.3295	0.7743	0.8511	1.007
2019	0.3767	0.4012	0.4569	0.3618	0.2993	0.1979	1.7501	1.8706	2.098

资料来源：笔者根据模型计算结果整理而得。

从时间过程来看，文化资本对文化消费影响的两极分化越来越明显，即西部经济欠发达地区文化资本对文化消费的影响程度在逐渐增强，主要变化集中于西南地区云南、四川、西藏和西北地区的新疆、青海，以西藏的变化最为明显。这一现象表明区域文化资本积累对文化消费水平的提升具有正向效应，与东部地区相比，西部地区文化资本的积累对文化消费的正向效应更为明显，更能够促进文化消费水平的提升。因此，西部地区更应该高度重视文化及相关产业的发展，加快文化资本的积累，促进区域文化消费水平的提升。

（2）人均文化事业经费（gov）的回归结果分析。

从表 5–6 中可以看出，人均文化事业经费对文化消费水平产生正向影响，且影响程度存在明显的空间差异。人均文化事业经费的增加在东部地区对文化消费的影响更显著，而在西部地区产生的影响程度偏低。西部地区特别是新疆、西藏自治区文化事业经费对文化消费影响最弱，东部沿海地区人均文化事业经费对文化消费影响最强，影响强度呈现出"东高西低"的格局。相关研究显示，新疆、西藏、宁夏、内蒙古等西部少数民族地区虽经济发展水平低，但政府在公共文化领域的投入大，文化事业费占财政支出比重、人均文化事业费均在全国排在前列①。从结果可以推断，区域人均文化事业经费处于较高水平，人均文化事业经费对文化消费的促进作用越不明显。公共文化服务的公益性与文化产业的商业性存在互斥关系，公共文化产品与私人文化产品具有相互排斥性②；政府在公共文化领域的投入丰富了公共文化产品的供给，使得居民文化消费更多地指向公共文化产品，进而减少私人文化产品的需求，如文化娱乐用品与服务、家庭成员教育消费等，从而导致文化消费支出的减少。

从时间过程来看，人均文化事业经费对文化消费影响的空间差异变化不明显。综合来看，区域人均文化事业经费对文化消费水平的提升具有正向效应，人均文化事业经费较低的地区增加公共文化财政支出，对本地区居民文化消费的影响程度更大。根据这一结论可以推断，在文化资本水平低的地区，存在文化设施不齐全、文化产品不丰富、文化消费环境不完善等问题，政府在公共文化领域增加的财政支出并没有拉动文化消费产生相应的增长，并可能会产生了边际递减效应。因此，在文化资本水平低的地区，保持公共文化事业经费投入在一定水平的基础上，侧重于文化产业的发展，不断加强文化资本的积累；在文化资本水平高的地区，需要充分利用公共文化事业经费投入

---

① 周建新，刘宇.我国省域文化资本估算及其空间差异——基于2007~2017年省域面板数据的研究［J］.山东大学学报（哲学社会科学版），2019（5）：72–83.
② 吴军军，周锦，顾江.公共文化服务体系效率评价及影响因素研究——以江苏省为例［J］.东岳论丛，2013（1）：131–136.

的正向效应,进一步加大公共文化领域的财政支出,拉动文化消费支出的增长。

(3)城镇化率(*urban*)回归结果分析。

从表5-6中可以看出,城镇化率对文化消费水平产生正向影响,且影响程度存在明显的空间差异,即城镇化率对西部地区的影响程度高,对东北地区与东部沿海地区的影响程度低。城镇居民收入水平高于农村居民,其文化消费支出也远高于农村居民,城镇居民是文化消费市场的主体;城镇化率的增长意味着城镇人口数量的增加,文化消费主体的消费行为带动了文化消费市场的繁荣,从而促进整个区域居民文化消费水平的提高。但城镇居民收入水平对文化消费支出呈现出一个斜率下降的折线关系,在区域经济发展水平处于门槛值以上的地区,边际文化消费倾向下降[1]。东北地区的城镇化率对于居民文化消费水平的影响较弱,初步推断这与东北地区人口外流有关。近年来,东北地区人口外流数量逐年增加,劳动力外流对东北地区经济增长产生了不良影响,这种影响程度比全国其他人口流出地区都要大[2]。劳动人口外流既影响了经济发展,也意味着文化消费群体的缩减,必然对文化消费市场产生负面影响,阻碍了文化消费水平的提升。

走中国特色新型城镇化道路是党的十八大提出的城镇化发展战略与具体路径,此后我国城镇化进入新的阶段,农业人口的非农化速度加快,中西部地区城镇化率增速明显,城镇化成为带动经济转型升级、改善民生、提升公共服务的重要动力。从年际变化过程看,2013年与2019年的城镇化率回归系数变化较小,城镇化率对文化消费影响的空间差异变化不明显。从三大地区回归系数值可以推断,对于城镇化率低的西部地区,城镇化率的增长对居民文化消费水平的正向影

---

[1] 田虹,王汉瑛.中国城乡居民文化消费区域差异性研究——基于面板门槛模型的实证检验[J].东北师大学报(哲学社会科学版),2016(3):25-34.

[2] 胡秋灵,郭帅,姚宇.东北地区人口外流对经济增长影响的实证研究[J].吉林师范大学学报(人文社会科学版),2018(3):88-93.

响显著；在城镇化率高的东部沿海地区，城镇化率增长对居民文化消费水平提升的效果不显著。

■ 第四节　本章小结

区域文化资本水平和居民文化消费水平存在空间差异性。在借鉴空间异质性理论和空间统计分析方法的基础上，采用 GWR 模型分析区域文化资本对文化消费影响的空间差异，主要研究结论如下：

第一，我国居民文化消费水平存在正向空间相关性，省域文化资本、人均文化事业经费、城镇化率与文化消费水平呈正相关关系。省域文化资本对文化消费的影响系数保持在 0.3 以上，文化资本对居民文化消费的影响呈减弱的趋势。人均文化事业经费对文化消费的影响系数保持在 0.18 以上，且对文化消费的影响也呈减弱的趋势。城镇化率对居民文化消费水平的影响最为显著，影响系数均高于 1，且对文化消费的影响呈逐渐增强的趋势。

第二，省域文化资本对文化消费水平的影响存在显著的空间差异，呈现出"东低西高、中间均衡"的格局，但东部地区与西部地区文化资本对文化消费影响程度的差异越来越小。西部地区的文化资本积累更能够促进居民文化消费水平的提升；而东部地区文化资本的积累对居民文化消费提升的影响程度相对较弱。研究结论在一定程度上拒绝了本章第一节提出的假设。因此，对于经济欠发达、文化资本水平偏低的西部地区而言，应该高度重视文化及相关产业的发展，通过文化资本的不断积累，促进区域文化消费水平的提升。

第三，作为解释变量的人均文化事业经费与城镇化率对文化消费的影响程度也存在显著的空间差异。人均文化事业经费对文化消费水平产生正向影响，影响程度存在明显的空间差异；人均文化事业经费对东部文化资本水平高的地区的影响程度高，对西部文化资本水平低的地区的影响程度低，呈现出"东高西低"的格局。省域城镇化率对文化消费水平产生正向影响，且影响程度存在明显的空间差异，即西部地区城镇化率对文化消费水平的影响程度强，东北地区与东部沿海地区城镇化率对文化消费水平的影响程度偏弱。

第六章

家庭文化资本对居民文化消费的影响

1955年，英国经济学家威廉·阿瑟·刘易斯（William Arthur Lewis，1955）出版了《经济增长理论》一书，该书至今仍被认为是"第一部简明扼要地论述了经济发展问题的巨著"。书中对经济发展的动因做了系统的分析，他指出人们的需求满足和生产劳动"取决于积累的物质资本和文化资本、习惯和禁忌等"。其中，"所谓的文化资本意指一个社会知识积累的基本情况。例如，一个人如果不能够阅读，那么报纸、书籍和其他需要文化才能享受的消费品对他来说就毫无用处。倘若一个社会的文化对音乐的欣赏停留在很低的水平上，那么对乐器和音乐娱乐的需求也不会高。同样的，对剧院、电影院、体育场、舞厅等类似的群众性娱乐场所的需求也取决于人们的文化修养。[①]"从中可以看出，文化资本对文化消费的发展起到至关重要的作用，是文化消费的内驱动力。

第一节　数据来源与变量选取

一、理论假设

文化资本的代际传递和文化品位的代内养成在社会再生产过程中

---

① 威廉·刘易斯. 经济增长理论 [M]. 周师铭，译. 北京：商务印书馆，1983.

具有重要的作用①。家庭是最基本的社会生活单位，也是社会消费的基础。文化消费涉及家庭成员的个人消费和家庭共同消费，与家庭的收入状况、消费观念、家庭成长环境等众多因素密切相关，这些因素都是家庭环境的组成部分。文化消费习惯和品位的养成在很大程度上也受到了家庭环境的影响，尤其是父母受教育水平的影响。文化品位的内容既包括文化兴趣，比如，喜欢听何种音乐、喜欢什么类型的电影；也包括文化实践，比如，听现场音乐会、参观国内外展览等。

一般来讲，受教育程度越高的个人相对能更好地感知自己的精神需求，并能通过消费相关的文化产品满足个人的需求，而且家庭也是文化资本最原始和最主要的再生产与转化场所。首先，家庭环境与家庭氛围对家庭成员的行为习惯、消费品位有着直接的影响。父母的"示范效应"会产生潜移默化的作用，对下一代的文化需求具有重要的作用。父母的文化素质、兴趣爱好、行为习惯等，孩子们都会争相效仿。例如，成长于书香门第或艺术世家的孩子往往有更多的机会接触各种文化作品，这种机会对于审美能力的形成和文化品位的提高具有不可忽视的作用②。也就是说，文化资本水平高的家庭掌握了较多的消费知识和技能，其消费观念更能与时俱进，对新消费形式的接受度较高。其次，父母的受教育水平通常与个人收入有比较密切的联系，父母受教育程度通过影响自身的收入水平，进而影响家庭整体的收入。即由于存在较高的收入预期，文化资本水平高的家庭具有较高的边际消费倾向和较强的财富效应，其消费水平也相对较高。因此，从这个角度来看，文化资本的提高能够正向推动家庭文化消费的支出。

在日常生活中，学历是个人能力化文化资本突出的表现形式，

---

① 朱迪，陈蒙. 城市中产家庭的子女品味培养育与文化资本再生产［J］. 社会科学，2021（4）：72－84.
② 高莉莉. 文化资本视角下我国文化消费水平提升研究［D］. 南京：南京大学，2014.

代表学问上的造诣，即学问达到的程度。个人的学历获得从根本上要依靠个人通过接受教育、加强修养等途径完成，这一过程包含了劳动力的变化和同化，需要个人付出时间和精力，而且必须亲力亲为的投入。这种投入首先是时间上的，其次是身体上的。所以，从这一角度出发，可以进一步将衡量个人文化资本最精确的途径看作是获取收益所付出的时间。这些时间，主要是指在个人某种亲身劳动过程中付出的时间，如受教育过程中花费的时间①。因此，受教育的程度与个人文化资本紧紧联系在一起，可以作为衡量一个人文化资本的代理变量。

本章利用"中国家庭动态跟踪调查"的数据进行分析，研究家庭文化资本对居民家庭文化消费的影响程度，根据文化资本对家庭文化消费的影响机制，提出本章的假设。

假设：家庭文化资本在"示范效应"的作用下，会促进家庭文化消费的增长。

二、数据来源

本章所使用的数据来源于"中国家庭动态跟踪调查"（CFPS），该数据库涵盖个体、家庭、社区三个层次的数据，由北京大学中国社会科学调查中心（ISSS）建立。本文使用的是 2018 年的调查数据，该项调查涵盖了除西藏自治区、青海省、新疆维吾尔自治区、宁夏回族自治区、内蒙古自治区、海南省外的 25 个省（区、市），是对全国 95% 的人口进行抽样调查，以家庭为单位调查家庭所有成员。该项调查以问卷调查的方式开展，问卷分为社区问卷、家庭问卷、成人问卷和少儿问卷四种类型，其中，详细收录了家庭收入、消费支出、

---

① 陈锋. 文化资本研究——文化政治经济学建构［M］. 西安：西安交通大学出版社，2016.

教育经历等数据，是进行家庭消费研究的理想数据来源。

本章所用数据主要来自家庭问卷和成人问卷。2018 年的 CFPS 数据拥有 14242 户家庭样本数据，32670 个个体样本数据。笔者先将家庭层面数据集与个人层面数据合并，然后根据实证分析所需，对数据进行细致地筛选，删除关键变量有缺失的值、异常值和不适用的样本，最终共得到有效家庭样本 1115 个。

三、变量选取

（一）被解释变量

本章使用的被解释变量是家庭文化消费（household cultural consumption，HCC）水平。在 CFPS 家庭问卷的家户支出部分中设有这样的问题："过去 12 个月，您家用于文化娱乐的支出为多少（元/年)?" 因此，本章以此指标来衡量家庭文化消费水平。

（二）主要解释变量

本章主要考虑不同家庭的文化资本对家庭文化消费水平的影响。家庭成员的文化能力是家庭文化资本获得的主要来源。首先，文化消费的独特之处在于，文化商品的价值不止来源于对其本身带来的物质享受，而且还来源于消费者从文化消费品中得到的精神享受，而这种感受因人而异，与个人的文化能力相关，而文化能力又与个人的受教育水平密切相关，受教育水平高的居民会有更宽广的消费领域和多样的消费方式。可以说，受教育程度是居民个人文化资本的最直接的体现，个人文化资本的存量主要取决于外生的初始禀赋和后天的学习积累。在这两种形式的文化资本积累过程中，父母起到了非常大的影响作用。父母的教育程度越高，家庭的初始文化资本水平就越高，在某个特定的时点整合到可利用的文化资本存量中的部分就越大，对于文化资源的接触也往往会有一定优势，因而整个家庭就更加倾向于参与到文化消费中去①。其次，家庭状况的好坏对家庭成员消费行为有直接的影响，在大多数情况下，购买活动由个人独自完成，但个人会有意无意的权衡家人意见，家人对做出选择起到非常重要的作用。因此，父亲或母亲作为家庭消费的决策者，往往对家庭的文化消费起到直接决定作用。最后，根据布迪厄的文化消费理论，受家庭环境、学校教育影响而形成的个体化文化资本最具正统性，是个人文化资本的主要来源②。

另外，受教育时间形成了计量文化资本上的一个理论维度，在理论上也有着重要的依据。经济学家保罗·萨缪尔森（2008）指出，资本在本质上意味着时间的耗费和间接的生产手段③。因而，文化资本的积累意味着时间的耗费和为了文化再生产而在一定时间内劳动的付出。如果把每个主体在单位时间内的投入和付出同质、等量看待，那么衡量个人文化资本的最直接标准，就是主体为了获取文化资本而投入的有效时间长度④。

因此，根据文献综述，本章参照朱迪（2015）⑤、杨毅（2016）⑥、高莉莉等（2019）⑦学者的研究成果，将父亲和母亲的受教育程度作为家庭文化资本的代理变量，以"父亲受教育年限"（feduyear）代表父亲的受教育程度，以"母亲受教育年限"（meduyear）代表母亲

---

①　Victoria M，Ateca - Amestoy. Determining heterogeneous behaviour through ZINB models：Differences on theater participation［J］. Documentos De Trabajo，2005：1 - 24.

②　朱伟珏，姚瑶. 阶级、阶层与文化消费——布迪厄文化消费理论研究［J］. 湖南社会科学，2012（4）：52 - 57.

③　萨谬尔森. 经济学［M］. 萧琛，译. 北京：人民邮电出版社，2008.

④　陈锋. 文化资本研究——文化政治经济学建构［M］. 西安：西安交通大学出版社，2016.

⑤　朱迪. 经济资本还是文化资本更重要？——家庭背景对大学生消费文化的影响［J］. 黑龙江社会科学，2015（1）：111 - 119.

⑥　杨毅，王佳. 文化资本的集聚与表达：大学生文化消费影响因素的 Logistic 模型研究［J］. 湖南社会科学，2016（6）：114 - 119.

⑦　高莉莉. 中国文化消费水平提升问题研究［M］. 北京：经济科学出版社，2019.

的受教育程度，分析家庭文化资本对家庭文化消费的影响。受教育程度以受教育年限来衡量，进行如下设置：小学以下为 0 年，小学为 6 年，初中为 9 年，高中、职高、中专和技校为 12 年，大专和高职为 15 年，大学本科、硕士、博士分别为 16 年、19 年和 22 年。

（三）控制变量

根据实证模型设定的需要，本章还将其他可能影响文化消费水平的因素纳入分析中，主要包括户主的人口统计学特征和家庭经济特征。控制变量主要包含以下几个方面：

（1）个人的自然特征。

主要包括被调查者的性别、年龄、年龄的平方、婚姻状况和健康状况 5 个个人特征指标。其中，$gender$ 表示性别，男性赋值为 1，女性赋值为 0；个人的年龄用 age 表示，指在问卷调查当时，被调查者的具体年龄，以周岁来衡量。考虑到年龄的非线性影响，使用被调查者年龄的平方项（age^2），通过公式"年龄的平方/100"计算得出数值。个人婚姻状况（mar）包括未婚、已婚、离异、丧偶、同居 5 个类型，已婚赋值为 1，其他均赋值为 0。个人健康状况（$health$）分为不健康、一般、比较健康、很健康、非常健康 5 个等级，分别赋值 1、2、3、4、5。

（2）家庭的社会特征。

主要包括家庭总收入、家庭规模和家庭居住状况三个家庭特征指标。家庭收入（$household\ income$）是家庭成员收入的总和，包括工资性收入、经营性收入、财产性收入、转移性收入和其他收入。家庭规模（$size$）是指家庭人口数量，即家庭的常住人口数；家庭居住状态（$urban$）用是否为城镇家庭来衡量，城镇家庭赋值为 1，农村家庭赋值为 0。

第二节　模型设定与变量说明

一、模型设定

为了检验家庭文化资本对于家庭文化消费的影响，本节根据数据特点和变量定义，参考冯晨等（2019）[①] 的模型设计，设定如下的基本模型：

$$\ln hcc_i = \beta_0 + \beta_1 feduyear_i + \beta_2 meduyear_i + \delta X_i + \varepsilon_i \qquad (6-1)$$

式（6-1）中，$\ln hcc_i$ 为家庭 i 的文化消费支出对数，是被解释变量，衡量家庭文化消费水平，$feduyear$ 和 $meduyear$ 分别为父母的教育年限，即代表家庭文化资本水平，i 代表研究样本中的个体，X 为其他一系列影响家庭文化消费的控制变量，它包括户主性别、年龄、年龄的平方、婚姻状况和健康状况 5 个个人指标和家庭总收入、家庭规模和家庭居住状况 3 个家庭指标，β_0 为截距项，β 表示各待估系数值，ε 表示随机扰动项。

二、变量描述性统计

变量的统计特征描述如表 6-1 所示。从表 6-1 中可以看出，在父亲和母亲受教育程度方面，存在明显的性别差异。父亲的平均受教育水平为 8.97 年，母亲的平均受教育水平为 7.43 年，这说明父亲基本完成了九年制义务教育，母亲受教育机会相对较小，父亲的受教育

---

① 冯晨，陈舒，白彩全. 长期人力资本积累的历史根源：制度差异、儒家文化传播与国家能力塑造 [J]. 经济研究，2019（5）：146-163.

年限比母亲普遍高一些，但是父亲或母亲在家庭文化消费的影响力大小还有待进一步分析。从整体上看，父母的受教育水平都较低，这可能是因为在 1978 年恢复高考之前长期的历史问题，导致绝大多数被调查者的父亲、母亲的受教育年限普遍偏低；从家庭文化消费支出和家庭年均收入方面来看，都存在明显的差距；从年龄和健康方面来看，平均年龄约为 40 岁，都比较健康；从家庭规模来看，家庭人口数量的均值约为 4 个人。

表 6 - 1 主要变量的描述性统计

变量名称	变量含义	均值	标准差	最小值	最大值
lnhcc	家庭文化消费支出对数	2.50	3.14	0	9.21
feduyear	父亲的受教育水平（年）	8.97	5.06	0	19
meduyear	母亲的受教育水平（年）	7.43	4.92	0	19
gender	性别（男 =0，女 =1）	0.49	0.50	0	1
age	年龄/岁	36.7	13.29	18	65
mar	婚姻状况（已婚 =1，其他 =0）	0.88	0.32	0	1
health	健康状况	3.13	1.16	1	5
income	家庭总收入/万元	10.74	1.25	2.1	14.47
size	家庭规模：家庭的常住人口	3.73	1.88	1	8
urban	居住状态（城镇 =1，农村 =0）	0.58	0.49	0	1

资料来源：笔者根据 2018 年 CFPS 数据库数据整理而得。

已有研究表明，在家庭生命周期的不同阶段，个体文化消费行为显示出较为明显的年龄效应①。为了考察家庭文化消费的年龄效应，本文根据户主年龄将样本划分为 5 个年龄段，不同年龄段的文化消费水平情况如表 6 - 2 所示。总体而言，家庭消费水平随着户主年龄的

---

① 余玲铮. 中国城镇家庭消费及不平等的动态演进：代际效应与年龄效应 [J]. 中国人口科学，2015（6）：69 - 79.

增大呈现出先大幅下降，后缓慢上升的态势，尤其是父母为 35～44 岁的家庭的文化消费支出处于谷底。其原因在于户主年龄为 35～44 岁的家庭需要承担抚育子女和赡养老人的双重责任，在收入一定的情况下具有储蓄倾向更强的消费特征。户主为 25～34 岁的年轻人的家庭在文化消费支出方面要明显高于户主为 55～65 岁的老年人的家庭，说明年轻群体更偏好文化娱乐等享受性消费。

表 6 - 2　　　　　不同年龄组的家庭人均消费水平差异　　　　单位：元

项目	18～24 岁	25～34 岁	35～44 岁	45～54 岁	55～65 岁
家庭人均文化消费	263.5	508.9	226.0	312.6	348.0

资料来源：笔者根据 2018 年 CFPS 数据库数据整理而得。

为了更好地分析家庭文化资本对家庭居民文化消费的影响，笔者分别就家庭中父亲和母亲受教育程度对家庭文化消费的影响进行了描述性统计。表 6 - 3 给出了父母受教育程度与家庭平均文化消费水平

表 6 - 3　　　　　父母受教育程度与家庭平均文化消费水平

受教育程度	父亲（人）	家庭平均文化消费（元）	母亲（人）	家庭平均文化消费（元）
文盲或半文盲	210	159.95	224	122.99
小学	177	161.92	186	236.73
初中	293	218.25	300	256.93
高中或中专	186	682.57	187	580.51
大专	148	1007.96	124	821.07
本科	93	1112.06	89	1066.67
硕士及以上	8	1333.3	5	1227.4

资料来源：笔者根据 2018 年 CFPS 数据库数据整理而得。

的描述性统计结果，可以看出，父母受教育年限对家庭文化消费具有正向关联的关系。具体而言，随着父亲和母亲文化程度的提高，家庭平均文化消费性支出逐渐递增，并且高中和大专文化程度上存在文化消费支出猛增的情况，这说明接受高等教育对于文化消费支出的影响十分明显，也反映出以受教育程度为核心的能力化文化资本能够有效地提高家庭收入，也能极大地提高家庭文化消费水平。

第三节　实证检验

一、结果分析

在本书第二章第三节中论述了能力化的文化资本对于居民文化消费的影响机制，并在第四章中从宏观的省域层面进行了实证分析。本章基于微观视角，将家庭文化消费支出作为被解释变量，以父母的受教育年限作为家庭文化资本的代理变量，采用多元 OLS 方法进行回归分析，模型中各解释变量的相关系数使用 Pearson 方法进行估算，并且检验了多重共线性的问题。根据相关系数矩阵，大部分解释变量在超过5%的显著性水平上拒绝总体相关系数为 0 的原假设，除了父亲和母亲的年龄与年龄的平方外，其他相关系数都不超过 0.5，可以用来解释家庭文化消费支出。另外，除了年龄和年龄的平方外，VIF 值小于 10，即年龄和年龄的平方之间存在多重共线性，其余解释变量之间不存在严重的共线性。

表 6-4 列出了主要解释变量家庭文化资本对家庭文化消费支出的估计结果。笔者研究发现，家庭文化资本对于家庭文化消费支出具有显著的积极影响。

表 6 - 4　　　　家庭文化资本与家庭文化消费支出的估计结果

变量名	被解释变量：家庭文化消费支出			
	模型（1）	模型（2）	模型（3）	模型（4）
feduyear	0.032 *** (5.151)	0.028 *** (5.080)	0.030 *** (5.101)	0.035 *** (5.287)
meduyear	0.027 *** (3.286)	0.025 *** (3.261)	0.022 *** (2.906)	0.023 *** (3.101)
income	—	0.143 *** (7.566)	0.148 *** (7.441)	0.154 *** (7.531)
gender	—	—	- 0.129 (- 0.695)	- 0.074 (- 0.392)
age	—	—	- 0.215 ** (- 1.821)	- 0.201 ** (- 0.035)
mar	—	—	0.080 ** (0.263)	0.082 ** (0.274)
health	—	—	0.121 (0.306)	0.127 (0.331)
size	—	—	—	- 0.033 ** (0.014)
urban	—	—	—	0.065 *** (0.009)
constant	2.537 *** (0.140)	4.328 *** (0.306)	5.016 *** (0.313)	5.496 *** (0.323)
R - squared	0.658	0.669	0.757	0.772

注：*** 、** 、* 分别表示1%、5%、10%的显著性水平，括号内为稳健性标准误。
资料来源：笔者根据计算结果绘制。

表 6 - 4 中，模型（1）主要考察了以父亲和母亲的受教育程度为代理变量的家庭文化资本对于家庭文化消费支出的影响。回归结果

显示，在 1% 的显著性水平下，家庭文化资本对于家庭文化消费支出具有正向的积极影响，回归系数分别为 0.032 和 0.027，这表明父母的受教育情况对家庭文化消费有着明显的影响。父母受教育的时间越长，文化资本存量越丰富，家庭的文化消费支出就越多。通常情况下，作为家长的父母是家庭消费行为的决策者，父母的受教育水平影响了整个家庭的文化消费观念和消费习惯，从而直接影响了家庭文化消费的水平。

一般来说，父母是子女消费行为的决策者，甚至是子女所需消费品的购买者。父母的文化资本水平越高的家庭，其消费观念更能与时俱进，对新消费形式的接受度也越高，家庭中的文化氛围也越浓。家庭中通过早期教育、艺术熏陶等方式带动家庭文化消费活动，这样"习惯"就形成一种文化先天上的差异。布迪厄认为，只有拥有对艺术品的感知与领会能力，能够以艺术品所期待的方式去解码，才能体会到审美的满足与愉悦，从而进一步强化文化消费的欲望[1]。因此，在父母教育程度高的家庭中，文化消费观念和消费习惯促使家庭文化消费支出增加；在这种潜移默化的影响中，代际影响（从一代人传递给下一代人的信息、信念和资源）影响着消费者对某些品牌名称和偏好品牌的购买和使用。另外，由于文化资本会带来较高的经济资本，所以文化资本水平高的家庭具有较高的边际消费倾向和较强的财富效应，其文化消费水平也相对较高[2]。

值得注意的是，父亲受教育年限的影响系数要高于母亲，这说明父亲在家庭文化消费中所起到的影响力要高于母亲。其原因在于：一方面，学历越高，接受新鲜事物的能力越强，会被认为见多识广，会更有生活情趣，能提高生活质量，在家庭文化消费中其意见也越容易

---

[1]　Pierre Bourdieu. Outline of a throry of art perception ［M］. Cambridge：Polity Press, 1993.

[2]　刘子兰，刘辉，袁礼. 人力资本与家庭消费——基于 CFPS 数据的实证分析 ［J］. 山西财经大学报，2018，40（4）：17-35.

被接受。另一方面，在家庭决策的角色上，父亲经常扮演的角色是工具性的，也就是说父亲在家庭消费决策中会更有领导性，影响购买决策，例如何时购买和买多少，这可能与父亲通过文化资本获得的经济资本有关系。而女性强调和谐的关系和表现出相对的从属、情感和家庭导向，所以，母亲经常扮演的角色是表达性的，即决定着家庭的规范，例如，颜色和外形的选择。在目前中国绝大多数传统家庭里，父亲仍然扮演工具性角色，而母亲扮演表达性角色，但随着女性平均受教育程度越来越高，也正在改变这一模式。

需要指出的是，上述结果是在控制了家庭总收入、家庭规模等变量之后得到的，因而父母受教育年限影响家庭文化消费的主要途径是通过改变家庭的消费观念、消费习惯，使家庭的消费偏好和消费行为产生差异。

模型（2）是在对父母受教育程度对家庭文化消费支出的影响进行初步估计的基础上，加入家庭收入这一变量，因为家庭收入水平是影响居民家庭文化消费的关键因素。一般而言，经济收入水平越高的家庭，其文化消费水平越高，在消费结构上会侧重于享受型消费。通过回归发现，家庭总收入的回归系数显著为正，表明拥有家庭收入水平与家庭文化消费支出成正相关，回归结果与经济现实是相吻合的。解释变量回归系数的方向和显著性并未发生明显改变，说明回归结果较为稳健。

在模型（2）的基础上，加入户主人口统计特征、家庭特征等其他相关变量，以进一步分析这些因素对家庭文化消费的影响。因此，在模型（2）基础上加上性别（gender）、年龄（age）、婚姻状况（mar）、健康状况（health）等特征，构建模型（3）。

回归结果发现，父亲、母亲受教育水平的系数分别为 0.03 和 0.022，在 1% 水平上显著，表明父母受教育水平年限与家庭文化消费支出显著正相关，即受教育水平越高，家庭文化消费支出越大。家庭文化消费支出与户主人口特征也存在相关性。从性别上看，男性户主家庭与女性户主家庭存在着差异，男性户主家庭的文化消费水平要高于女性户主家庭，这可能与女性精打细算的生活习惯有关系。从年龄上看，户主年龄与家庭文化消费之间存在显著的负向相关；加入年龄的平方，发现户主年龄对家庭文化消费支出的影响更为显著，这说明户主年龄与家庭文化消费之间可能存在显著的非线性关系，即"U"形曲线关系，表现为35～44岁的户主家庭的文化消费支出处于较低水平，这也印证了描述性统计的结果。究其原因，可能是户主的家庭负担较重，虽然家庭收入较为稳定，但上有老下有小，日常消费、小孩教育、老人赡养等支出较多，其生活压力更大。婚姻状态对家庭文化消费具有显著性的正向影响，已婚家庭的结构较稳定，文化消费支出具有计划性，因而对文化消费具有促进作用。从户主的健康状况来看，它对家庭文化消费影响不显著，这也表明文化消费是满足精神需求的消费。此外，在模型中还加入了是否为城市（urban）和家庭规模（size）等家庭环境因素，构建模型（4）。

对比模型（3）和模型（4）可以发现，总体来说，性别、年龄、健康、婚姻等社会经济变量估计结果基本一致。父母受教育变量的估计系数仍显著为正，显著性稍有增强。模型（4）中，父亲受教育年限每提高1年，家庭文化消费显著提高0.035个标准差；母亲受教育水平每提高1年，家庭文化显著提高0.023个标准差。在家庭特征方面，家庭常住人口数对于家庭文化消费具有显著的负向影响，家庭户籍（urban）的系数显著为正，即城镇家庭的文化消费支出显著高于农村家庭的文化消费，这可能是由于在我国，父母亲的受教育水平存在较大的城乡差异，农村父母的受教育程度普遍较低。家庭规模的大小也会影响到家庭文化消费支出，家庭规模越小，家庭文化消费决策及消费支出的灵活性就越强，而一个家庭如果成员越多，在消费观念、消费需求上相互牵制的可能性就越大，家庭人均收入及人均文化消费支出可能会较低。

在模型（1）～模型（4）的结果分析中，逐渐添加解释变量，得出的 R^2 不断提高，表明数据拟合程度较好，显著性和系数的符号也具有较高的一致性，回归结果具有一定的稳健性。

二、稳健性检验

为进一步增强"文化资本促进家庭文化消费增加"这一结论的可信度，接下来通过更换被解释变量来进行稳健性检验。

为保证估计结果的稳健性，参照已有研究的做法，本章将被解释变量"家庭文化消费"的衡量方法变更为"家庭人均文化消费支出"和"家庭文化支出占家庭消费性总支出比"，以进一步考察家庭文化资本对家庭文化消费支出的影响。按照基准模型进行稳健性估计，从表6-5估计结果可以看出家庭文化资本系数仍显著为正，其他控制变量的系数在正负号及显著性方面也与基准回归结果基本一致。这表明在利用其他指标衡量家庭文化消费支出的情况下，本书的研究结论未发生实质性改变，进一步验证了前面的研究结论是稳健的。

表6-5 家庭文化支出占家庭消费性总支出比
作为被解释变量的回归结果

变量名	更换被解释变量	
	家庭人均文化消费支出	家庭文化支出占家庭消费性总支出比
feduyear	0.026 *** (6.501)	0.033 *** (6.661)
meduyear	0.019 *** (3.806)	0.021 *** (3.912)
constant	2.537 *** (0.140)	3.117 *** (0.216)
R - squared	0.758	0.726

注：该表中回归均控制了父母、家庭等方面的特征；括号内为稳健标准误；***、**、* 分别表示1%、5%、10%的显著性水平。
资料来源：笔者根据计算结果绘制。

三、内生性问题

在家庭文化资本对家庭文化消费影响的研究中存在一个不可避免的问题，即如何解决家庭文化资本与家庭文化消费之间的内生性问题[①]。家庭文化资本与家庭文化消费之间存在内生性的原因有三方面：第一，反向因果可能引起内生性。这种可能的反向因果主要表现为，在家庭文化资本积累提升的过程中可以促进家庭文化消费，同时，家庭在进行文化消费的过程中也是一种家庭文化资本积累的过程，从而在长期内积累更加丰富的家庭文化资本。第二，由于检验中存在遗漏变量的风险，一些不可观测的因素可能会同时影响父母的文化资本存量和家庭文化消费水平，如户主的天资禀赋、社会保障能力等，从而产生遗漏变量偏误。第三，以父母受教育年限为家庭文化资本的代理变量，在一定程度上忽视了学历教育质量的异质性对个体收入和消费的差异性影响，因此，遗漏变量偏误及测量误差所导致的内生性也可能会使 OLS 估计存在偏误。针对可能存在的内生性问题，本书通过寻找相应的工具变量，利用 2SLS 模型就文化资本对家庭文化消费的影响进行再估计。

对于受教育年限工具变量的选取，相关文献提供了许多成熟的做法，常用的工具变量有家庭背景（Li and Urmanbetova，2002）[②]、出生季度（吴要武，2010）[③]、教育收益率（杨娟和高曼，2015）[④]

---

① 刘子兰，刘辉，袁礼. 人力资本与家庭消费——基于 CFPS 数据的实证分析 [J]. 山西财经大学学报，2018，40（4）：17 – 35.

② Li H, Urmanbetova A. The effect of education and wage determination in China's rural industry [R]. mimeo, Georgia Institute of Technology, Atlanta, 2002.

③ 吴要武. 寻找阿基米德的"杠杆"——"出生季度"是个弱工具变量吗？[J]. 经济学（季刊），2010（2）：661 – 686.

④ 杨娟，高曼. 教育扩张对农民收入的影响——以文革期间的农村教育扩张政策为例 [J]. 北京师范大学学报（社会科学版），2015（6）：48 – 58.

等。本书采用九年制义务教育作为工具变量，一方面，九年制义务教育法的推行满足工具变量的相关性特征，即九年制义务教育法的推行会直接影响到父母受教育的水平；另一方面，九年制义务教育满足无关性要求，即九年制义务教育很难直接影响到家庭的文化娱乐消费水平。如此看来，九年制义务教育满足工具变量所要求的相关性与无关性特征，所以，将它作为家庭文化资本的工具变量是合适的。

1986 年 4 月全国人大会议通过了《中华人民共和国义务教育法》，并于同年 7 月 1 日正式生效。由于各地社会经济发展水平和基础教育普及情况存在差异，该政策在不同省份陆续施行，如北京市、河北省、山西省、辽宁省、黑龙江省、浙江省等地在 1986 年推行义务教育，而广西壮族自治区、甘肃省、湖南省在 1991 年推行。虽然各地在九年义务教育的实施时间上存在细微差异，但该政策统一强调：九年制义务教育是强制性的，儿童在 6 岁时上小学，义务教育原则上是免费的①。当九年义务教育法生效时，16 岁以下的人可能会受到该政策的影响。因此，本书通过九年义务教育的实施时间识别父亲、母亲受教育水平，即家庭文化资本对家庭文化消费的影响。具体来说，本书利用二元变量作为工具变量，当家庭中父亲和母亲都在 1986 年义务教育法实际生效时如果小于 15 岁，那么取值为 1，反之取值为 0。具体回归结果（见表 6 – 6）。从回归系数来看，2SLS 估计结果与 OLS 估计基本保持一致，并且回归系数均有所增大，表明父母受教育水平对家庭文化消费有着显著正向的影响，再次验证了本书的研究结果是稳健的。

---

① 冯群娣，何勤英，李强. 母亲受教育水平对儿童健康的影响及其路径 [J]. 南方人口，2020 (3)：46 – 59.

表6-6 九年义务教育法、父亲、母亲受教育水平与
家庭文化消费水平估计结果

变量名	家庭文化消费支出	
	OLS	2SLS
feduyear	0.035 *** (5.287)	0.038 *** (5.434)
meduyear	0.023 *** (3.101)	0.021 *** (3.071)
constant	5.496 *** (0.323)	5.788 ** (0.360)
R - squared	0.759	0.771
F	10.45	13.28

注：该表中回归均控制了父母、家庭等方面的特征，括号内为稳健标准误，*** p < 0.01，** p < 0.05，* p < 0.1，F 值大于 10 表示工具变量不是弱工具变量。
资料来源：笔者根据计算结果绘制。

■ 第四节 本章小结

受传统家庭伦理观念的影响，中国家庭亲属之间的相互依存关系非常明显，家庭通常是一个消费单元。个人的文化消费行为与整个家庭的行为活动息息相关，它不仅是个人自身文化需求的体现，也常常涉及整个家庭文化消费的需求。本章利用 2018 年中国家庭追踪调查数据（CFPS）分析家庭文化资本对居民家庭文化消费的影响，主要得到以下结论：

第一，基准回归发现，以父母受教育年限为代理变量的家庭文化资本能够显著影响家庭文化消费，家庭文化消费水平随着家庭文化资本增加而提高。在控制一系列变量的情况下，这一结论仍然成立。

第二，稳健性检验分析发现，将被解释变量"家庭文化消费支

出"换为"家庭人均文化消费支出",或换为"家庭文化支出占家庭消费性支出比"之后,核心结论仍然成立,表明随着父母受教育水平的增长,家庭文化消费支出比明显提高。另外,考虑可能存在的内生性问题,选择适合的工具变量进行处理之后,发现家庭文化资本对家庭的文化消费水平仍然具有显著的正向影响。因此,本章所显示的计量结果能够支持家庭文化资本提高家庭文化消费这一假设。

基于以上分析,笔者认为以父母受教育水平为代理变量的家庭文化资本越高,表明父母对文化产品的鉴赏力和理解能力越高,进而文化理解能力和文化消费意愿通常也更高,这就会促进整个家庭的文化消费水平。这一结论为政府制定相应的文化政策提供了一定的参考依据。为了能够更好地拉动文化市场内需,激发居民文化消费的内生动力,应该通过提高家庭文化资本,即提高父母受教育的知识水平来实现。

第七章
结论与对策建议

第一节 主要研究结论

本书利用 2013～2019 年省域面板数据和家庭动态跟踪调查数据，运用面板固定效应模型、GWR 模型、OLS 模型等数理模型，从宏观省域层面与微观家庭层面系统分析了文化资本对居民文化消费的影响，主要结论如下：

一是在参考国内外关于文化资本研究成果的基础上，将文化资本分为固体的文化资本、产品的文化资本、能力化的文化资本、制度化的文化资本四种形式，并构建了 3 个层次、12 个指标的文化资本估算指标体系。基于统计数据，运用组合赋权法计算指标权重，估算出 2013～2019 年中国 31 个省域的文化资本存量。通过比较发现，省域文化文资本存在明显差异，北京市、上海市、浙江省、江苏省、广东省 5 个省（市）的文化资本存量较高，且远高于其他省份。从区域差异上看，文化资本的省际差异在年度变化上呈波动增长趋势，东部地区内部的省际差异最大，这是导致我国文化资本省际差异的主要动因。从空间差异上看，省域文化资本存在正向空间相关性，空间依赖关系以低低集聚为主，年际变化小，省域文化资本空间差异呈现东部、中部、西部的梯度差异。

二是利用 2013～2019 年省域面板数据，运用固定效应模型分析文化资本对文化消费的影响，结果显示，省域文化资本对居民文化消费存在着显著的正向影响，在四种形式的文化资本中，产品的文化资本对居民的文化消费影响最为显著，这说明文化产品的供给能够有效促进居民文化消费的增长。制度化文化资本对居民文化消费的影响位于产品的文化资本之后，这说明居民文化消费水平的提高离不开文化领域的大量资金投入和政府文化政策强有力的支持，政府与企业之间体现出相互依存的关系。从宏观的省域层面看，能力化的文化资本中，文化教育方面对居民文化消费的影响也十分显著，这与微观层面上能力化的文化资本对个体和家庭文化消费具有显著的正向作用是相印证的，也是与现实相符合的。固体的文化资本对居民文化消费也具有显著的正向作用，但其影响程度较前三种较小。

三是运用 GWR 模型分析文化资本对文化消费影响的空间差异，发现我国居民文化消费水平存在正向空间相关性，省域文化资本、人均文化事业经费、城镇化率与文化消费水平呈正向相关。省域文化资本对文化消费的影响系数保持在 0.3 以上，但影响程度呈减弱的趋势。人均文化事业经费对文化消费的影响系数保持在 0.18 以上，影响程度也呈减弱的趋势。城镇化率对居民文化消费水平的影响最为显著，影响系数均高于 1，且对文化消费的影响呈逐渐增强的趋势。省域文化资本对文化消费水平的影响存在显著的空间差异，呈现出"东低西高、中间均衡"的格局，但东部地区与西部地区的文化资本对文化消费影响程度的差异越来越小。西部地区文化资本的积累更能够促进居民文化消费水平的提升；在东部地区文化资本的积累对居民文化消费提升的影响程度相对较弱。研究结论在一定程度上拒绝了假设。此外，作为解释变量的人均文化事业经费与城镇化率对文化消费的影响程度也存在显著的空间差异。

四是从微观视角分析家庭文化资本对家庭文化消费的影响，结果显示父母受教育水平对家庭文化消费具有显著的促进作用，验证了假设。文化消费属于高层次消费，文化消费需求的水平与结构受多种因素影响，消费者的文化素养是最主要的影响因素之一，个体和家庭具备的文化素养、文化欣赏力是能力化文化资本的构成内容，而个体文化素养又大部分受教育程度决定。与此同时，家庭教育对孩子也具有潜移默化的影响，家庭中每一个个体的文化消费本身也是整个家庭文化消费的一部分。因此，家庭中父母的文化资本越高，就越能够促进整个家庭文化消费水平的提升。

对于文化消费发展而言，以上研究结论具有较为积极的政策含义。文化消费不仅是硬性消费，而且是软性投资，在促进人的全面发展和提高国民素质方面起着重要的作用。宏观层面与微观层面的文化资本与居民文化消费都有着密切的关系，文化资本的不断积累是促进居民文化消费的原动力，文化消费也是文化资本不断积累和利用的过程。促进我国居民文化消费水平提升的路径，需要从供需两侧发力：一方面，从供给的角度出发，要在保护的基础上将丰富的固体的文化资本转化为有市场吸引力的优秀文化产品，并通过合适的方式呈现给消费者；企业应不断创新开发针对文化市场发展趋向和需求特征的、居民喜闻乐见的、高质量的丰富文化产品，提升文化服务和产品的质量；政府加大在文化领域的投入，大力扶持文化产业的发展。另一方面，从需求的角度出发，通过学校教育、社会教育等教育方式提高居民的文化素质和受教育水平，促进微观个体居民的消费观念的转变，使居民由注重储蓄转向重视消费，尤其要重视文化消费带来的效用增加，提升居民文化消费的支付能力和文化鉴赏能力。

■ 第二节　对策建议

当前，文化消费成为人们关注的消费新热点，也成为推动经济发展的新增长点。从宏观上来看，文化需求与文化供给是影响居民文化消费行为的两个重要方面，离开任何一方，文化消费活动便无从谈起。作为文化消费的需求方，居民的精神需求无疑是促进文化消费的强大动力，提振文化消费最重要的途径就是挖掘并满足文化消费市场的潜在需求，填补文化消费的缺口。相较于文化需求，文化供给也不容忽视，居民的文化消费需求只有通过文化供给才能实现，文化供给是将潜在需求变为现实需求的路径与前提。文化资本在促进居民文化消费中扮演着非常关键的角色，它是承担文化产品和服务供给的重要主体之一，也是丰富文化消费内容，优化文化消费环境、提升居民文化消费意愿的重要力量。从微观上看，它是影响居民文化消费需求的重要因素。因此，本书从政府、企业、个人三个层面提出促进文化消费发展的对策建议。

一、政府层面

从政策层面上，需要重视文化资本的长期积累性。在文化消费中，政府担任着多重角色，发挥着不可代替的作用。文化供给侧改革离不开政府的支持和推进，文化市场秩序的规范需要政府部门出台相关政策来维护，作为文化消费的支持者和促进者，政府必须通过各种举措调动各类文化市场主体的积极性和创造性，为文化消费的实现创造条件，最大限度地释放文化市场活力。

1. 施行差异化的区域文化政策，加快文化资本的积累

第一，积极培育文化资本市场，为文化资本积累蓄好能量。在完善文化市场建设体系与加大文化教育投入的基础上，激发民间文化投资活力，引导社会资本投向文化建设领域，提高文化投入转化为文化资本的形成效率，提升文化资本转化为经济效益的能力①。要深度挖掘文化资源"富矿"，深入探索金融资本、社会资本和文化资源相结

---

① 张梁梁，袁凯华. 省际文化资本存量估算与经济增长效应研究 [J]. 统计与信息论坛，2018（5）：39 – 49.

合的路径，推动文化资源的产业化开发。

第二，在国家层面的文化政策制定中，要加大对中部、西部地区文化产业的支持力度。健全合作机制，鼓励和支持各地区开展多种形式的文化交流、人才培养，形成文化资源优势互补、东部文化产业发达地区带动中部和西部地区文化产业发展的格局，促进不同地域间文化产业的协调发展；按照文化服务均等化原则，继续在经济政策、资金投入和文化产业发展等方面，加大对中西部地区的支持①。

第三，根据区域实际情况推进文化资本的积累。对于东部地区而言，应在现有的基础上充分发挥社会经济基础好、市场经济较为发达的优势，探索创新驱动文化产业发展的新的增长模式，引入市场机制，完善公共文化服务体系。中部地区的首要任务是依托各地文化资源特色和文化发展态势，制定文化产业发展战略，明确发展目标及发展路径，聚集文化产业发展的资源和力量，引导、规范、优化区域文化产业的发展。西部地区的经济欠发达、文化资本水平相对较低，要充分利用文化资源富足的优势，引导金融资本、社会资本进入文化资源开发中，推动传统文化、民族文化资源的产业化开发；抓住"一带一路"建设的历史机遇，根据地域特色和民族特点实施特色文化产业项目，大力建设文化产业集群及文化产业基地；充分利用国家对民族地区文化建设的政策与资金扶持，进一步提高文化资源投入的效率和文化服务供给的质量②。

2. 制定扶持和优惠政策，推动文化产业发展

文化产业是以文化资本为前提和基础，文化资本是文化产业持续发展的支撑。文化产业的发展直接为省域文化资本增加了存量，从而促进文化消费的发展。反过来，文化资本存量的增加又为文化产业的

---

① 周建新，刘宇. 我国省域文化资本估算及其空间差异——基于 2007~2017 年省域面板数据的研究 [J]. 山东大学学报（哲学社会科学版），2019（5）：72-83.
② 刘宇，周建新. 公共文化服务与文化产业的协调发展分析——基于 31 个省域面板数据的实证 [J]. 江西社会科学，2020（3）：72-84.

持续发展提供了人力、财力、物力等资本保障，也为文化产业政策的
优化调整提供了依据（见图7-1）。

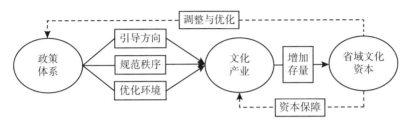

图7-1　文化产业发展的政策机制

资料来源：笔者根据资料绘制。

　　文化产业政策对文化产业起着引导、规范和优化的作用，从而促
进与保障了文化产业的健康发展。近年来，国家和地方政府出台了众
多文化产业政策，但是一些政策效果不佳，一是政策落实落地比较困
难，二是政策体系不完善。2018年8月召开的全国宣传思想工作会
议上，习近平总书记强调要推动文化产业高质量发展，健全现代文化
产业体系和市场体系，推动各类文化市场主体发展壮大，培育新型文
化业态和文化消费模式；要坚定不移将文化体制改革引向深入，不断
激发文化创新创造活力①。

　　文化产业政策是一个完整的政策体系，既包括一般产业政策中的
产业结构、产业技术等政策，也包括具有行业特点的准入政策、营利
性和非营利性政策，还有专项性的财政政策、税收政策、金融政策
等，这种体系化政策可以全面保障文化产业的健康发展。一方面，文
化产业是具有一定意识形态属性的内容产业，政策引导重在引导文化
产业的发展方向，加强内容的引导，确保文化产业发展沿着正确的方

---

① 习近平. 举旗帜聚民心育新人兴文化展形象更好完成新形势下宣传思想工作使命
任务［EB/OL］.（2018-08-23）［2021-06-30］. 人民网，http://media.people.com.cn/
n1/2018/0823/c40606-30245183.html.

向前进；另一方面，出台一系列的扶持和优惠政策，重点扶持动漫创意、数字内容、广告会展等新兴文化产业，提升文化产业层次，优化文化产业结构，促进文化产业高质量发展。如美国文化产业的资金支持坚持"两条线"原则，即政府公益性文化艺术基金会的拨款和联邦政府、地方政府的配套投入。英国的财政金融政策形成了政府直接支持和间接支持相结合的双轨驱动模式，资金来源呈现"三三制"结构，即1/3来自政府，1/3来自社会资金，1/3来自自营收入[①]。因此，需要借鉴国外先进经验，制定契合本国文化产业特点的税收优惠政策体系，通过多元化的投资主体扩大文化产业固定资产投资的规模。

3. 促进教育均等化，提高家庭文化资本总体水平

在时下精神文化消费的大环境下，要释放更大的文化消费空间，只有提供更精准的公共文化服务，才能为扩大文化消费创造条件。家庭的文化消费水平随着父母文化资本的增加而提高，而父母个人的文化资本的增加需要家庭教育、学校教育、个人习惯、社会风气等多方面合力完成，其中起重要作用的是学校教育。从宏观层面上看，需要加大对西部欠发达地区基础教育的投入力度，推进义务教育均衡发展；统筹教育资源的配置，推动城乡教育公平发展。大力发展职业教育，围绕行业发展统筹职业教育办学资源扩大、调整和优化学校布局及专业结构，学历教育与职业培训并举，推动多样化、差异化发展。在微观层面上，针对家庭文化资本较少的弱势群体，采取相应的教育机会补偿措施；加大对农村地区和贫困人口的倾斜力度，通过提供均等化的教育公共服务，使社会成员获得均等的教育机会，通过接受教育来提高文化水平和综合素质，由此提升个人和家庭的文化资本水平。在探求教育均等化的实现路径上可以借鉴国外相关经验，比如，

---

① 陈庚，傅才武. 文化产业财政政策建构：国外经验与中国对策 [J]. 理论与改革，2016（1）：169－174.

荷兰实行的"教育优先政策",即对社会经济条件不好的子女高等教育入学机会进行补偿。我国可以根据自身国情探索有效政策。此外,政府大力倡导终身学习和业余学习,使每个公民实现个体发展的需要,提升自身综合素质,进而提高整个社会的文化资本水平。

4. 完善法律体系和管理体制,营造良好文化消费环境

首先,完善法律、法规体系,对文化市场环境进行优化。文化软实力是国家综合国力的重要组成部分,文化的特殊地位决定了文化消费管理的政治性,合理的行政管理和监督是保证文化消费市场健康有序发展的重要条件。对于文化市场的监管,要多管齐下,以行政监督为主,社会监督和舆论监督为辅,确保文化产品和服务不违背社会主义核心价值观,大力整治文化市场乱象。加强市场秩序的监管,健全执法机构,建立文化市场管理常态机制,依法打击制黄贩黄、侵权盗版、违规违法经营,保证文化市场秩序平稳有序。例如,美国颁布实施《国家人文艺术事业基金法》《版权法》《反电子盗版法》《伯尔尼公约实施法》等,英国制定实施《保护已印刷成册之图书法》《垄断权条例》等,韩国制定实施《文化产业振兴基础法》《影视录像振兴法》《数字音乐振兴法》等政策法规,以推动文化产业进一步健康发展[1]。

其次,积极搭建文化消费的场所、平台和载体,为文化消费营造良好环境。政府应该通过提供信息和市场服务来提高消费者的文化产品消费意识,以及其对文化的参与意识,如对规定的文化活动提供免费或打折入场券等。近年来,我国文化市场也表现出一些新的趋势和走向。平台型文化消费、共享经济等快速发展,因而要充分发挥文化消费云服务平台作用。构建点、线、面相结合的文化服务设施综合布局,增强文化产品展销店建设,培育文化消费集聚区。如上海市政府

---

① 刘迪. 国外文化产业发展政策经验对我国的启示 [J]. 对外经贸, 2017 (2): 77-79.

部门通过整合线上、线下资源的方式搭建文化云平台，将各类文化活动、文化场馆、文化服务等文化消费资源汇聚于该平台。这种线上线下相结合的文化消费平台，有效促进了供需对接，激发了消费者参与的积极性。

最后，引导和支持文化企业丰富文化产品和服务的供给。文化消费的核心是内容消费，文化生产和文化供给的主要任务就是提供有价值的内容。促进文化消费的增长，关键要提供更多群众喜闻乐见的优秀产品。一方面，将行政手段、法律手段与经济手段相结合，鼓励文化企业发展特色产品、经营和服务，以满足消费者个性化的文化需求。加强文化产品质量监管和消费者投诉处理，建立文化企业公共信用评价制度，根据产品特点对文化企业进行分类监管。将消费者的评价作为文化产品是否合格的主要标准，鼓励有"口碑"的文化产品和企业者制约那些评价较差的文化企业和产品，提升文化消费者的话语权。另一方面，对中小文化企业给予必要的扶持，为其营造有利发展、公平竞争的环境。中小企业是文化企业发展的主体，由于其缺乏常规的资产或业绩抵押，难以获得银行资金的支持，政府应给予优惠的财税制度、建立有效的投融资平台，促进中小企业资金供给和需求的对接。同时，对文化生产者进行补贴和捐助，以提高文化商品和服务的产出水平与质量。

二、企业层面

有效供给可以创造需求。文化企业是文化产品的生产者和文化市场的供给者，对于文化消费市场的发展起着至关重要的作用。因此，扩大文化消费企业应基于供给端创新，生产和供给内容丰富的高质量文化产品和服务，为消费者提供更好、更多的选择，满足不同消费者个性化的需求。

1. 实施供给侧结构性改革，提高有效供给能力

在居民消费能力不断提高、更注重文化需要的情况下，契合不同消费群体需求、增加文化市场有效供给、重视市场要素培育便成为扩大文化消费的关键。当前，文化消费潜力之所以没有有效释放、文化消费动力不足，其中一个重要原因就是文化供给水平较低，缺乏质优价廉的大众文化产品，不能满足消费者日益提升的文化需求，难以获得应有的市场价值和消费者的认可。因此，企业应抓住当前文化消费的特点，开发和提供符合消费者需求的文化产品。提升文化产品的有效供给需在两方面着手：一方面，基于消费者的需求为导向，打造符合消费者品位的文化产品，这需要文化企业进行深入的市场调研或大数据跟踪分析，掌握消费者的消费情况，了解消费者的兴趣偏好，开发针对需求的文化产品，提供创造体验价值的产品和服务，从而加深消费者对产品的忠诚度，提升供给效率。另一方面，注重文化供给质量，提升产品品质。提供制作精良、内容健康向上的精神产品，对有不良倾向的视频内容进行坚决抵制，鼓励和扶持网络视频产业健康发展。尤其要注重"95 后""00 后"作为文化消费主力军的需求偏好，这部分群体接受新生事物较快，对新兴事物充满好奇和向往，追求时尚、个性。因此，要针对年轻群体，推出适合其需求的各类新型文化产品。一方面，推出新的文化消费形态和消费内容；另一方面，将传统文化产品以现代科技手段加以展示，丰富文化消费产品内容，使供给结构更加多元化，进一步拓展文化消费空间。要依托各类文化资源提炼文化核心元素，着力培育以文化元素为内核的新型文化业态，以文创产品的匠心开发带动文化新品牌的开创，打造文化精品、优品、名品。

2. 顺应文化消费发展趋势，促进文化企业创新

文化企业的生命力在于创新力，没有创新力，就无法推动消费力，也就无法形成独特的竞争力。现代信息技术的迅猛发展，深刻改变了传统产业的形态，正在重塑文化消费内容，消费者的消费心理和

行为习惯也发生了巨大的变化。在互联网时代，文化企业需要顺应时代变革的潮流，开发具有创新内涵且适应消费升级的文化产品。一方面，文化企业应树立创新理念，积极开发和探索各种文化创意产品。产品的设计要迎合消费者内心的需求，针对不同群体的心理特征，设计不同的产品，因为消费者做出购买选择时已不再仅仅关注商品本身，而是追求更多的附加值，更看重商品中蕴含的文化、带来的新奇体验和自我个性的彰显，因而企业需要围绕产品设计，在场景设计、活动设计和理念设计等方面进行综合打造。例如，现在深受人们喜爱的"文化体验消费"，就是以"创新"为服务理念，致力于为消费者带来极致产品体验。另一方面，随着"90后""95后"进入社会，文化消费产品内容更加多样，动漫、游戏、文化创意活动逐渐成为文化消费的重要部分。因此，企业要坚持高新技术与文化产品相结合，提高文化产品的科技含量。要充分运用现代化高新技术手段，顺应"互联网＋"的时代潮流，促进线上和线下融合，以创造新的消费增长点。

3. 以文化旅游业为龙头，深度开发传统文化资源

文旅融合是文化和旅游发展客观需要的必然趋势，文化旅游企业是文化产品开发的中坚力量。第一，打造多元化文化产品。围绕地方特色文化，开发层次多、类型丰的文化产品；创新开发思维，挖掘传统文化中的亮点，如历史名人、重大历史事件等；开发演艺、出版、影视、工艺品等衍生品。要通过实施"文化精品工程"、文化创新资金引导、文化金融融合等手段，加大优秀文化产品生产的引导和支持力度，不分国企和民企，不分事业和产业，激发社会的创造力，不断推出能够对消费者产生吸引力、满足不同层次不同需求的优秀文化产品和一流的文化服务。第二，推进文物遗迹和文化遗产景观化。文化遗产是固体的文化资本最重要的表现形式之一，中西部省份的很多文物遗迹和文化遗产还处于原始状态，未能有效地转化为游客喜闻乐见的文化产品；在调查和评价文化资源的基础上，提炼精确地文化产品

主题，丰富表达形式，使静态文化充满活力。第三，深挖优秀传统文化元素。以厚重的历史文化为载体，突出地域性、特色性和比较优势，将地域文化特色与内涵予以具体化，形成产品的文化意象及文化识别性；通过将传统文化资源转换为现代产品的新外衣，赋予其崭新的生命动力，以引起消费者对于优秀传统文化产品内在层次的共鸣。比如，将京剧等传统文化节目通过手机软件（App）等形式下载，或与其他娱乐方式紧密结合，将传统娱乐节目与现代网络方式相融合，激发年轻消费者兴趣，挖掘潜在消费能力。在服务方式方面，将文化娱乐设施以更灵活方便的方式提供给消费者，满足其"随时、随地、随身"的碎片化消费需求，提高消费便利度。

三、个人层面

消费者是文化消费的需求方，要充分发挥其在文化消费方面的主动性和能动性。消费者的主动性越高、文化需求层次越高、文化消费行为越频繁，消费量就越大。因此，应该主动提升自身的文化修养和艺术鉴赏力、塑造和培养良好的文化观念和习惯。

1. 提升居民文化水平，培育文化消费主体

文化能力对于家庭文化消费水平具有显著的促进作用，而一个人的文化能力主要表现在个人的文化素质和文化修养方面，文化水平、知识结构是保障文化消费的充分条件之一，教育是提高个人文化素养的重要渠道。第一，高度重视家庭教育。首先，针对孩子在不同学习阶段的特点，采取科学的教育方式，为孩子营造良好的学习氛围，调动孩子学习文化知识的积极性，使孩子们形成广泛的兴趣爱好和良好习惯；其次，加大家庭教育的投入。稳定家庭预防性储蓄，在家庭收入可承受的范围内，尽可能地加大家庭教育的资金投入。第二，重视审美教育。审美教育对于审美感受能力的培养和熏陶有着重要作用，有利于个人的健康和全面发展。个人应有意识地选择具有高品质、高

水准的文化产品和服务，选择有助于自我发展和提升的知识性、文艺性产品和服务，从而提升自身的文化能力和信心。

2. 提升文化消费的艺术修养和鉴赏水平

具有欣赏美、享受美的愿望，才能通过文化消费得到美的感悟。提高消费者的欣赏水平，是实现文化消费可持续发展的关键环节。从政府的角度看，要提高消费者对文化产品精华与糟粕的辨别能力。一方面，要积极引导人们树立正确高尚的消费观念，形成良好的文化氛围，引导消费者养成健康的消费习惯；另一方面，要加强文化市场宏观调控力度，坚决抵制不良的文化消费品进入市场，对影响恶劣的文化消费品应予以严厉处罚，杜绝低俗、不健康、假冒伪劣的文化产品进入市场，严格监管文化市场的发展。从企业的角度来看，高端的文化消费者追求艺术审美和投资的结合，企业生产者应该以消费者的视角生产能够符合消费者审美情趣的文化产品。对于个人来讲，当个体消费者消费某种商品或者服务的数量越多，说明消费者对该商品或者服务越容易上瘾，也就是说，具有习惯形成性的商品或服务，越容易成为成瘾商品。现代都市节奏的快生活，使人们的精神经常处于高压状态，人们渴望释放压力，达到身心和谐的状态，而文化消费可以给人带来放松及精神上的愉悦，对艺术的审美体验也可以带来情感上的满足和幸福。个体的鉴赏能力越强、审美体验越深刻，文化消费的满足感越大。

3. 塑造和培养良好的文化观念和习惯

当前，许多国内民众的思想意识中还未完全建立起科学的文化消费观念，长期形成的被动和免费消费习惯抑制了人们的文化消费意愿。与此同时，中国自古以来就有反对浪费、勤俭持家的节约消费理念，这也在很大程度上影响了居民的文化消费积极性和主动性。因此，居民要重视文化消费的重要性，转变传统文化消费观念。文化消费不仅满足了人们的精神文化需求，也是人们构建自我身份地位、赢得社会尊重的一种方法。文化消费者的这种身份和经历会为其在社交活动中提供良好的交流素材，从而使双方迅速拉近距离。另外，文化消费不仅对塑造自己的人生观、价值观具有重要的作用，也深深影响着后代子女的发展和提升。因此，要彻底转变重物质轻文化的消费观念，让文化消费真正成为日常生活的重要组成部分。

第三节　研究展望

文化资本的概念与内涵极为丰富，本书从宏观和微观层面分析文化资本对居民文化消费的影响，研究内容属于跨学科综合研究，涉及经济学、管理学、文化学等多学科的理论与方法。通过理论探讨与实证分析，得到了一些有益的研究发现，但论文中仍存在一些不足之处，有待进一步深入研究。

第一，对文化资本的估算有待进一步深入研究。文化资本的内涵丰富，且文化资本具有无形性的特点，难以量化估算。在现有研究中，基于不同的视角，文化资本测算方法差异巨大。虽然众多学者构建了文化资本的估算指标体系，并进行了有益的尝试，但具体指标的设置也各不相同。本书在对文化资本已有研究进行系统梳理的基础上，构建了由 3 个层次、12 个指标组成的指标体系。该指标体系较为完整，涵盖范围广，具体指标的数据来源具有权威性，是对科学测算文化资本的有益探索。值得注意的是，本书在对文化资本指标的选取上是基于宏观的区域角度，侧重于有形的文化资本，较少涉及精神、信任等无形文化资本的层面。因此，在后续研究中，可以进一步挖掘文化资本的内涵，完善文化资本的测算方法和指标体系。

第二，文化资本与文化消费的关系研究有待进一步深化。本书从宏观和微观的角度，单向探讨了文化资本对居民文化消费影响效应是否显著，验证了文化资本对促进居民文化消费的贡献度大小、文化资本对文化消费影响的空间差异、家庭文化资本对居民家庭文化消费水平的影响程度。未来的研究可进一步探讨文化消费对文化资本的影响。从微观层面看，文化消费既是消费者满足精神需求的过程，也是一种文化资本增加和积累的过程。随着消费者对文化产品投入的成本越多，消费过程中自身获得的文化资本积累就会越多，消费者也就会变得更加自信、更加了解文化产品所传达的象征意义，这是一个互动和循环的过程。从区域层面看，区域文化消费水平的提高能带动文化产业的发展，直接增加区域产品的文化资本存量，也促进了文化资源向文化资本的转化。可以说，文化资本的积累促进了文化消费能力的提升，文化消费能力的提升又反过来促进了文化资本的再增加。因此，文化消费对文化资本的作用有待进一步研究，以期发现更多有价值的现象和规律。

附录

文化及相关产业分类（2018）

一、分类目的和作用

（一）为深化文化体制改革和持续推进社会主义文化强国建设提供统计保障，建立科学可行的文化及相关产业统计制度，制定本分类。

（二）本分类为反映我国文化及相关产业生产活动提供标准分类依据，为文化及相关产业统计提供统一的定义和范围，为发展文化产业、推进社会主义文化繁荣兴盛提供统计服务。

二、分类定义和范围

（一）定义。

本分类规定的文化及相关产业是指为社会公众提供文化产品和文化相关产品的生产活动的集合。

（二）范围。

1. 以文化为核心内容，为直接满足人们的精神需要而进行的创作、制造、传播、展示等文化产品（包括货物和服务）的生产活动。

具体包括新闻信息服务、内容创作生产、创意设计服务、文化传播渠道、文化投资运营和文化娱乐休闲服务等活动。

2. 为实现文化产品的生产活动所需的文化辅助生产和中介服务、文化装备生产和文化消费终端生产（包括制造和销售）等活动。

三、编制原则

（一）以《国民经济行业分类》为基础。

本分类以《国民经济行业分类》（GB/T 4754—2017）为基础，根据文化生产活动的特点，将行业分类中相关的类别重新组合，是《国民经济行业分类》的派生分类。

（二）兼顾文化管理需要和可操作性。

根据我国文化体制改革和发展的实际，本分类在考虑文化生产活动特点的同时，兼顾文化主管部门管理的需要；同时立足于现行统计制度和方法，充分考虑分类的可操作性。

（三）与国际分类标准相衔接。

本分类借鉴了联合国教科文组织的《文化统计框架（2009）》的分类方法，在定义和覆盖范围上与其衔接。

四、结构和编码

本分类采用线分类法和分层次编码方法，将文化及相关产业划分为三层，分别用阿拉伯数字编码表示。第一层为大类，用 01～09 数字表示，共有 9 个大类；第二层为中类，用 3 位数字表示，共有 43 个中类；第三层为小类，用 4 位数字表示，共有 146 个小类。

本分类代码结构：

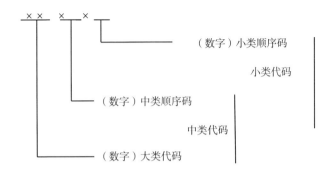

五、有关说明

（一）本分类建立了与《国民经济行业分类》（GB/T 4754—2017）的对应关系。在本分类中，如国民经济某行业小类仅部分活动属于文化及相关产业，则在行业代码后加"＊"做标识，并对属于文化生产活动的内容进行说明；如国民经济某行业小类全部纳入文化及相关产业，则小类类别名称与行业类别名称完全一致。

（二）本分类全部小类对应或包含在《国民经济行业分类》（GB/T 4754—2017）相应的行业小类中，具体范围和说明可参见《2017 国民经济行业分类注释》。

（三）本分类 01～06 大类为文化核心领域，07～09 大类为文化相关领域。

六、文化及相关产业分类表

附表 1　文化及相关产业分类表

代码			类别名称	说明	行业分类代码
大类	中类	小类			
01			文化核心领域	本领域包括 01～06 大类	
	011		新闻信息服务		
			新闻服务		
		0110	新闻业	包括新闻采访、编辑、发布和其他新闻服务	8610
	012		报纸信息服务		
		0120	报纸出版	包括党报出版、综合新闻类报纸出版和其他报纸出版服务	8622
	013		广播电视信息服务		
		0131	广播	指广播节目的现场制作、播放及其他相关活动，还包括互联网广播	8710
		0132	电视	指有线和无线电视节目的现场制作、播放及其他相关活动，播放及其他相关活动，还包括互联网电视	8720
		0133	广播电视集成播控	指IP电视、手机电视、互联网电视等专网及定向传播视听节目服务的集成播控，还包括普通广播电视节目集成播控	8740

续表

代码			类别名称	说明	行业分类代码
大类	中类	小类			
01	014		互联网信息服务		
		0141	互联网搜索服务	指互联网中的特殊站点，专门用来帮助人们查找存储在其他站点上的信息	6421
		0142	互联网其他信息服务	包括网上新闻、网上软件下载、网上音乐、网上视频、网上图片、网上动漫、网上文学、网上电子邮件、网上新媒体、网上信息发布、网站导航和其他互联网信息服务	6429
			内容创作生产		
			出版服务		
02	021	0211	图书出版	包括书籍出版、课本类书籍出版和其他图书出版服务	8621
		0212	期刊出版	包括综合类杂志出版、经济、哲学、社会科学类杂志出版、自然科学、技术类杂志出版、文化、教育类杂志出版、少儿读物类杂志出版和其他杂志出版服务	8623
		0213	音像制品出版	包括录音制品出版和录像制品出版服务	8624
		0214	电子出版物出版	包括马列毛泽东思想、哲学等分类别电子出版物、综合类电子出版物和其他电子出版物出版服务	8625
		0215	数字出版	指利用数字技术进行内容编辑加工，并通过网络传播数字内容产品的出版服务	8626
		0216	其他出版业	指其他出版服务	8629

续表

代码			类别名称	说明	行业分类代码
大类	中类	小类			
02	022		广播影视节目制作		
		0221	影视节目制作	指电影、电视和录像（含以磁带、光盘为载体）节目的制作活动，该节目可以作为出版、电影播出、放映，也可以作为出版的原版录像带（或光盘），还可以在其他场合宣传播放，还包括影视节目的后期制作，但不包括电视台制作节目的活动	8730
		0222	录音制作	指从事录音节目、音乐作品的制作活动，其节目或作品可以在广播电台播放，销售的原版录音带（磁带或光盘），还可以包括广播电台合制作节目的活动	8770
	023		创作表演服务		
		0231	文艺创作与表演	指文学、美术创造和表演艺术（如戏曲、歌舞、话剧、音乐、杂技、马戏、木偶等表演艺术）等活动	8810
		0232	群众文体活动	指对各种主要由城乡群众参与的文艺类演出、比赛、展览等公益性文化活动的管理活动	8870
		0233	其他文化艺术业	包括网络（手机）文化服务、史料、史志编辑服务、艺（美）术品、收藏品鉴定和评估服务，街头报刊橱窗管理服务和其他未列明文化艺术服务	8890

续表

代码			类别名称	说明	行业分类代码
大类	中类	小类			
02	024		**数字内容服务**		
		0241	动漫、游戏数字内容服务	指将动漫和游戏中的图片、文字、视频、音频等信息内容运用数字化技术进行加工、处理、制作并整合应用的服务，使其通过互联网传播、在计算机、手机、电视等终端播放、在存储介质上保存	6572
		0242	互联网游戏服务	指以互联网为传输媒介，以游戏运营商服务器和用户计算机为处理终端，以游戏客户端软件为信息交互窗口，旨在实现娱乐、休闲、交流和取得虚拟成就的具有可持续性的个体性和多人在线游戏。包括互联网电子竞技服务	6422
		0243	多媒体、游戏动漫和数字出版软件开发	仅指通用应用软件中的多媒体软件、游戏动漫软件、数字出版软件开发。该小类包含在应用软件开发行业小类中	6513 *
		0244	增值电信文化服务	仅指固定网增值电信、移动网增值电信、其他增值电信中的文化服务。该小类包含在其他电信服务行业小类中	6319 *
		0245	其他文化数字内容服务	仅指文化宣传领域数字内容服务。该小类包含在其他数字内容服务行业小类中	6579 *
	025		**内容保存服务**		
		0251	图书馆	包括公共图书馆、高等院校图书馆、专业图书馆和其他图书馆管理服务	8831

续表

大类	代码 中类	小类	类别名称	说明	行业分类代码
		0252	档案馆	包括综合档案馆、专门档案馆、部门档案馆、企业档案馆、事业单位档案馆和其他档案馆管理服务	8832
	025	0253	文物及非物质文化遗产保护	指对具有历史、文化、艺术、科学价值，并经有关部门鉴定，列入文物保护范围的不可移动文物的保护和管理活动；对我国口头传统和表现形式、传统表演艺术，社会实践、意识、节庆活动，有关自然界和宇宙的知识和实践，传统手工艺等非物质文化遗产的保护和管理活动	8840
		0254	博物馆	指收藏、研究、展示文物和标本的博物馆的活动，以及展示人类文化、艺术、科技、文明的美术馆、艺术馆、展览馆、科技馆、天文馆等管理活动	8850
		0255	烈士陵园、纪念馆	包括烈士陵园和烈士纪念馆管理服务	8860
02			工艺美术品制造		
	026	0261	雕塑工艺品制造	指以玉石、宝石、象牙、角、骨、贝壳等硬质材料，木、竹、椰壳、树木根、软木等天然植物，泥、面、塑料等为原料，经雕刻、琢、磨、堆或塑等艺术加工而制成的各种供欣赏和实用的工艺品的制作活动	2431
		0262	金属工艺品制造	指以金、银、铜、铁、锡等各种金属为原料，经过制胎、浇铸、锻打、錾刻、搓丝、焊接、纺织、点蓝、镶嵌、烧制、打磨、电镀等各种手工艺加工制成的造型美观、花纹图案精致的工艺美术品的制作活动	2432

续表

代码			类别名称	说明	行业分类代码
大类	中类	小类			
02	026	0263	漆器工艺品制造	指将半生漆、腰果漆加工调配成各种鲜艳的漆料，以木、纸、塑料、铜、布等作胎，采用推光、雕填、彩画、镶嵌、刻灰等传统工艺和现代漆器工艺进行的工艺制品的制作活动	2433
		0264	花画工艺品制造	指以绢、丝、绒、纸、漆绒、塑料、羽毛、通草以及鲜花草等为原料，经造型设计、模压、剪贴，以画面出现，可以挂设或摆的具有欣赏性的人造花类工艺品、画类工艺品的制作活动	2434
		0265	天然植物纤维编织工艺品制造	指以竹、藤、草、柳、葵、麻等天然植物纤维为材料，经编织或镶嵌而成具有造型艺术或图案花纹，以欣赏为主的工艺陈列品以及工艺实用品的制作活动	2435
		0266	抽纱刺绣工艺品制造	指以棉、麻、丝、毛及人造纤维纺织品等为主要原料，经设计、刺绣、抽、钩等工艺加工各种生活装饰用品，以及以纺织品为主有较强装饰效果原料，经特殊手工工艺或民间工艺方法加工成各种生活用的生活用纺织品的制作活动	2436
		0267	地毯、挂毯制造	指以羊毛、丝、棉、麻及人造纤维为原料，经手工编织、机织、栽绒等方式加工而成的各种具有装饰性的地面铺盖物或可用于悬挂、墙垫等用途的生活用品的制作活动	2437
		0268	珠宝首饰及有关物品制造	指以金、银、铂等贵金属及其合金以及钻石、宝石、玉石、翡翠、珍珠等为原料，经贵金属加工和连结组合、镶嵌等工艺加工制作各种图案的装饰品的制作活动	2438

续表

代码			类别名称	说明	行业分类代码
大类	中类	小类			
02	026	0269	其他工艺美术及礼仪用品制造	指其他工艺美术品的制造活动	2439
	027		艺术陶瓷制造		
		0271	陈设艺术陶瓷制造	指以黏土、瓷石、瓷土、长石、石英等为原料，经制胎、施釉、装饰、烧制等工艺制成，主要供欣赏、装饰的陶瓷工艺美术品制造	3075
		0272	园艺陶瓷制造	指专门为园林、公园、室外景观的摆设或具有一定功能的大型陶瓷制造	3076
03			创意设计服务		
	031		广告服务		
		0311	互联网广告服务	指提供互联网广告设计、制作、发布及其他互联网广告服务。包括网络电视、网络手机等各种互联网终端的广告的服务	7251
		0312	其他广告服务	指除互联网广告以外的广告服务	7259
	032		设计服务		
		0321	建筑设计服务	仅包括房屋建筑工程、体育、休闲娱乐工程、室内装饰和风景园林工程专项设计服务。该小类包含在工程设计活动行业小类中	7484*
		0322	工业设计服务	指独立于生产企业的工业产品和生产工艺设计、不包括工业产品生产、环境设计、产品传播设计、产品设计管理等活动	7491

续表

大类	中类	小类	类别名称	说明	行业分类代码
03	032	0323	专业设计服务	包括时装、包装装潢、多媒体、动漫及衍生产品、饰物装饰、美术图案、展台、模型和其他专业设计服务	7492
04			文化传播渠道		
	041		出版物发行		
		0411	图书批发	包括书籍、课本和其他图书的批发和进出口	5143
		0412	报刊批发	包括报纸、杂志的批发和进出口	5144
		0413	音像制品、电子和数字出版物批发	包括音像制品及电子出版物的批发和进出口	5145
		0414	图书、报刊零售	包括图书零售服务，图书、报纸、杂志专门零售服务，报刊固定摊点零售服务	5243
		0415	音像制品、电子和数字出版物零售	包括音像制品专门零售店、电子出版物专门零售服务	5244
		0416	图书出租	指各种图书出租服务，不包括图书馆的租书业务	7124
		0417	音像制品出租	指各种音像制品出租服务，不包括以销售音像制品为主的出租音像活动	7125
	042		广播电视节目传输		
		0421	有线广播电视传输服务	指有线广播电视网和信号的传输服务	6321

续表

代码			类别名称	说明	行业分类代码
大类	中类	小类			
04	042	0422	无线广播电视传输服务	指无线广播电视信号的传输服务	6322
		0423	广播电视卫星传输服务	包括卫星广播电视信号的传输、覆盖、接收服务，卫星广播电视传输、覆盖、接收系统的设计、安装、测试、调试、监测等服务	6331
	043		广播影视发行放映		
		0431	电影和广播电视节目发行	包括电影发行和进出口交易，非电视台制作的电视节目发行和进出口服务	8750
		0432	电影放映	指专业电影院以及设在娱乐场所独立（或相对独立）的电影放映等活动	8760
	044		艺术表演		
		0440	艺术表演场馆	指有观众席、舞台、灯光设备，专供文艺团体演出的场所管理活动	8820
	045		互联网文化娱乐平台		
		0450	互联网文化娱乐平台	仅包括互联网演出购票平台，娱乐应用服务平台、音视频服务平台、读书平台、艺术品鉴定拍卖平台和文化艺术平台。该小类包含在互联网生活服务平台行业小类中	6432*
	046		艺术品拍卖及代理		
		0461	艺术品、收藏品拍卖	指艺术品、收藏品拍卖活动。包括艺（美）术品拍卖服务、文物拍卖服务、古董和字画拍卖服务	5183

续表

代码			类别名称	说明	行业分类代码
大类	中类	小类			
04	046	0462	艺术品代理	指艺术品代理活动。包括字画代理、古玩收藏品代理代理和其他艺术品代理、画廊艺术经纪	5184
	047		工艺美术品销售		
		0471	首饰、工艺品及收藏品批发	指首饰、工艺品及收藏品的批发活动	5146
		0472	珠宝首饰零售	指珠宝首饰的零售活动	5245
		0473	工艺美术品及收藏品零售	指专门经营具有收藏价值和艺术价值的工艺品、艺术品、古玩、字画、邮品等的店铺零售活动	5246
05			文化投资运营		
	051		投资与资产管理		
		0510	文化投资与资产管理	仅指政府主管部门转变职能后，成立的国有文化资产管理机构和文化行业管理机构的活动；文化投资与资产管理行业小类。该小类包含在投资与资产本市场的投资。不包括资本市场的投资	7212*
	052		运营管理		
		0521	文化企业总部管理	仅指文化企业总部的活动，其对外经营业务由下属的独立核算单位或单独核算单位承担，还包括派出机构的活动（如办事处等）。该小类包含在企业总部管理行业小类中	7211*

续表

大类	中类	小类	类别名称	说明	行业分类代码
05	052	0522	文化产业园区管理	仅指非政府部门的文化产业园区管理服务。该小类包含在园区管理服务行业小类中	7221*
			文化娱乐休闲服务		
06	061		娱乐服务		
		0611	歌舞厅娱乐活动	指各种歌舞厅娱乐活动	9011
		0612	电子游艺厅娱乐活动	指各种电子游艺厅娱乐服务	9012
		0613	网吧活动	指通过计算机等装置向公众提供互联网上网服务的网吧、电脑休闲室等营业性场所的服务	9013
		0614	其他室内娱乐活动	包括儿童室内游戏娱乐服务、室内手工制作娱乐服务和其他室内娱乐服务	9019
		0615	游乐园	指配有大型娱乐设施的室外娱乐活动及以娱乐为主的活动	9020
		0616	其他娱乐业	指公园、海滩和旅游景点内小型设施的娱乐活动及其他娱乐活动	9090
	062		景区游览服务		
		0621	城市公园管理	指主要为人们提供休闲、观赏、游览以及开展科普活动的城市各类公园管理活动	7850

附　录

续表

代码			类别名称	说明	行业分类代码
大类	中类	小类			
06	062	0622	名胜风景区管理	指对具有一定规模的自然景观、人文景观的管理和保护活动，以及对环境优美、具有观赏、文化和科学价值的风景名胜景区的保护与旅游管理活动	7861
		0623	森林公园管理	指国家自然保护区、名胜景区以外的，以大面积人工林或天然林为主体而建设的公园管理活动	7862
		0624	其他游览景区管理	指其他未列明的游览景区的管理活动	7869
		0625	自然遗迹保护管理	包括地质遗迹保护管理、古生物遗迹保护管理等	7712
		0626	动物园、水族馆管理服务	指以保护、繁殖、科普、科学研究、供游客观赏为目的，饲养野生动物场馆所的管理服务	7715
		0627	植物园管理服务	指以调查、采集、鉴定、引种、驯化、保存、推广、科普为目的，并供游客游憩、观赏的园地管理服务	7716
	063		休闲观光游览服务		
		0631	休闲观光活动	指以农林牧渔业、制造业等生产和服务领域为对象的休闲观光旅游活动	9030
		0632	观光游览航空服务	指直升机、热气球等游览飞行服务	5622
07			文化相关领域	本领域包括07～09大类	
			文化辅助生产和中介服务		

续表

代码			类别名称	说明	行业分类代码
大类	中类	小类			
07	071		文化辅助用品制造		
		0711	文化用机制纸及纸板制造	仅指未涂布印刷书写纸、涂布类印刷用纸、感应纸及纸板制造。该小类包含在机制纸及纸板制造行业小类中	2221*
		0712	手工纸制造	指采用手工操作成型、制成纸的生产活动。包括手工纸（宣纸、国画纸、其他手工纸）及手工纸板	2222
		0713	油墨及类似产品制造	指由颜料、联接料（植物油、矿物油、树脂、溶剂）和填充料经过混合、研磨调制而成，用于印刷的有色胶浆状物质，以及用于计算机打印、复印机用墨等的生产活动	2642
		0714	工艺美术颜料制造	指油画、水粉画、广告等艺术用颜料的制造	2644
		0715	文化用信息化学品制造	指电影、照相、医用、幻灯及投影用感光材料，冲洗套药，磁、光记录材料，光纤维通信用辅助材料，及其专用化学制剂的制造	2664
	072		印刷复制服务		
		0721	书、报刊印刷	指书、报刊的印刷活动	2311
		0722	本册印刷	指由各种纸及纸板制作的，用于书写和其他用途的本册生产活动	2312
		0723	包装装潢及其他印刷	指根据一定的商品属性、形态，采用一定的包装材料，经过对商品包装的造型结构艺术和图案文字与安排来美化商品的设计与印刷，以及其他印刷活动	2319

续表

代码			类别名称	说明	行业分类代码
大类	中类	小类			
07	072	0724	装订及印刷相关服务	指专门企业从事的装订、压印媒介制造等与印刷有关的服务	2320
		0725	记录媒介复制	指将母带、母盘上的信息进行批量翻录的生产活动	2330
		0726	摄影扩印服务	包括摄影服务、照片扩印及处理服务	8060
	073		版权服务		
		0730	版权和文化软件服务	仅指版权服务、文化软件服务。该小类包含在知识产权服务行业小类中	7520*
	074		会议展览服务		
		0740	会议、展览及相关服务	指以会议为主，也可附带展览及其他相关的活动形式，包括项目策划组织、场馆租赁保障、相关服务	7281~7284、7289
	075		文化经纪代理服务		
		0751	文化活动服务	指策划、组织、实施各类文化、晚会、娱乐、演出、庆典、节日等活动的服务	9051
		0752	文化娱乐经纪人	指各种文化娱乐经纪人活动。包括演员挑选、推荐服务、艺术家、作家经纪人服务、演员经纪人服务、模特经纪人服务	9053
		0753	其他文化艺术经纪代理	指其他文化艺术经纪代理活动	9059
		0754	婚庆典礼服务	仅指婚庆礼仪服务。该小类包含在婚姻服务行业小类中	8070*

续表

代码			类别名称	说明	行业分类代码
大类	中类	小类			
07	075	0755	文化贸易代理服务	仅指文化贸易代理服务。该小类包含在贸易代理行业小类中	5181*
		0756	票务代理服务	指除旅客交通票务代理外的各种票务代理服务	7298
	076		文化设备（用品）出租服务		
		0761	休闲娱乐用品设备出租	指各种休闲娱乐用品设备出租活动	7121
		0762	文化用品设备出租	指各种文化用品设备出租活动	7123
	077		文化科研培训服务		
		0771	社会人文科学研究	指各种社会人文科学研究活动	7350
		0772	学术理论社会（文化）团体	仅指学术理论社会团体、文化团体的服务。该小类包含在专业性团体行业小类中	9521*
		0773	文化艺术培训	指国家学校教育制度以外，由正规学校或社会各界办的文化艺术培训活动，不包括少年儿童的课外艺术辅导班	8393
		0774	文化艺术辅导	仅包括美术、舞蹈、音乐、书法和武术等辅导服务。该小类包含在其他未列明教育行业小类中	8399*
08	081		文化装备生产		
			印刷设备制造		

续表

代码			类别名称	说明	行业分类代码
大类	中类	小类			
08	081	0811	印刷专用设备制造	指使用印刷或其他方式将图文信息转移到承印物上的专用生产设备的制造	3542
		0812	复印和胶印设备制造	指各种用途的复印设备和集打印、扫描、传真为一体的多功能一体机的制造；以及主要用于办公室用设备、文字处理设备及零件的制造	3474
	082		广播电视电影设备制造及销售		
		0821	广播电视节目制作及发射设备制造	指广播电视节目制作、发射设备器材的制造	3931
		0822	广播电视接收设备制造	指专业广播电视接收设备的制造，但不包括家用广播电视接收设备的制造	3932
		0823	广播电视专用配件制造	指专业用录像重放及其他配套的广播电视设备的制造，但不包括家用广播电视设备的制造	3933
		0824	专业音响设备制造	指广播电视、影剧院、录音棚、会议、各种场地等专业用录音、音响设备及其他配套装置的制造	3934
		0825	应用电视设备及其他广播电视设备制造	指应用电视设备、其他广播电视设备和器材的制造	3939
		0826	广播影视设备批发	指广播影视设备的批发和进出口活动	5178

续表

代码			类别名称	说明	行业分类代码
大类	中类	小类			
08	082	0827	电影机械制造	指各种类型或用途的电影摄影机、电影录音摄影机、影像放映机及电影辅助器材和配件的制造	3471
	083		摄录设备制造及销售		
		0831	影视录放设备制造	指非专业用录像机、摄像机、激光视盘机等影视录放设备的制造，包括数学用影视专业视设备的制造	3953
		0832	娱乐用智能无人飞行器制造	指按照国家有关安全规定标准，经允许生产并主要用于娱乐无人智能飞行器的制造。该小类包含在飞行器制造行业小类中	3963*
		0833	幻灯及投影设备制造	指通过媒体将在电子成像器件上的文字图像、胶片上的文字图像及实物投射到银幕上的各种设备、器材及零配件的制造	3472
		0834	照相机及器材制造	指各种类型或用途的照相机的制造。包括用以制备印刷板，用于术下或空中照相中的照相机制造，以及照相机用闪光装置、摄影暗室装置和零件的制造	3473
		0835	照相器材零售	指照相器材专门零售	5248
	084		演艺设备制造及销售		
		0841	舞台及场地用灯制造	指演出舞台、演出场地、运动场地、大型活动场地用灯的制造	3873
		0842	舞台照明设备批发	仅指各类舞台照明设备的批发。该小类包含在电气设备批发行业小类中	5175*

续表

代码			类别名称	说明	行业分类代码
大类	中类	小类			
	085		游乐游艺设备制造		
		0851	露天游乐场所游乐设备制造	指主要安装在公园、游乐园、水上乐园、儿童乐园等天露天游乐场所的电动及非电动游乐设备和游艺器材的制造	2461
		0852	游艺用品及室内游艺器材制造	指主要供室内、桌上等游艺及娱乐场所使用的游乐设备、游艺器材和游艺娱乐用品，以及主要安装在室内游乐场所的电子游乐设备的制造	2462
		0853	其他娱乐用品制造	指其他未列明的娱乐用品制造	2469
	086		乐器制造及销售		
		0861	中乐器制造	指各种中乐器的制造活动	2421
		0862	西乐器制造	指各种西乐器的制造活动	2422
		0863	电子乐器制造	指各种电子乐器的制造活动	2423
		0864	其他乐器及零件制造	指其他未列明的乐器、乐器零件及配套产品的制造	2429
		0865	乐器批发	指各种乐器的批发活动	5147
		0866	乐器零售	指各种乐器的零售活动	5247
09			文化消费终端生产		
	091		文具制造及销售		

续表

代码			类别名称	说明	行业分类代码
大类	中类	小类			
09	091	0911	文具制造	指办公、学习等使用的各种文具的制造	2411
		0912	文具用品批发	指文具用品的批发活动	5141
		0913	文具用品零售	指文具用品的零售活动	5241
	092		笔墨制造		
		0921	笔的制造	指用于学习、办公或绘画等用途的各种笔制品的制造	2412
		0922	墨水、墨汁制造	指各种墨水、墨汁及墨汁类似品的制造活动	2414
	093		玩具制造		
		0930	玩具制造	指以儿童为主要使用者，用于玩耍、智力开发等娱乐器具的制造	2451~2456、2459
	094		节庆用品制造		
		0940	焰火、鞭炮产品制造	指节日、庆典用焰火及民用烟花、鞭炮等产品的制造	2672
	095		信息服务终端制造及销售		
		0951	电视机制造	指非专业用电视机制造，包括彩色、黑白电视机以及其他视频设备（移动电视机和其他未列明视频设备）的制造	3951

续表

代码			类别名称	说明	行业分类代码
大类	中类	小类			
		0952	音响设备制造	指非专业用音箱、耳机、组合音响、功放、无线电收音机、收录音机等音响设备的制造	3952
		0953	可穿戴智能文化设备制造	指由用户穿戴和控制，并且自然、持续地运行和交互的个人移动计算用户设备产品的制造。该小类包含在可穿戴智能设备制造行业小类中	3961*
09	095	0954	其他智能文化消费设备制造	指虚拟现实设备制造活动。该小类包含在其他智能消费设备制造行业小类中	3969*
		0955	家用视听设备批发	指家用视听设备批发活动	5137
		0956	家用视听设备零售	指专门经营电视、音响设备、摄录像设备等的店铺零售活动	5271
		0957	其他文化用品批发	包括玩具批发服务以及玩具、照相器材和其他文化娱乐用品批发和进出口	5149
		0958	其他文化用品零售	指专门经营游艺用品及其他未列明文化用品的店铺零售活动	5249

注：行业分类代码后标有"＊"的表示该行业类别仅有部分内容属于文化及相关产业。

附表 2   带 "﹡" 行业分类文化生产活动内容的说明

序号	国民经济行业分类及代码	文化及相关产业类别名称及小类代码	文化生产活动的内容
1	应用软件开发 (6513﹡)	多媒体、游戏动漫和数字出版软件开发 (0243)	包括应用软件开发中的多媒体软件、游戏动漫软件、数字出版软件开发活动
2	其他电信服务 (6319﹡)	增值电信文化服务 (0244)	仅指固定网增值电信、移动网增值电信、其他增值电信中的文化服务，包括手机报、个性化铃音等业务
3	其他数字内容服务 (6579﹡)	其他文化数字内容服务 (0245)	仅指文化宣传领域数字内容服务
4	工程设计活动 (7484﹡)	建筑设计服务 (0321)	仅包括房屋建筑工程、体育、休闲娱乐工程、室内装饰和风景园林工程专项设计服务
5	互联网生活服务平台 (6432﹡)	互联网文化娱乐平台 (0450)	仅包括互联网演出购票平台、娱乐应用服务平台、音视频服务平台、读书平台、艺术品鉴定拍卖平台和文化艺术平台
6	投资与资产管理 (7212﹡)	文化投资与资产管理 (0510)	指政府主管部门转变职能后，成立的国有文化资产管理机构和文化行业管理机构的活动；文化投资活动，不包括资本市场的投资
7	企业总部管理 (7211﹡)	文化企业总部管理 (0521)	指不具体从事对外经营业务，只负责文化企业的重大决策、资产管理、协调管理下属各机构和内部日常工作的活动，其对外经营业务由下属独立核算单位或承担，还包括派出机构的活动（如办事处等）
8	园区管理服务 (7221﹡)	文化产业园区管理 (0522)	仅指非政府部门的文化产业园区管理服务

续表

序号	国民经济行业分类及代码	文化及相关产业类别名称及小类代码	文化生产活动的内容
9	机制纸及纸板制造（2221*）	文化用机制纸及纸板制造（0711）	包括未涂布印刷书写用纸制造、涂布类印刷用纸制造、感应纸及纸板制造
10	知识产权服务（7520*）	版权和文化软件服务（0730）	版权服务包括版权代理服务、版权咨询服务、著作权登记服务、著作权使用报酬收转服务、版权交易、版权贸易、版权鉴定服务、版权有关的软件代理、其他版权服务。文化软件服务指与文化有关的软件服务，包括软件著作权登记、软件鉴定等服务
11	婚姻服务（8070*）	婚庆典礼服务（0754）	指婚庆礼仪服务。包括婚礼策划、组织服务，婚礼用品出租服务，婚礼摄像服务和其他婚姻服务
12	贸易代理（5181*）	文化贸易代理服务（0755）	包括文化用品、图书、音像、文化用家用电器和广播电视器材等国际国内贸易代理服务
13	专业性团体（9521*）	学术理论社会（文化）团体（0772）	学术理论社会团体的理论研究、史学研究、思想工作研究，社会人文科学研究等团体。文化团体包括党的服务。文化团体包括新闻、图书、报刊、音像、版权、广播、电视、电影、演员、美术家、摄影家、文物、博物馆、图书馆、文学艺术、文艺理论研究、民族文化等团体的服务
14	其他未列明教育（8399*）	文化艺术辅导（0774）	包括美术、舞蹈、音乐、书法和武术等辅导服务

序号	国民经济行业分类及代码	文化及相关产业类别名称及小类代码	文化生产活动的内容
15	智能无人飞行器制造 (3963*)	娱乐用智能无人飞行器制造 (0832)	指按照国家有关安全规定标准、经允许生产并主要用于娱乐的智能无人飞行器的制造
16	电气设备批发 (5175*)	舞台照明设备批发 (0842)	包括各类舞台照明设备的批发
17	可穿戴智能设备制造 (3961*)	可穿戴智能文化设备制造 (0953)	指由用户穿戴和控制,并自然、持续地运行和交互的个人移动计算文化设备产品的制造
18	其他智能消费设备制造 (3969*)	其他智能文化消费设备制造 (0954)	仅指虚拟现实设备制造活动

· 234 ·

参 考 文 献

［1］毕新伟．文化资本的作用有多大——就《农民工》的资本问题与作者商榷［J］．学术界，2010（9）：87－94．

［2］布迪厄．文化资本与社会炼金术［M］．包亚明，译．上海：上海人民出版社，1997．

［3］才国伟，刘继楠．文化：经济增长的源泉［J］．中山大学学报：社会科学版，2016（5）：201－212．

［4］曹晓源，曹荣湘．全球化与文化资本［M］．北京：社会科学文献出版社，2005．

［5］车树林，顾江．收入和城市化对城镇居民文化消费的影响——来自首批26个国家文化消费试点城市的证据［J］．山东大学学报（哲学社会科学版），2018（1）：84－91．

［6］陈锋．文化资本研究——文化政治经济学建构［M］．西安：西安交通大学出版社，2016．

［7］陈庚，傅才武．文化产业财政政策建构：国外经验与中国对策［J］．理论与改革，2016（1）：169－174．

［8］陈广，顾江，水心勇．农村地区人口结构对居民文化消费的影响研究——基于省际面板数据的实证研究［J］．农村经济，2016（1）：75－80．

［9］陈国宏，李美娟．基于方法集的综合评价方法集化研究［J］．中国管理科学，2004（1）：101－105．

［10］陈海波，朱华丽．居民文化消费满意度影响因素分析［J］．统计与决策，2013（14）：104－107．

［11］陈劲．城市居民文化消费结构及其资本积累：重庆例证

[J]. 改革，2015（7）：110－119.

[12] 陈鑫，任文龙，张苏缘. 中等收入家庭房贷压力对居民文化消费的影响研究分析——基于2016年CFPS的实证研究 [J]. 福建论坛（人文社会科学版），2019（12）：71－81.

[13] 陈元刚，孙平，刘燕. 文化经济学 [M]. 重庆：重庆大学出版社，2017.

[14] 陈珍珍. 城镇化与城乡居民文化消费差异实证研究——基于我国31个省级单位面板数据的实证分析 [J]. 农村经济与科技，2016（6）：96－97.

[15] 陈卓. 教育场域中的文化资本与社会分层 [J]. 上海教育科研，2013（9）：19－22.

[16] 程恩富. 劳动价值论若干前沿和疑难问题——海派经济学第8～10次研讨概要 [J]. 海派经济学，2006（1）：164－200.

[17] 戴维·兰德斯. 国富国穷 [M]. 门洪华，译. 北京：新华出版社，2007.

[18] 戴维·思罗斯比. 经济学与文化 [M]. 王志标，张峥嵘，译. 北京：中国人民大学出版社，2015.

[19] 戴维·思罗斯比. 什么是文化资本？[J]. 潘飞，译. 马克思主义与现实，2004（1）：50－55.

[20] 戴维·思罗斯比. 文化经济学 [M]. 张维伦，等译. 台北：典藏艺术家庭出版社，2003.

[21] 道格拉斯·诺斯. 制度意识形态和经济绩效 [M]. 黄祖辉，译. 上海：上海人民出社，2000.

[22] 丁堡骏. 论坚持和发展马克思主义政治经济学 [M]. 北京：中国社会科学出版社，2016.

[23] 丁未，张弈. 文化统计与中国城市文化指标体系建构 [J]. 福建论坛（人文社会科学版），2017（6）：162－168.

[24] 杜华章. 江苏省农村居民收入水平与文化消费实证分析

[J]. 农业经济与管理, 2015 (5): 70-78.

[25] 樊兴菊, 李海涛, 陈通. 公共文化设施建设对居民文化消费的影响——基于城市面板数据 [J]. 消费经济, 2016 (2): 3-6.

[26] 范国周, 张敦福. 文化消费与社会结构: 基于CGSS2013数据的多元对应分析 [J]. 社会科学, 2019 (8): 75-85.

[27] 范玉刚. 文化消费对健全文化产业发展体系的促进作用 [J]. 艺术百家, 2016 (3): 13-20.

[28] 封福育, 李娟. 文化资本积累与经济增长的多重均衡: 理论与中国经验 [J]. 统计与信息论坛, 2020 (2): 32-37.

[29] 冯晨, 陈舒, 白彩全. 长期人力资本积累的历史根源: 制度差异、儒家文化传播与国家能力塑造 [J]. 经济研究, 2019 (5): 146-163.

[30] 冯群娣, 何勤英, 李强. 母亲受教育水平对儿童健康的影响及其路径 [J]. 南方人口, 2020 (3): 46-59.

[31] 付金存. 文化资本对于经济增长的作用机理——基于VIP框架的中国考察 [J]. 社会科学研究, 2014 (5): 74-78.

[32] 傅才武, 侯雪言. 文化资本对居民文化消费行为的影响研究——基于"线上"和"线下"两类文化消费群体的比较 [J]. 艺术百家, 2017 (5): 39-46.

[33] 傅才武. 文化消费理论与模式要创新 [EB/OL]. (2019-01-30) [2021-06-30]. http://epaper.gmw.cn/gmrb/html/2018-08/08/nw.gmrb_20180808_2-15.htm.

[34] 高波, 张志鹏. 文化资本: 经济增长源泉的一种解释 [J]. 南京大学学报 (哲学·人文科学·社会科学版), 2004 (5): 102-112.

[35] 高莉莉, 顾江. 能力、习惯与城镇居民文化消费支出 [J]. 软科学, 2014 (12): 23-26.

[36] 高莉莉. 文化消费存在自我强化机制吗——基于文化资本

视角的分析 [J]. 文化产业研究, 2017 (2): 54 - 65.

[37] 高莉莉. 文化资本视角下我国文化消费水平提升研究 [D]. 南京: 南京大学, 2014.

[38] 高莉莉. 中国文化消费水平提升问题研究 [M]. 北京: 经济科学出版社, 2019.

[39] 高敏, 徐新娇. 文化消费与文化产业发展的关联度 [J]. 重庆社会科学, 2015 (11): 66 - 72.

[40] 龚丹. 文化资本与个体职业生涯的可持续发展 [J]. 宁波大学学报 (教育科学版), 2013 (6): 121 - 124.

[41] 古尔德纳. 新阶级与知识分子的未来 [M]. 杜维真, 等译, 北京: 人民文学出版社, 2001.

[42] 郭庆旺, 贾俊雪, 赵志耘. 中国传统文化信念、人力资本积累与家庭养老保障机制 [J]. 经济研究, 2007 (8): 58 - 72.

[43] 郭熙保, 储晓腾, 王艺. 文化消费指标体系的设计与比较——基于时间利用的新视角 [J]. 消费经济, 2015 (6): 44 - 50.

[44] 国家统计局. 解读《文化及相关产业分类 (2018)》[EB/OL]. (2018 - 04 - 23) [2021 - 06 - 30]. http://www. gov. cn/zhengce/2018 -04/23/content_5285149. htm.

[45] 国家统计局. 2019 年居民收入和消费支出情况 [EB/OL]. (2020 - 01 - 17) [2021 - 06 - 30]. http://www. gov. cn/shuju/2020 -01/17/content_5470095. htm.

[46] 胡秋灵, 郭帅, 姚宇. 东北地区人口外流对经济增长影响的实证研究 [J]. 吉林师范大学学报 (人文社会科学版), 2018 (3): 88 - 93.

[47] 胡雅蓓, 张为付. 基于供给、流通与需求的文化消费研究 [J]. 南京社会科学, 2014 (8): 40 - 46.

[48] 黄晓娟. 城乡差异视角下居民文化消费影响因素比较分析 [J]. 商业经济研究, 2020 (18): 49 - 53.

［49］姜宁，赵邦茗．文化消费的影响因素研究——以长三角地区为例［J］．南京大学学报（哲学社会科学版），2015（5）：27－35.

［50］蒋淑媛，李传琦．新媒体语境下文化资本的转化逻辑［J］．北京联合大学学报（人文社会科学版），2019（4）：38－44.

［51］金相郁，武鹏．文化资本与区域经济发展的关系研究［J］．统计研究，2009（2）：28－34.

［52］靳涛，林海燕．文化资本与经济增长：中国经验［J］．经济学动态，2018（1）：69－85.

［53］雷俊忠．中国农业产业化经营的理论与实践［D］．成都：西南财经大学，2004.

［54］李惠芬，叶南客．基于文化场景理论的区域文化消费差异化研究［J］．南京社会科学，2017（9）：132－137.

［55］李剑欣，张占平．中国文化消费区域差异研究［M］．北京：中国社会科学出版社，2016.

［56］李江辉，王立勇，郭蓝．人力资本与外商直接投资：来自中国省际面板数据的经验证据［J］．宏观经济研究，2019（3）：134－146.

［57］李晶晶，闫庆武，胡苗苗．基于地理加权回归模型的能源"金三角"地区植被时空演变及主导因素分析［J］．生态与农村环境学报，2018（8）：700－708.

［58］李娟伟，任保平，刚翠翠．异质型文化资本与中国经济增长方式转变［J］．中国经济问题，2014（2）：16－25.

［59］李沛新．文化资本理论运营与实务［M］．北京：中国经济出版社，2007.

［60］李沛新．文化资本论——关于文化资本运营的理论与实务研究［D］．北京：中央民族大学，2006.

［61］李小文，陈冬雪．有序概率回归模型下的城乡居民文化消费与幸福感关系研究——基于2013年CGSS调查数据［J］．广西社会

科学，2016（9）：165 - 168.

[62] 李晓标，解程姬. 文化资本对旅游经济增长的结构性影响 [J]. 管理世界，2018（11）：184 - 185.

[63] 李杏，李震，陆季荣. 文化产业集聚与文化消费水平关系的实证研究——以江苏省为例 [J]. 南京财经大学学报，2015（5）：1 - 8.

[64] 李杏，章孺. 文化消费影响因素的实证研究——以江苏为例 [J]. 南京财经大学学报，2013（4）：28 - 35.

[65] 李志，李雪峰. 中国城镇居民文化消费的影响因素——以中国 4011 个城镇家庭为例 [J]. 城市问题，2016（7）：87 - 94.

[66] 厉无畏. 文化资本与文化竞争力 [N]. 文汇报，2004 - 05 - 24.

[67] 梁君，陈显军. 公共文化消费与 GDP 关系的协整检验 [J]. 商业时代，2012（13）：10 - 11.

[68] 梁君. 文化资本与区域文化产业发展关系研究 [J]. 广西社会科学，2012（3）：170 - 174.

[69] 廖青虎，陈通，孙钰. 城市文化资本对城市居民水平的影响——基于北京市的实证研究 [J]. 北京理工大学（社会科学版），2015（4）：67 - 72.

[70] 刘传哲，管方园. 科技金融投入对高质量发展的门槛效应研究 [J]. 金融与经济，2019（12）：26 - 35.

[71] 刘迪. 国外文化产业发展政策经验对我国的启示 [J]. 对外经贸，2017（2）：77 - 79.

[72] 刘改芳，杨威，李亚茹. 文化资本对地区旅游经济贡献的实证研究 [J]. 东岳论丛，2017（2）：127 - 134.

[73] 刘丽娟. 文化资本运营与文化产业发展研究 [D]. 长春：吉林大学，2013.

[74] 刘珊，封福育，龚雅玲. 新时代文化产业发展对居民文化

消费升级的影响——基于 PLS 路径模型 [J]. 商业经济研究, 2019 (11): 58 - 60.

[75] 刘卫东, 刘红光, 范晓梅, 等. 地区间贸易流量的产业——空间模型构建与应用 [J]. 地理学报, 2012 (2): 147 - 156.

[76] 刘晓红, 江可申. 我国农村居民文化消费影响因素的区域差异——基于省际动态面板数据的实证分析 [J]. 江苏农业科学, 2017 (9): 267 - 270.

[77] 刘晓红. 江苏农村居民文化消费需求价格弹性分析 [J]. 价格月刊, 2013 (4): 19 - 22.

[78] 刘宇, 周建新. 公共文化服务与文化产业的协调发展分析——基于 31 个省域面板数据的实证 [J]. 江西社会科学, 2020 (3): 72 - 84.

[79] 刘宇, 周建新. 我国居民文化消费空间差异及驱动因素研究 [J]. 统计与决策, 2020 (13): 90 - 93.

[80] 刘子兰, 刘辉, 袁礼. 人力资本与家庭消费——基于 CFPS 数据的实证分析 [J]. 山西财经大学学报, 2018 (4): 17 - 35.

[81] 鲁虹, 李晓庆. 上海市城镇居民文化消费影响因素实证研究 [J]. 消费经济, 2016 (6): 55 - 58.

[82] 陆立新. 农村居民文化消费影响因素的区域差异及动态效应分析 [J]. 统计与决策, 2009 (9): 81 - 83.

[83] 吕寒, 姜照君. 城镇居民分项收入对文化消费的影响——基于 2002 ~ 2011 年省级面板数据 [J]. 福建论坛 (人文社会科学版), 2013 (6): 61 - 66.

[84] 马克思. 资本论 (第一卷) [M]. 中共中央编译局, 译. 北京: 人民出版社, 2004.

[85] 马克斯·韦伯. 新教伦理与资本主义精神 [M]. 黄晓京, 译. 成都: 四川人民出版社, 1986.

[86] 马素伟, 范洪. "城市文化资本" 指标体系构建及其测度

研究——以江苏省为例 [J]．江西农业大学学报（社会科学版），2012（1）：106-112.

[87] 聂正彦，苗红川．我国城镇居民文化消费影响因素及其区域差异研究 [J]．西北师大学报（社会科学版），2014（5）：139-144.

[88] 乔纳森·特纳．社会学理论的结构（下）[M]．邱泽奇，等译．北京：华夏出版社，2001.

[89] 秦琳贵，王青．我国文化消费对经济增长影响的机理与实证研究 [J]．经济问题探索，2017（3）：38-45.

[90] 任红梅．马克思经济学与西方经济学供给需求理论的比较研究 [J]．西安财经学院学报，2016（6）：10-15.

[91] 戎素云，闫斡．河北省文化消费条件影响居民文化消费的实证分析 [J]．消费经济，2013（1）：25-30.

[92] 萨缪尔森．经济学 [M]．萧琛，译．北京：人民邮电出版社，2008.

[93] 山成菊，董增川，樊孔明，等．组合赋权法在河流健康评价权重计算中的应用 [J]．河海大学学报（自然科学版），2012（6）：622-628.

[94] 施涛．文化消费的特点和规律探析 [J]．广西社会科学，1993（3）：95-98.

[95] 舒尔茨·西奥多．论人力资本投资 [M]．北京：北京经济学院出版社，1990.

[96] 司金銮．我国文化消费与消费文化研究之概观 [J]．兰州大学学报（社会科学版），2001（6）：153-156.

[97] 宋英杰，刘俊现，徐鑫．地方财政支出对农村文化消费的动态影响 [J]．消费经济，2017（5）：58-64.

[98] 孙豪，毛中根．居民收入结构对文化消费增长的影响研究 [J]．财贸研究，2018（5）：34-42.

［99］孙盼盼，戴学锋．中国区域旅游经济差异的空间统计分析［J］．旅游科学，2014（2）：35－48．

［100］覃文忠，王建梅，刘妙龙．混合地理加权回归模型算法研究［J］．武汉大学学报（信息科学版），2007（2）：115－119．

［101］谭延博，吴宗杰．山东省城镇居民文化消费结构探析［J］．山东理工大学学报（社会科学版），2010（2）：20－23．

［102］汤庆园，徐伟，艾福利．基于地理加权回归的上海市房价空间分异及其影响因子研究［J］．经济地理，2012（2）：52－58．

［103］田虹，王汉瑛．中国城乡居民文化消费区域差异性研究——基于面板门槛模型的实证检验［J］．东北师大学报（哲学社会科学版），2016（3）：25－34．

［104］王广振，王伟林．论文化资本与文化资源［J］．人文天下，2017（2）：5－10．

［105］王会，郭超艺．线性无量纲化方法对熵值法指标权重的影响研究［J］．中国人口资源与环境，2017（S2）：95－98．

［106］王金娜．高考统考科目的"文科偏向"与隐性教育不公平——基于场域—文化资本的视角［J］．教育发展研究，2016（20）：8－14．

［107］王俊杰．基于面板数据的河南农村文化消费地区差异研究［J］．经济地理，2012（1）：37－40．

［108］王鹏程，龚欣．家庭文化资本对学前教育机会的影响——基于CFPS数据的实证研究［J］．学前教育研究，2020（12）：43－54．

［109］王秋．马克思消费思想及其当代价值研究［J］．理论学刊，2018（1）：10－15．

［110］王瑞祥．基于文化资本理论视角分析职业流动与性别分层［J］．文化学刊，2018（4）：14－17．

［111］王胜鹏，冯娟，谢双玉，等．中国旅游业发展效率时空分异及影响因素研究［J］．华中师范大学学报（自然科学版），2020

（2）：279－290.

[112] 王亚南．福建公共文化投入增长综合测评——2000～2012年检测与至2020年测算 [J]．福建论坛，2014（6）：110－119.

[113] 王云，龙志和，陈青青．文化资本对我国经济增长的影响——基于扩展 MRW 模型 [J]．软科学，2013（4）：12－16.

[114] 王云，龙志和，陈青青．中国省级文化资本与经济增长关系的空间计量分析 [J]．南方经济，2012（7）：69－77.

[115] 王韵迪．文化资本存量时空差异及其对广东省旅游经济发展影响分析 [D]．广州：华南理工大学，2018.

[116] 王佐藤．文化消费模型构建与实证研究——以生产供给、流通载体、消费需求为变量 [J]．商业经济研究，2017（14）：33－35.

[117] 威廉·刘易斯．经济增长理论 [M]．周师铭，译．北京：商务印书馆，1983.

[118] 文立杰，张杰，李少多．农村居民文化消费支出及其影响因素分析——基于个体因素视角和对应分析模型 [J]．湖南农业大学学报：社会科学版，2017，18（3）：1－6.

[119] 闻媛，曹佳楠．自然灾害对居民文化消费的影响——来自2008年中国汶川地震的经验证据 [J]．消费经济，2019（4）：72－79.

[120] 吴建军，周锦，顾江．公共文化服务体系效率评价及影响因素研究——以江苏省为例 [J]．东岳论丛，2013（1）：131－136.

[121] 吴静寅．文化消费的影响因素及其促进机制 [J]．山东社会科学，2019（6）：94－99.

[122] 吴凯晴，林卓祺．城市地域文化资本的经营——广州旧城更新路径思索 [J]．上海城市管理，2018（1）：61－67.

[123] 吴要武．寻找阿基米德的"杠杆"——"出生季度"是

个弱工具变量吗？［J］．经济学（季刊），2010（2）：661－686.

［124］习近平．从党的十九大看我国发展新的历史［EB/OL］.（2019－01－30）［2021－06－30］．http：//www.chinanews.com/gn/2017/10－19/8355703.shtm.

［125］习近平．习近平谈治国理政［M］．北京：外文出版社，2014.

［126］向勇．文化产业导论［M］．北京：北京大学出版社，2018.

［127］徐淳厚．关于文化消费的几个问题［J］．北京商学院学报，1997（4）：26－28.

［128］徐明生．我国文化资本与经济发展的协调性研究［J］．厦门大学学报（哲学社会科学版），2011（1）：30－36.

［129］徐望．文化消费要对接供需两端［J］．人民论坛，2018（17）：124－125.

［130］薛晓源，曹荣湘．文化资本、文化产品与文化制度——布迪厄之后的文化资本理论［J］．马克思主义与现实，2004（1）：43－49.

［131］亚当·斯密．国民财富的性质和原因研究（上）［M］．郭大力，王亚南，译．北京：商务印书馆，1983.

［132］阎韶宁．政府行为视角下如何创新文化消费模式——以山东省文化惠民消费季为例［J］．人文天下，2019（14）：52－56.

［133］杨娟，高曼．教育扩张对农民收入的影响——以文革期间的农村教育扩张政策为例［J］．北京师范大学学报（社会科学版），2015（6）：48－58.

［134］杨毅，王佳．文化资本的集聚与表达：大学生文化消费影响因素的 Logistic 模型研究［J］．湖南社会科学，2016（6）：114－119.

［135］杨友才，王希，陈耀文．文化资本与创新影响经济增长的时空差异性研究［J］．山东大学学报（哲学社会科学版），2018

（6）：53 - 62.

[136] 易顺，彭仁贤，韩江波. 地方政府财政支出的居民文化消费效应 [J]. 首都经济贸易大学学报，2013（2）：45 - 54.

[137] 殷宝庆，颜青. 居民文化消费结构变迁及其优化升级研究——以浙江省为例 [J]. 统计与决策，2014（23）：117 - 119.

[138] 尹世杰. 提高精神消费力与繁荣精神文化消费 [J]. 湖南师范大学社会科学学报，1994（6）：20 - 25.

[139] 于泽，朱学义. 文化消费对文化产业影响的实证分析——以江苏省为例 [J]. 消费经济，2012（5）：75 - 77.

[140] 余玲铮. 中国城镇家庭消费及不平等的动态演进：代际效应与年龄效应 [J]. 中国人口科学，2015（6）：69 - 79.

[141] 余秀兰，韩燕. 寒门如何出"贵子"——基于文化资本视角的阶层突破 [J]. 高等教育研究，2018（2）：8 - 16.

[142] 俞万源. 城市化动力机制：一个基于文化动力的研究 [J]. 地理科学，2012（11）：1335 - 1339.

[143] 约翰·霍金斯. 创意经济——好点子变成好主意 [M]. 李璞良，译. 台北：典藏艺术家庭出版社，2003.

[144] 约瑟夫·熊彼特. 经济发展理论 [M]. 何畏，等译. 北京：商务印书馆，2000.

[145] 张变玲. 基于 VAR 模型的文化消费与文化产业发展的实证研究 [J]. 科技和产业，2017（5）：48 - 50.

[146] 张冲，刘已筠. 中国农村居民文化消费影响因素的地区差异研究——基于东中西部地区面板数据 [J]. 农村经济，2016（7）：65 - 71.

[147] 张灏瀚，张明之. 供给如何引导和创造需求 [J]. 江苏社会科学，2017（1）：12 - 16.

[148] 张鸿雁. 城市形象与"城市文化资本"论——从经营城市、行销城市到"城市文化资本"运作 [J]. 南京社会科学，2002

（12）：24 - 31.

[149] 张雷声. 马克思主义政治经济学原理 [M]. 北京：中国人民大学出版社，2009.

[150] 张梁梁，林章悦. 我国居民文化消费影响因素研究——兼论文化消费的时空滞后性 [J]. 经济问题探索，2016（8）：56 - 64.

[151] 张梁梁，袁凯华. 省际文化资本存量估算与经济增长效应研究 [J]. 统计与信息论坛，2018（5）：39 - 49.

[152] 张卫行，孙玉豹，孙永涛，等. 组合赋权法确定多元热流体腐蚀评价指标权重 [J]. 腐蚀与防护，2018（3）：235 - 238.

[153] 张玉玲. 知识经济时代文化消费的特征 [J]. 理论月刊，2005（9）：112 - 113.

[154] 张铮，陈雪薇. 文化消费在收入与主观幸福感关系中的中介作用及边界条件探究 [J]. 南京社会学，2018（8）：149 - 156.

[155] 赵迪，张宗庆. 文化消费推动我国消费增长及其结构改善吗？——基于省际面板数据的实证研究 [J]. 财经论丛，2016（2）：3 - 10.

[156] 赵岚峰. 中国语境下的社会资本与文化资本 [J]. 兰州学刊，2005（6）：174 - 176.

[157] 赵毅，王楠，张陆洋. 科创企业研发投入对企业绩效的非线性影响——基于固定效应面板门槛模型的实证研究 [J]. 工业技术经济，2021（1）：48 - 58.

[158] 郑钛. 文化消费：概念辨析与政策重构 [J]. 中国文化产业评论，2013（2）：335 - 346.

[159] 郑雅君. 谁是90后名校优等生——文化资本与学业关系的个案研究 [J]. 甘肃行政学院学报，2015（5）：69 - 81.

[160] 中共中央马克思恩格斯列宁斯大林著作编译局. 马克思恩格斯选集 [M]. 北京：人民出版社，2012.

[161] 中国互联网络信息中心. 第45次中国互联网络发展状况

统计报告［EB/OL］.（2020 - 04 - 28）［2021 - 06 - 30］. http：//www. gov. cn/xinwen/2020 - 04/28/content_5506903. htm.

［162］中央宣传部，中央编译局. 马列主义经典著作选编（党员干部读本）［M］. 北京：党建读物出版社，2011.

［163］钟方雷，李思锦. 城市居民户籍差异对文化消费的影响——基于中国综合社会调查数据的分析［J］. 消费经济，2021（1）：59 - 67.

［164］周建新，刘宇. 我国省域文化资本估算及其空间差异——基于2007～2017年省域面板数据的研究［J］. 山东大学学报（哲学社会科学版），2019（5）：72 - 83.

［165］周俊敏，马海燕. 关于我国当代文化消费的伦理思考［J］. 求索，2011（5）：128 - 129.

［166］周莉，顾江，陆春平. 基于ELES模型的文化消费影响因素探析［J］. 现代管理科学，2013（8）：12 - 14.

［167］周云波，武鹏，高连水. 文化资本的内涵及其估计方案［J］. 中央财经大学学报，2009（8）：91 - 96.

［168］朱迪. 经济资本还是文化资本更重要？——家庭背景对大学生消费文化的影响［J］. 黑龙江社会科学，2015（1）：111 - 119.

［169］朱江，田映华，孙全. 我国居民消费与GDP的误差修正模型研究［J］. 数理统计与管理，2003（2）：18 - 21.

［170］朱伟珏. 文化资本与人力资本——布迪厄文化资本理论的经济学意义［J］. 天津社会科学，2007（3）：84 - 89.

［171］朱伟珏，姚瑶. 阶级、阶层与文化消费——布迪厄文化消费理论研究［J］. 湖南社会科学，2012（4）：52 - 57.

［172］朱伟珏."资本"的一种非经济学解读——布迪厄"文化资本"概念［J］. 社会科学，2005（6）：117 - 123.

［173］资树荣. 教育对文化消费的影响研究：以音乐消费为例

［J］. 消费经济，2018（6）：17－23.

［174］资树荣，林天然. 文化产品属性对文化消费的影响研究——以图书为例［J］. 湘潭大学学报（哲学社会科学版），2019（3）：89－93.

［175］资树荣. 文化与生产者的文化资本［J］. 深圳大学学报（人文社会科学版），2018（1）：58－63.

［176］资树荣. 消费品文化赋能的模式与优化路径［J］. 深圳大学学报（哲学社会科学版），2020（3）：44－50.

［177］资树荣. 消费者的文化资本研究［J］. 湘潭大学学报（哲学社会科学版），2014（4）：38－41.

［178］邹小芃，叶子涵，杨亚静. 文化资本、制度环境对区域金融中心的影响［J］. 经济地理，2018（4）：73－80.

［179］Aaron Reeves，Robert de Vries. Can cultural consumption increase future earnings? Exploring the economic returns to cultural capital ［J］. The London School of Economics and Political Science，Working paper，2018（4）：1－42.

［180］Aitken Robert，King Lesley，Bauman Adrian. A comparison of Australian families' expenditure on active and screen-based recreation using the ABS Household Expenditure Survey 2003/04. ［J］. Australian and New Zealand Journal of Public Health，2008（2）：238－245.

［181］Alberto Bucci，Pier Luigi Sacco，Giovanna Segre. Smart endogenous growth：cultural capital and the creative use of skills ［J］. International Journal of Manpower，2014（1）：33－55.

［182］Alessandro Crociata. The Role of Cultural Capital in Beer Consumption in Italy：An Exploratory Study ［J］. Papers in Applied Geography，2020（3）：180－189.

［183］Annie Tubadji. Was Weber right? The cultural capital root of socio-economic growth examined in five European countries ［J］. International Journal of Manpower, 2014 (1): 56 – 88.

[184] Breinholt Asta, Jaeger Mads Meier. How does cultural capital affect educational performance: Signals or skills? [J]. The British Journal of Sociology, 2020 (1): 28 – 46.

[185] Chenery H B. Patterns of Development at: 1950 – 1970 [M]. London: Oxford University Press, 1975.

[186] Chr. Hjorth – Andersen. A Model of the Danish Book Market [J]. Journal of Cultural Economics, 2000 (1): 27 – 43.

[187] David Throsby. Cultural Capital [J]. Journal of Cultural Economics, 1999 (1): 3 – 12.

[188] David Throsby. Determining the Value of Cultural Goods: How Much (or How Little) Does Contingent Valuation Tell Us? [J]. Journal of Cultural Economics volume, 2003 (27): 275 – 285.

[189] David Throsby. The Production and Consumption of the Arts: A View of Cultural Economics [J]. Journal of Economic Literature, 1994 (1): 1 – 29.

[190] Fotheringham A S, Brunsdon C, Charlton M. Geographically Weighted Regression: the analysis of spatially varying relationships [M]. Chichester: Wiley, 2002.

[191] Greg Richards, Andries van der Ark. Dimensions of cultural consumption among tourists: Multiple correspondence analysis [J]. Tourism Management, 2013 (37): 71 – 76.

[192] Guido Tabellini, Culture and Institutions. Economic development in the regions of Europe [J]. Journal of the European Economic Association, 2010 (4): 677 – 716.

[193] Holbrook Morris B, Hirschman Elizabeth C. The experiential aspects of consumption: Consumer fantasies, feelings, and fun [J]. Journal of Consumer Research, 1982 (2): 132 – 140.

［194］Jordi López Sintas, Ercilia García Álvarez. The consumption of cultural products: An analysis of the Spanish Social Space ［J］. Journal of Cultural Economics, 2002 (2): 115 – 138.

［195］Josep – Oriol Escardíbul, Anna Villarroya. Who buys newspapers in Spain? An analysis of the determinants of the probability to buy newspapers and of the amount spent ［J］. Journal of Consumer Studies, 2009 (1): 64 – 71.

［196］Jörg Rössel, Julia H. Schroedterr. Cosmopolitan cultural consumption: Preferences and practices in a heterogenous, urban population in Switzerland ［J］. Poetics, 2015 (50): 80 – 95.

［197］Juan Montoro – Pons, Manuel Cuadrado – García. Live and prerecorded popular music consumption ［J］. Journal of Cultural Economics, 2011 (1): 19 – 48.

［198］Karl Polanyi. Trade and Market in the Early Empiress ［M］. Glencoe: Free Press, 1957. Lancaster KJ. Consumer Demand: A New Approach ［M］. New York: Columbia University Press, 1971.

［199］Karol Jan Borowiecki, Trilce Navarrete. Fiscal and economic aspects of book consumption in the European Union ［J］. Journal of Cultural Economic, 2018 (2): 309 – 339.

［200］Khan Muhammad Mahroof, Arshad Mahmood, Iftikhar But, et al. Cultural values and economic development: A review and assessment of recent studies ［J］. Journal of Culture, Society and Development, 2015 (9): 60 – 70.

［201］Li H, Urmanbetova A. The effect of education and wage determination in China's rural industry ［R］. mimeo, Georgia Institute of Technology, Atlanta, 2002.

［202］Louis Lévy – Garboua, Claude Montmarquette. A Microeconometric Study of theatre Demand ［J］. Journal of Cultural Economics, 1996

（1）：25 - 50.

［203］ Marianne Victorius Felton. Evidence of the existence of the cost disease in the performing arts ［J］. Journal of Cultural Economics，1994 （18）：301 - 312.

［204］ Marquis M. Bringing Culture to Macroeconomics ［J］. Atlantic Economic Journal，2013（41）：301 - 315.

［205］ Marylouise Caldwell，Paul Conrad Henry. Deepening how cultural capital structures consumption of the performing arts ［J］. Journal of Global Scholars of Marketing Science，2018（1）：52 - 67.

［206］ Masaki Katsuur. Lead-lag Relationship between Household Cultural Expenditures and Business Cycles ［J］. Journal of Cultural Economics，2012（1）：49 - 65.

［207］ Miller D. Material Culture and Mass Cousumption ［M］. Oxford：Wiley - Blackwell，1987.

［208］ Paul DiMaggio. Culture and Economy ［M］. New York and Princeton：Russell Sage Foundation and Princeton University Press，1994.

［209］ Paul Grayson. Cultural capital and academic achievement of first generation domestic and international students in Canadian universities ［J］. British Educational Research Journal，2011（4）：605 - 630.

［210］ Pierre Bourdieu. Outline of a throry of art perception ［M］. Cambridge：Polity Press，1993.

［211］ Richard Barrett. Cultural Capital：The new frontier of competitive advantage，Liberating the Corporate Soul，Building a Visionary Organization ［M］. Boston：Butterworth - Heinemann Ltd，1998.

［212］ Samuel Cameron. The demand for cinema in the United Kingdom ［J］. Journal of Cultural Economics. 1990（1）：35 - 47.

［213］ Sao - Wen Cheng. Cultural goods creation，cultural capital formation，provision of cultural services and cultural atmosphere accumulation［J］. Journal of Cultural Economics, 2006 (4): 263 – 286.

［214］ Sibelle Cornélio Diniz, Ana Flávia Machado. Analysis of the consumption of artistic-cultural goods and services in Brazil［J］. Journal of Cultural Economics, 2011 (1): 1 – 18.

［215］ Taymanov R, Sapozhnikova K. Cultural capital as a measurand ［J］. Journal of Physics: Conference Series, 2016 (1): 1 – 6.

［216］ Tubadji A, Nijkamp P. Cultural impact on regional development: Application of a PLS – PM model to Greece［J］. The Annals of Regional Science, 2015, 54 (3): 1 – 34.

［217］ Victoria M, Ateca – Amestoy. Determining heterogeneous behavior for theater attendance［J］. Journal of Cultural Economics, 2008 (2): 127 – 151.

［218］ Victoria M, Ateca – Amestoy. Determining heterogeneous behaviour through ZINB models: Differences on theater participation［J］. Documentos De Trabajo, 2005: 1 – 24.

［219］ Withers G A. Unbalanced growth and the demand for performing arts: An econometric analysis［J］. Southern Economic Journal, 1980 (3): 735 – 742.

后　　记

　　本书是在我的博士论文的基础上修订而成的，它的完成和出版，倾注了师长、友人的心血，得到了他们的鼓励和帮助。

　　2007年，我考研调剂录取为赣南师范学院硕士研究生，成为周建新老师的学生。硕士毕业后进入高校从事教学和科研工作，在教书育人的过程中，深感自己的知识水平和科研能力有待提高。于是我鼓起勇气，决定攻读博士研究生。恰巧周建新老师已调入深圳大学工作，他也鼓励我继续深造。2017年，我被深圳大学录取，跟随周老师攻读博士研究生。博士论文是在导师的耐心指导下完成的，周老师在繁忙的工作之余，不时询问我的选题以及论文撰写情况，鼓励我要克服困难，积极进取。导师严谨认真的治学态度深深地影响和感染了我，让我获益匪浅，在此感谢周老师的栽培与指导！

　　在博士研究生学习期间，我经历了许多以往所没有经历过的压力和充实，真正领悟到学术探索之路是一条通向社会科学未知领域的、布满荆棘的道路。但正是对这种未知的渴望，才使我越挫越勇，无悔于我的选择。回想起这一路走来的艰辛与欢乐，我的感激之情油然而生。我要感恩我的家人对我无微不至的关怀，他们的默默奉献是我最大的支持和动力。父母在我读博期间给予了我莫大的经济帮助和精神支持。为了让我能在学校安心读书，父母扛下了照顾我女儿的重任，风雨无阻，每天接送孩子上幼儿园，为了使我的女儿和其他孩子一样按时完成作业，我的父母硬是带着老花镜学会了微信发朋友圈、拍摄短视屏、下载 App 等一系列技能，即使再苦再累，也毫无怨言。每当寒暑假回家看到年迈的父母白发频添，心中异常酸楚。没有父母的支持，就没有我的顺利毕业，他们是我的避风港，也永远是我最坚实的后盾。感谢我的爱人何小芊博士，在婚后的十年间，两人先后读博，虽常两地分隔，但彼此都给予对方最大的鼓励和支持。2018 年下半年，他公派留学英国，我在学校撰写论文，年幼的孩子只能由父母带回老家照顾，一家两国三地的日子，让我倍感煎熬。一方面，由于巨大的学业压力让我焦躁不安；另一方面，是对孩子的思念让我寝食难安，特别苦恼，甚至一度抑郁。我爱人对我的情况非常担心，克服时差，总是早晨第一时间询问我的睡眠情况，晚上关心我一天的情绪心情，鼓励我克服困难、努力坚持，帮我走出了读博最黑暗的日子。而今回想起来，确实有些事情不是看到希望才去坚持，而是坚持了才看到希望。女儿是我读博期间最大的动力，2017 年我去深大读博时，她才 3 岁，刚上幼儿园。每当放假我在写论文时，乖巧懂事的女儿总是在旁边自己安安静静地玩儿，但过一段时间，就会跑过来，张开双手，跟我说"妈妈，抱抱"，这时我内心充满了愧疚，是我对她的关注太少，使她缺少安全感。有一次拥抱时，她竟然对我说"妈妈，加油，早点毕业！"让我既惊讶之余浑身又充满了力量。

博士毕业后，我进入江西省社会科学院文学与文化研究所工作，得益于院领导和同事们的关心和帮助，我很快适应了新的工作环境。本书顺利出版更是得到了院领导的帮助，蒋金法院长非常关心我的工作和科研情况，当我请他为本书作序时，他欣然答应，让我倍感荣幸；钟小武副院长也十分关心专著出版情况，亲自审阅书稿，并给予经费支持；倪爱珍所长、张泽兵副所长除了指导我的工作之外，还多次过问出版情况，也给予帮助。在此一并致以特别感谢。

书稿即将付梓之际，还要感谢在艰难的求学路上，不断努力坚持的自己。硕士毕业 7 年后读博，放弃稳定的高校工作、离开年幼的女儿和年迈的父母，不知不觉中步入中年，感慨万千，但是我仍忠于本心，不悔当初。本书是我博士期间学习成果的总结，也是个人科研工作的结晶。本书顺利出版既是对我的鼓励，更是对我的鞭策，在今后的科研工作中，我要再接再厉，勇攀高峰。

最后，感谢经济科学出版社给予了出版机会，感谢李雪主任的关心与支持，感谢高波编辑为本书做了细致的编辑工作。

刘　宇

2021 年 12 月